KB059527

여자는
무엇으로
사는가

여자는 무엇으로 사는가

지은이   이경제 · 양재진
펴낸이   최승구
펴낸곳   세종서적(주)

편집인   박숙정
편집국장   주지현
기획·편집   윤혜자 정은미 이진아
디자인   조정윤
마케팅   김용환 김형진 황선영
경영지원   홍성우

출판등록   1992년 3월 4일 제4-172호
주소   서울시 광진구 천호대로 132길 15 3층
전화   영업 (02)778-4179, 편집 (02)775-7011
팩스   (02)776-4013
홈페이지   www.sejongbooks.co.kr
블로그   sejongbook.blog.me
페이스북   www.facebook.com/sejongbooks
원고 모집   sejong.edit@gmail.com

초판 1쇄 인쇄 2015년 12월 2일
    1쇄 발행 2015년 12월 8일

ISBN 978-89-8407-530-6 03180

이 도서의 국립중앙도서관 출판시도서목록(CIP)은 서지정보유통지원시스템
홈페이지(http://seoji.nl.go.kr)와 국가자료공동목록시스템(http://www.nl.go.kr/kolisnet)에서
이용하실 수 있습니다.(CIP제어번호: CIP2015031952)

• 잘못 만들어진 책은 바꾸어드립니다.
• 값은 뒤표지에 있습니다.

2040 여자들을 향한
돌직구 인생상담

여자는
이경제
무엇 으로
양재진
사는가

세종
서적

멋진 인생은
당신 안에 있는 정답을
찾아가는 것!

스타벅스에서의 커피 한 잔이 왜 행복할까요? 커피 한 잔을 통해 도시의 여유를 느낄 수 있고, 마음의 헛헛함이 채워집니다. 이 정도의 사소한 행복으로도 인생은 살아갈 만하죠. 문득 이런 생각이 들었습니다. '대부분 여자들은 왜 재미없게 살까?'

노력하지도 않고 행복과 건강이 그냥 얻어질 거라는 생각은 나태한 것 같아요. 노는 것도 노력을 해야 합니다. 놀 때와 일할 때 똑같이 애를 씁니다. 차이점이 있다면 한쪽은 돈을 버는 것이고 한쪽은 돈을 쓰는 것이지요. 에너지를 쓰는 것은 똑같습니다. 재미없게 사는 사람들의 공통점은 무엇일까요? "요새 뭐가 재밌어요?" 이 말은 자신의 재미가 어떤 것인지 생각하지 않고 산다는 겁니다.

남녀에게 결혼은 필수였던 시절이 있었습니다. 지금은 선택과 필수 반반인 것 같습니다. 여자의 역할에 대한 남자들의 인식도 달라졌습니다. 일하는 여자를 결혼 필수 조건으로 여길 정도로 인식이 바뀌고 있습니다. 이것은 자연스러운 현상입니다. 결혼에 대한 선택의 자유가 주어졌으니 여자들은 이 상황을 만끽해야 하는데 당황해하는 것처럼 보입니다. 이는 변화된 상황에 맞는 본보기가 없기 때문이지요.

결혼하지 않고 잘 살고 있는 사례가 드물고, 결혼한 삶의 사례도 썩 좋아 보이지 않는 것이죠. 게다가 여자들이 남자들을 잘 모릅니다. 여러 남자를 만나봐야 남자를 알 수 있는데 아직 여자들이 많은 남자를 만나볼 수 있는 사회적 분위기가 자연스럽지 않군요. 남자야 여러 여자를 만나도 나쁜 남자라느니 시크하다느니 플레이보이 같다는 질투 어린 칭송의 말을 듣지만 여자가 그렇게 연애한다면 헤픈 여자로 비난받기 십상이죠.

시대가 달라졌습니다. 웃음 코드도 패션 코드도 달라졌습니다. 여성들은 시행착오를 겪으면서 자신이 직접 인생 코드를 찾아야 합니다.

2040 여성에게 결혼과 섹스는 어떻게 받아들여지고 있을까요? 앞으로 우리 사회에서 결혼하지 않은 여성의 비율은

50퍼센트 이상 차지할 것입니다. 가정의 형태도 다양해지겠죠. 섹스도 번식을 위한 것이 아니라 소통으로 바뀌어가고 있죠. 번식을 위한 섹스의 시대는 끝나고 이제 소통의 섹스 시대가 온 것입니다.

젊은 시절 섹스와 사랑에 대해 고민해보지 않은 사람은 없을 것입니다. 남녀가 만날 때 내면에서 깨어나는 자신의 모습을 봅시다. A를 만나면 A′의 내가 있고, B를 만날 때 B′, C를 만날 때 C′로 깨어나는 모습들이 있습니다. 그중 어떤 모습의 자신이 행복하고 편안한지 보십시오.

다양한 친구를 사귀어 보는 것이 좋겠습니다. 여행도 많이 하고, 행복한 시간을 많이 만드십시오. 많이 알수록 자유로워지고 기회가 많아집니다.

왜 여성들은 스스로 멍에를 짊어지고 있을까요? 아이를 명문대에 보내려는 과한 집착을 가진 여성들이 답답해 보였습니다. 결혼한 뒤에는 부부가 사라지고 부모만 남더군요. 아이가 태어나면 육아에만 집중합니다.

끼와 외모, 재능을 가지고도 지루하게 사는 여자들이 안타까웠습니다. 맛있는 것 먹고, 즐거운 만남을 갖는 것, 단순한 즐거움에 대한 이야기를 하고 싶었습니다.

저희 두 남자가 언급한 내용들은 20~30년 동안 임상에서, 인생에서 터득하고 느낀 것들입니다. 인생에 정답은 없고, 그저 자신의 답이 있는 것이죠. 그대로 살아도 좋습니다. 사회나 타인이 바라보는 시각에 덜 고민하고 덜 심각하면 어떨까요? 타인의 시선에 신경 쓰면 쉽게 지칩니다.

편안하고 재미있는 게 행복입니다. 만남, 공연, 독서, 여행 등 뭐든지 다 좋으니 일단 즐기십시오.

불행하다고 느끼는 것은 의존하려는 습관 때문이며, 불행에 대해 남 탓을 하는 건 의존입니다. '행복'의 반대말은 불행이 아니라 '비교'입니다. 지금 행복하다면 멋진 인생입니다.

2015년 초겨울에

이경제·양재진

Contents

TAKE _ 1

결혼이라는 것의
의미

Marriage is one long conversation, chequered by disputes.
"결혼은 다툼으로 다져지는 오랜 대화다."

_ 로버트 루이스 스티븐슨(Robert Louis Stevenson), 영국 소설가

결혼과 여자

결혼은 사랑의 결실일까? 아니면 남녀, 또는 두 집안의 이해관계가 맞아 떨어져 성사되는 거래의 한 종류일까? 정도의 차이는 있겠지만, 결혼은 양자가 적당히 뒤섞이면서 어느 절충점으로 수렴되어 가는 과정이 아닐까? 누구는 결혼을 '사랑의 무덤'이라고 한다. '결혼은 미친 짓'이라고 강변하는 소설가가 있는가 하면, 엄연히 남편이 있는데도 아내가 보란 듯이 딴 남자와 결혼해 두 집 살림을 감행하는 발칙한 소설도 있다. 여기서 '발칙'하다는 의미는 기존의 통념에 견주어봤을 때 그렇다는 얘기다. 물론 세상은 바뀌어 간다. 하지만 우리가 발 딛고 있는 이 땅은 그런 분방한 상상력을 펼칠 만큼 녹록하지 않다. 연애·결혼·출산을 포기한다는 이른바 '3포 세대'를 넘어 '5포', '7포'를 찍더니 급기야 'N포'까지 다다른 현실은 암울하기 짝이 없다. 미래는 아직 시작되지도 않았는데, 벌써 저만큼 아득히 지나가 버린 듯한 잿빛 절망의 시대를 이 땅의 청춘들은 온몸으로 견뎌내고 있는 것이다. 3040세대라고 해서 사정이 딱히 좋아 보이지는 않는다. 풍요와 결핍, '명품족'과 소비절벽, 분출하는 욕망과 내면화된 체념이 극명하게 공존하는 시대! 그들은 결혼에 대해 어떤 생각을 하고 있을까? 결혼과 관련해 여성들에게 더 절실하게 다가오는 고민은 무엇일까?

Q. 골드미스 아니면 다 쭉정이야?

이래서 집안 행사에 나오고 싶지 않다니까. 당고모 칠순잔치…… 예상은 했지만, 역시나 주변에서 성화가 빗발친다. 왜 나만 갖고 그래? 결혼 안한 사람이 나뿐인가? 사촌 언니도 있잖아.

그런데 사촌 언니와 나를 대하는 친지들의 태도가 달라도 너~~무 다르다. 사람들은 서초동에서 잘나가는 이혼 전문 변호사인 언니를 가리켜 '골드미스'란다. 내가 봐도 여전히 섹시한 데다 자신감이 넘친다. 그에 비하면 나는, 연봉은 쥐꼬리에, 가방끈은 보잘것없으며, 생긴 것도 펑퍼짐한 '올드미스'다. 말하자면, 언니는 본인의 뜻대로 결혼을 '안 하는' 것이고, 나는 '못하는' 것이란다.

"어디 재취 자리라도 알아봐 주랴?"라는 친척 오빠의 짓궂은 농담에 눈을 흘기고 말았지만, 뷔페 음식이고 뭐고 입맛이 싹 달아나버린다. 같은 노처녀라도 골드미스쯤 돼야 화려한 싱글이고, 나머지는 모두 지질한 쭉정이란 말인가?

사촌 언니가 골드미스라면 나는 대체 뭘까? 실버미스? 브론즈미스? 아니면 그냥 스톤(stone)미스? 뭔가 하자라도 있다는 듯이 바라보는 시선이영 불편하기 짝이 없다. 결혼 좀 늦었다고 왜 이렇게 거북살스러운 심정으로 살아가야 하나? 서른일곱, 내 나이가 어때서?

이
경
제

타인의 시선, 남들이 정한 기준에 연연할수록
자격지심의 늪에서 허우적대는 꼴이 된다

우리나라, 고정관념 참 많죠. 이 정도 나이쯤엔 연애를 해야 하고 이 정도 나이쯤엔 결혼을 해야 한다는 것도 그렇습니다. 골드미스는 사회에서 말하는 결혼 적령기는 지났지만 외모도 괜찮고 사회적으로 자생력을 갖춘 여자를 가리키는 말로 언제부턴가 쓰이고 있습니다.

도대체 골드미스란 말은 누가 만들어낸 걸까요? 저는 이런 말이 퍼지는 데 드라마 작가들도 한몫했다고 봐요. TV 드라마를 보면 결혼하지 않고 자기 일을 하면서 당당하게 사는 여자들이 많이 나오죠. 전에는 여자가 나이 들고도 결혼하지 않으면 무조건 노처녀, 올드미스라고 하면서 가치가 떨어진 사람 취급을 했는데, 여자 작가들이 "아니다, 우리도 멋지게 산다"는 이미지를 보여주려고 그런 캐릭터를 많이 만들어낸 것이 아닐까요? 어떻게 보면 나이 든 전문직 여성의 자의식과 주장이 표현된 것이지요.

당신은 골드미스가 아니라서 주위에서 싫은 소리를 더 듣는다고 했어요. 그런데 과연 그럴까요? 골드미스니 아니니 하는 것은 제가 볼 때 여성 자신들이 더 많이 따지는 것 같아요. 어쩌면 사촌 언니는 돈 잘 버는 골드미스여서가 아니라 자기 삶을 꽉 쥐고 누가 함부로 그 삶에 대해 뭐라 말하지 못하게 하는 자긍심 같은 걸 보여줘서 간섭받지 않는 것일 수도 있어요.

정신을 바짝 차리고 인생에서 행복한 요소들을 찾아 나가면 결혼하지 않아도 멋진 삶을 살 수 있어요. 여자는 사실상 결혼을 해서 잃는 것들이 많거든요. 비교해볼까요? 40대 미스와 40대 결혼한 여자, 둘 중에 40대 미스가 더 불쌍한 사람일까요? 40대 결혼한 여자도 많은 압박을 받고 있습니다. 가족 관계 안에서 아내라는 이름, 며느리라는 이름, 엄마라는 이름으로 사랑과 희생을 요구당하죠. 결혼해서 삶의 문제가 해결되기는커녕 새로 생기는 문제가 얼마나 많은데요.

저는 이렇게 생각해보면 좋겠어요. 올드미스 중에 행복한 사람, 불행한 사람, 어중간한 사람 골고루 다 있어요. 결혼한 사람 중에 행복한 사람, 불행한 사람, 어정쩡한 사람 다 있듯이 말입니다. 태권도 하는 사람이 쿵후 하는 사람 다 이기거나, 반대로 쿵후 하는 사람이 태권도 하는 사람 다 이기지 못해요. 각 종목 안에도 센 사람, 약한 사람 다 있거든요. 그러니까 골드미스냐 올드미스냐를 따져서 골드미스는 올드미스보다 우월하다는 식으로 생각하는 것은 헛것이라는 거죠. 당신은 당신만의 기준으로 살면 돼요. 남성 중심 사고방식이 많이 남아 있는 우리 사회에서는 여성들이 이런 것에 대해 끊임없이 묻고 대답해야 해요.

골드미스라는 말은 상업적 목적으로 만들어졌을 수도 있고, 잘나가고 싶은 여자들이 만든 말일 수도 있어요. 그보다 중요한 것은 '행복한 미스'에 대한 얘기라고 생각해요. 스스로가 행복하다고 생각하는 당당한 미스가 진정한 골드미스입니다.

**양
재
진** 골드미스? 어쨌거나 결국은
노처녀라는 비아냥거림

언젠가부터 각종 매체에 '골드미스'라는 말이 유행하고 있습니다. 여성들의 사회 진출이 늘어나고, 능력을 갖춘 여성들이 남성들의 자리를 대신하고, 경제적으로 자립하면서 군이 결혼을 통해 남성에게 경제적으로 의존할 필요가 없어지게 된 것이죠. 그런 여성들을 '노처녀' 대신 골드미스로 부르기 시작했어요.

'골드'라는 단어를 사용했기에 얼핏 들으면 능력 있는 여성들의 위상을 높여주는 것 같지만, 사회적 맥락으로 보면 결국 '돈 좀 있는 노처녀'와 비슷한 의미로 쓰입니다. 오히려 조금 더 비꼬거나 비아냥거리는 느낌마저 들기도 하죠. 골드미스가 됐든 노처녀가 됐든 그 말을 사용하는 사람들의 마음속에는 '저 여자들은 결혼을 못했다'라는 생각이 지배적이기 때문이에요.

결혼이 선택이 아니라 필수였던 시절이 있었습니다. 이때는 자기 기준에 비추어 결혼이 늦었다고 생각되는 사람들에게 아무렇지도 않게 노총각, 노처녀라고 불렀습니다. 그 나이 되도록 '결혼을 하지 못한', 그래서 마치 남성이나 여성으로서 기능에 하자가 있거나 지나치게 눈만 높아서 배우자를 선택하지 못한 '루저' 취급을 했습니다.

요즘은 어떨까요? 본질은 달라지지 않았습니다. 전반적으로 결혼 연령이 높아지고, 결혼은 해도 그만, 안 해도 그만이라고 생각하는 사람들이 늘어났지만 '결혼 적령기'라는 표현을 사용해 똑같은 짓들을 하고 있어요. 왜 사람들은 결혼하지 않았다는 이유만으로 미혼 남녀 또는 비혼(非婚) 남녀를 괴롭히는 것일까요? 결혼이라는 제도, 특히 일부일처제가 뿌리내린 시기는 언제쯤일까요? 현재의 결혼 제도가 정착된 것은 그리 오래되지 않았습니다. 과거에 여성의 사회 진출이 어려웠고 여성의 권익이 존중받지 않았던 문화와 사회에서는 남녀가 결혼 제도, 즉 남녀가 혼인 서약을 통해 일종의 계약을 맺음으로써 남자는 돈을 벌어오고, 여자는 집안일과 육아를 책임지는 성적(性的) 분업 체계가 반드시 필요했습니다. 그게 사회적 통념이었습니다.

하지만 여성의 사회적 지위가 상승함에 따라 전통적인 가족제도의 근간이 흔들리고, 1인 가구가 엄청나게 증가하고 있습니다. 거기에 2010년 이후 불경기가 지속되고, 기본적인 의식주와 아이를 양육하는 데 비용이 너무 많이 든다는 현실적인 이유로 젊은 남녀의 결혼이 더욱 늦어지거나 혹은 결혼 자체를 아예 기피하게 되었죠. 최근 들어 이른바 '3포 세대', '5포 세대'니 '헬조선'이니 하는 말들은 그런 추세를 반영한다고 할 수 있습니다.

사람이 누군가를 만나서 결혼을 하고 가정을 꾸린다는 것은 그 사람의 인생에서 엄청난 사건입니다. 따라서 결혼을 앞둔 사람에게 결혼을 왜 하는지 또는 기혼자들에게 왜 했는지, 결혼하니까 진짜 행복한지 물어보는 게 정상 아닐까요? 하지만 현실은 반대예요. 오히려 기혼자들이 결혼을 안(못) 하고 혼자만의 삶을 살아가는 사람들에게 끊임없이 질문을 던집니다. 걱정하는 척 측은하고 안타깝다는 표정을 지으면서 "왜 결혼을 하지 않느냐?"고.

사람은 사회적 동물입니다. 어딘가에 소속되고 싶어 하고, 그 무리 속에서 자기와 비슷한 다수를 보며 안도하고, 거기에 적당히 묻어가면서 안정감을 느끼려고 하는 것은 본능이겠죠. 그런데 그 집단 속에서 뭔가 다른 소수의 무리를 발견하면 불편해하고 꺼리면서 배척하기 마련이에요. 소수를 열등한 존재로 타자화(他者化)함으로써 주류의 정당성과 우월성을 확인하고 싶은 욕망이 작용하는 것이죠. 그런 점에서, 골드미스란 결혼 안 한 사람들, 특히 상대적으로 약자인 나이 든 미혼 여성들을 다시 허울뿐인 등급으로 나누어 대상화(對象化)시키려는 음험한 시선이 반영된 용어입니다.

성숙한 사회일수록 자기와 다른 것을 인정하고 받아들입니다. 짧은 시간 안에 너무 빠르게 변해버린 대한민국을 보면, 하드웨어의 발전 속도를 소프트웨어가 쫓아가지 못한다는 생각이 들 때가 많아요. 지나친 걱정과 관심을 '정'이라는 말로 포장하면서 아무렇지도 않게 상대방에게 상처를 주는 그런 오지랖은 이제 그만할 때도 됐습니다.

당신도 주변 사람들의 쑥덕공론에 신경을 많이 쓰고 있습니다. 이러쿵저러쿵하는 말에 순간순간 흔들릴 수는 있겠지만 그 말 때문에 상처받지 않았으면 좋겠군요. 상처는 사과와 마찬가지로 주는 사람의 의도보다는 받아들이는 사람의 반응이 중요합니다. 한 귀로 듣고 그냥 한 귀로 흘려보내세요. 상대방이 당신에게 의도적으로 자극을 주려 했든 아니든 간에 당신이 대수롭지 않게 생각하면 그만입니다. 절대로 주눅 들지 마세요. 움츠러들지 말고 그럴수록 더 당당해야 합니다. 그러기 위해서는 당신 자신을 사랑해야 합니다. 한 번뿐인 삶, 누구도 아닌 바로 당신 자신을 위한 삶이니까요.

Q. '노처녀 히스테리'라는 말, 근거가 있는 얘기일까요?

"언니는 왜 시집 안 가요? 듣고 싶어요. 근데 몇 년 뒤 나도 언니처럼 솔로면 어쩌지? 히히……."

3년 후배 양○○는 알코올만 들어갔다 하면 내 앞에 앉아 깐죽대기 시작한다. 이럴 때면 테이블 위에 놓인 족발 뒷다리 뼈로 면상을 후려갈기고 싶다. 애는 왜 부서 회식 때마다 나를 갈굴까? 은근한 술주정에 가시가 돋아 있다. 직책 대신 언니라고 부르는 것도 귀에 거슬린다.

하긴, 내가 남녀 불문하고 후배들을 좀 빡세게 돌리는 편이긴 하지. 까탈 부린다 싶을 정도로 완전무결한 결과물을 요구하는 내 일 처리 방식에 사람들은 혀를 내두르곤 한다. 내가 지금 이 커리어를 쌓기까지 들인 시간과 노력이 얼만데…….

지금 이 자리에서 애한테 맞받아쳐 봤자 '노처녀 히스테리'로 비치기밖에 더하겠어! 그래도 딱 두 마디만 해주자.

"양 대리, 너나 잘하세요. 고기나 처드시고, 이제 그만 닥치셈!"

그나저나 '노처녀 히스테리'라는 말이 정말 근거가 있는 얘기야? 들을 때마다 떨이 취급받는 것 같아 기분 나빠서 그래. 조신하고 참한 처자라도 '싱글' 상태로 나이 들어가면 그렇게 까칠하고 신경질 부리는 사람이 되는 거야? 원래 그런 거야?

이 경 제 노처녀 히스테리, 근거 없다.
사회적 약자에게 덧씌우는 프레임일 뿐

노처녀 히스테리를 저는 두 가지 관점에서 보고 싶어요.

첫째는 '노 섹스 히스테리'입니다. 그리스어로 자궁을 히스테라(hystera)라고 하는데, 히스테리는 여기서 따온 말이에요. 고대 그리스 사람들은 히스테리 증상이 여자들한테 많다고 생각했지요. 그런 관점에서 보면 히스테리는 자궁의 기(氣)가 원활하게 순환하지 않아 발생한 심리적 갈등이에요. 성욕을 억압하지 않고 제때 섹스하는 여자는 자궁의 기가 잘 돌아서 히스테리가 없어요. 그런데 노처녀는 신체적 욕구를 풀 기회가 상대적으로 적기 때문에 히스테리가 생기는 겁니다.

그러면 노총각들은 어떨까요? 그들은 히스테리가 없을까요? 이건 마스터베이션(masturbation)하고 관련이 있다고 봐요. 자위하는 여성이 소수인데 반해 남성은 거의 대부분 자위를 합니다. 그래서 여성들보다 성기와 관련된 억압이 적습니다. 마음속 갈등을 표출할 때도 흔히 말하는 노처녀 히스테리와는 다르게 단순하고 폭발적인 양상으로 나타나죠.

히스테리를 예전 개념 그대로 묶어둘 필요는 없습니다. 새로운 관점이 필요하다고 봐요. 살다 보면 여자든 남자든 분노가 생기고 짜증이 날 때가 있어요. 그런데 우리 사회에는 여자들은 남자들처럼 함부로 분노를 표출하면 안 된다는 사회적 억압 기제가 있어요. 게다가 점점 나이 들면 어떻습니까? 젊은 처녀 시절에는 여기저기서 놀 일도 많고 대접도 받았는데, 시간이 흐르다 보니 어느덧 노처녀 소리를 듣게 되고 사회적으로 '폐계(廢鷄)' 취급까지 당합니다. 그러니까 점점 분노가 커지는 거죠. 사회적으로 대우받지 못하고 인정받지 못하는 것에 대한 분노와, 신체적 욕구를 제대로 분출하지 못하는 것이 결합합니다. 제가 보기엔 이것이 '노처녀 히스테리'의 본질이에요.

지금은 남자, 여자 가리지 않고 히스테리라는 말을 쓰지만, 여자들 히스테리는 어떻습니까? 남자들하고 좀 다르게 교묘한 방식을 취합니다. 은근히 '갈군다'고나 할까요? 자신이 불행한 이유를 상대방의 잘못으로 돌립니다. 유명한 소설 있잖아요. 「B사감과 러브레터」. B사감은 러브레터를 받은 학생들을 설교하고 문책하는데, 사실상 마음속으로는 그런 러브레터의 대상이 되고 싶어 하죠.

당신은 원래 후배들한테 일을 잘 시킬 뿐 아니라 철저하게 관리하고 감독하는 분인 것 같습니다. 그렇게 자기 할 일 잘하고 있는데, 후배가 아양을 떨며 '언니, 왜 시집 못 가느냐'고 하면 기분 나쁘죠. 게다가 한마디 하고 싶어도, 노처녀 히스테리 부리냐는 반응이나 돌아올 걸 예상하면 하고 싶은 말도 마음대로 못 하죠. 그만큼 '노처녀 히스테리'라는 말은 여성 입장에서 상당히 불쾌한 용어입니다.

평소 스트레스를 푸는 당신만의 노하우가 필요합니다. 그리고 후배들을 대할 때 '교묘하게 갈구는' 방식이 나오지 않도록 조심해야겠지요. 누가 함부로 사생활을 터치할 때 점잖게 퇴치하는 당신만의 비법을 익혀두는 것이 좋습니다. 예컨대 이런 식으로 말이죠. "너나 잘하세요. 내 사생활은 당신이 간섭할 일이 아닙니다."

역사적, 의학적 맥락에서 살펴봐도
여성을 폄하하려고 기획된 용어

    당신은 이 말을 어떻게 생각하고 있습니까? 혹시 '노총각 히스테리'라는 말은 들어봤나요? 여기에 답이 들어 있습니다. 일정한 나이 이상의 결혼하지 않은 여성을 남성적인 시각에서 비하하려는 의미가 '노처녀 히스테리'라는 말 속에 담겨 있다고 봅니다. 여기서 '남성적인 시각'이라는 것은 주로 남성들이 이 말을 언급한다는 의미가 아니에요. 안타깝게도 '노처녀 히스테리'라는 말은 여성이 여성에게 사용하는 경우가 빈번합니다. 특히 남성이 대부분인 조직에서 승승장구하며 일에 매진하는 싱글 여성들을 겨냥해 이 말을 사용한다는 생각이 들어요. 남성적인 시각에 길들어서 그런 관점이 내면화된 여성들이 업무 능력에 대한 자격지심과 열등감을 아직 젊거나 결혼한 자신의 상황으로 보상받고자 할 때, 또는 경쟁자로서 도태되었거나 업무 능력에서 밀리는 남성이 싱글 여성을 비하하며 자신의 무능력함과 비참한 현실을 덮으려 할 때 사용합니다.

'히스테리(hysterie)'는 자궁을 뜻하는 그리스어 'hystera'에서 비롯된 용어예요. 즉 과거에는 자궁의 기능이 잘못되어 생기는 병으로 여겼고, 따라서 여성에게만 존재하는 병이라고 생각했던 겁니다. 프로이트(Sigmund Freud)가 활동했던 19세기 후반의 이야기죠. 그 당시는 스트레스를 받았을 때 제대로 풀 수 있는 환경이 아니었어요. 여자들은 말할 것도 없었죠. 남자는 술 먹어도 되고, 담배 피워도 되고, 섹스를 해도 되고, 대판 싸우기도 했죠. 그런데 여자는 그 모든 게 안 됐던 시절입니다. 히스테리는 그 시절 여성을 바라보는 남성의 인식 수준을 여실히 드러내는 용어였습니다.

노처녀 히스테리라는 것도 마찬가지입니다. 남성적 시각에서 만들어진 말을 여성들이 주로 사용하고 있어요. 똑같이 짜증을 부려도 그 여자가 나이 든 미혼 여성이라면 노처녀 히스테리로 몰아갑니다. 새댁 히스테리, 아줌마 히스테리, 이런 말은 없잖아요.

과거에 히스테리라는 말을 의학적으로 처음 사용했을 때, 히스테리는 우리가 알고 있는 짜증이 아니었어요. 뭐였느냐 하면 '전환장애(conversion disorder)'라고, 아무 이유 없이 말을 못하고, 별다른 이유도 없이 갑자기 쓰러지고, 앞이 안 보이고, 안 들리는 증상을 말했어요. 그 의미가 달라진 거예요. 알코올중독과 비슷해요. 알코올중독은 술을 엄청나게 많이 먹어 혈중 알코올 농도가 급격히 올라가서 죽을 지경에 이르렀을 때를 일컫는 말이었어요. 원래는 알코올의존증인 것을 사회적으로 알코올중독이라고 쓴단 말이죠. 이 과정과 비슷합니다. 히스테리라는 말도 원래 의학적으로 사용하기 시작했는데, 이것이 변질되어서 사회적으로는 마치 짜증 내는 여자를 의미하게 된 거예요. 마치 PMS, 즉 월경전증후군(Pre-Menstrual

Syndrome)처럼 말입니다. 짜증 내면 "쟤, 그날이야?" 하잖아요. 이런 게 바로 여성을 비하하는 말이겠지요.

　이런 배경에서 만들어진 '노처녀 히스테리'라는 말은 더 이상 사용하지 않는 게 좋지 않을까요? 물론 이른 나이에 결혼하는 것이 당연시되던 시절에는 여성이 나이가 들면서 주변의 결혼 압박으로 불안해지고 자존감에 손상을 받으면서 스트레스에 취약해지고, 그로 인해 과민한 반응을 보이기도 했습니다. 하지만 이제는 그럴 필요도 없고 그러지 않아도 됩니다. 주위 사람들의 쓸데없는 말에 흔들리지 말고 더 씩씩한 모습으로 살아가십시오.

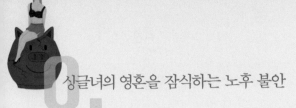

Q. 싱글녀의 영혼을 잠식하는 노후 불안

프리랜스 컨설턴트로 일하는 자칭 '골드미스'다.

주변에서 남편, 시댁, 애새끼 등등의 문제로 속 끓이는 걸 숱하게 봐왔다. 이해가 안 됐다. 그렇게 지지고 볶을 바에야 싱글로 사는 게 속 편하지 않나? 가정 문제로 누가 상의라도 해오면 내 대답은 늘 심플했다.

"그래? 그럼 헤어져! 인생 뭐 있어? 그냥 '에지(edge)' 있게 살아가면 되지. 남편 까짓것 필요 없다니까. 대충 애인이나 만들어두라고."

그런데 언제부터였던가. 나도 웬만큼 낫살 먹은지라 마음 한구석에선 슬며시 불안감이 움트는 것도 사실이다. 어느덧 마흔일곱. 여기저기 삐걱대는 곳이 있게 마련이다. 프로젝트 수주량도 예전 같지 않다. 바야흐로 '노후'라는 두 글자가 실감 나게 다가오기 시작한다. 지금이야 별문제 없겠지만 나도 늙고 병들 날이 올 것이다. 제 한 몸 추스르지도 못하는 신세가 되면 큰일 아닌가. 비빌 자식도 없고, 등 긁어줄 남편도 없으니……. 전문직 고소득자랍시고 폼 잡으며 살아왔지만, 집 안에 스민 사람의 온기가 그리울 때가 있다. 마음 깊은 곳에 잠재해 있던 불안이 드디어 고개를 쳐들기 시작하나 보다.

이 나이에 결혼을 추진해봐? 아니면 동거라도? 아이고, 남세스러워라. 이거 참 고민이로소이다.

이경제 까무러칠 만큼 좋아해야 같이 사는 의미가 있지,
노후 불안 때문이라면 다시 한 번 생각해보시라

당신은 골드미스라고 했어요. 그런 긍정적인 태도, 일단 좋아요. 마흔일 곱 살이라고 하셨군요. 그 나이에는 생리적으로 많은 변화가 일어납니다. 놀이동산에서 놀이기구 타면 멀미 납니다. 캐리비안 베이 가서 워터 봅슬레이 타면 한 시간 누워 있어야 합니다. 젊은이들이 많이 가는 신천역 모텔 거리에는 커피숍이 많고, 중년 넘어 연애하는 사람들이 많이 가는 미사리 모텔 거리에는 보양식점이 즐비하지요. 왜 그럴까요? 좋은 걸 먹어야만 힘이 나기 때문이죠. 그러니까 젊은이와 중년은 생리적으로 다릅니다.

나이는 숫자에 불과하다는 말, 저는 그런 이상한 소리 좀 안 했으면 좋겠어요. 그 숫자가 얼마나 정확하게 생리적인 변화를 말해주는데요. 여자는 49세 이후로 폐경이 오고 어깨가 굽습니다. 나이는 그냥 숫자에 불과한 게 아니라 실제적인 신체 변화를 나타내지요. 자기 나이를 자꾸 부인하려

고 하는 것처럼 어리석은 게 없는 것 같아요. 60대와 70대의 불면증은 병이 아니에요. 나이가 들면 몸속에서 수면을 유도하는 물질이 급격하게 줄어들어요. 그런 나이에는 수면제의 도움을 받는 게 자연스러운 일입니다. 나이 50이 되면 혈압이 높아지는 것도 흔한 일인데, 그런 것들을 무슨 큰 질병 다루듯 하지 않았으면 좋겠어요. 나이에 굴복하고 모든 것을 포기하라는 말이 아닙니다. 나이 들면서 나타나는 증상들을 슬퍼하지 말고 차분하게 받아들이자는 거죠.

신체적으로는 내리막길이지만 당신은 고소득 전문직으로 혼자서 잘 살아왔습니다. 그러면 지금이 딱 좋은 거예요. 일단 다른 사람 탓할 게 없잖아요. 그런데 결혼하면 어떻게 되겠어요? 등 긁어줄 남편이라고 했나요? 그 남편이 짜증 나고 실망스러워 얼굴은커녕 등짝마저도 꼴 보기 싫어질 수 있어요.

많은 사람이 막연하게 걱정하는 삶이, 어찌 보면 꽤 멋진 것일 수도 있습니다. 제가 아는 사람은 50대 초반에 결혼했어요. 그때까지의 삶도 나쁘진 않았지만, 나중에 동반자가 없을 걸 생각하면 헛헛했대요. 그래서 결혼했어요. 지금요? 엄청나게 후회하고 있어요. 지금 이곳이 천국이란 걸 모르고 지옥으로 들어가는 사람들이 있습니다.

요즘 '인생 100세 시대'라고 하죠. 이건 의사들이 경험하지 못한 세계예요. 65세 이상 인구가 이렇게 급증하는 것은 새로운 시대죠. 그래서 결혼·이혼·재혼 풍속도도 많이 바뀔 겁니다. 먼저, 돈이 필요합니다. 먹고살아야 하니까 돈을 꽉 쥐고 있어야 해요. 재산도 자녀에게 물려주지 못해요. 당신이 노후를 고민하는 것은 당연합니다. 당신 스스로 자기 삶을 책임질 수 있다면 그렇게 조급해하지 않아도 될 것 같아요. 타인에게 의지하는 것보다 자신에게 의지하는 게 더 믿을 만하니까요.

전 여자에게 세 가지가 있으면 결혼 안 해도 된다고 봐요. 집, 친구, 애완견. 남자가 이 세 가지를 넘어설 만큼 큰 가치는 없거든요. 제가 자주 하는 말 중에 '비참하게 살지언정 비굴하게는 살지 말자'는 말이 있어요. 당신은 현재 비참하지도 비굴하지도 않은 삶을 살고 있습니다. 꼭 마음에 드는 남자가 나타나 결혼하고 싶어진다면 해보는 것도 좋겠지요. 하지만 노후에 대한 불안 때문에 남자를 과대평가하는 일은 없기를 바랍니다.

결혼이 현재의 불안을 떨쳐낼
돌파구나 피난처가 될 수는 없다

살다 보면 매 순간이 판단과 결정, 즉 선택의 연속입니다. 특히 인생이라는 항로에 커다란 변화를 가져오는 선택들이 있습니다. 그런 선택의 순간에 사람들의 머릿속은 바삐 돌아갑니다. 그 선택의 결과로 얻을 것과 잃을 것, 즐겁게 누릴 것과 감당하고 감내할 것을 비교, 판단하면서 결정을 내립니다. 별다른 동요 없이 선택이 이루어지면 그것은 이미 편안하고 관성적인 일상생활의 일부분일 터이고, 내적 갈등과 고민이 많을수록 주저하고 망설이게 될 겁니다. 선택 후에는 선택해서 얻은 것은 누리고, 선택하지 않았기에 잃은 것은 감당하면서 살아갑니다.

그 중요한 선택 중 하나가 결혼이 아닐까요? 당신은 프리랜스 컨설턴트로 혼자 살면서 고소득과 자유로움, 혼자만의 여유를 즐기며 살아왔어요. 주변 사람들이 남편, 시댁, 아이 때문에 겪는 스트레스로부터 자유로웠어요. 건강과 노후에 대한 안정감, 온기가 도는 집, 가족들과 소소하고 정겨운 시간 등을 포기한 대가겠죠. 그런데 감당하기로 마음먹은 것들이 흔들리면서, 이제 이런저런 걱정이 들기 시작했다면 당신 인생에서 다시 한 번 중요한 선택을 해야 할 시기가 온 것입니다. 최종 선택에 이르기까지 진득하게 고민 많이 해야 합니다.

만약 제가 당신과 같은 처지라면, 건강과 노후 대비를 결혼에서 찾으려 하지 않을 겁니다. 연애나 동거, 보험과 실버타운 등으로 차근차근 준비해 나가겠습니다. 사실, "늙으면 혼자 어떡할 거냐?"라는 말 자체가 웃긴 거예요. 저도 줄기차게 듣는 얘기지만, 정작 그런 말을 하는 분들도 자기가 늙었을 때 남편 필요하다는 사람 못 봤어요. 오히려 대부분이 남편을 귀찮기만 한 존재로 여겼습니다. 나이가 많을수록 배우자가 필요 없다고 하더군요. 저도 그렇게 생각합니다. 늙고 병들면 가사도우미와 간병인만 있으면 됩니다. 누가 시켜서도 아니요, 자기 의지에 따라 혼자 사는 것을 선택했으면 그 정도 경제 능력을 전제로 한다는 얘기 아닐까요? 그리고 늙고 병들었을 때 가사도우미와 간병인의 존재가 필요해서 배우자와 결혼하는 것은 아니잖아요?

결혼이란, 언제 하는지보다 어떤 사람과 하는지가 중요합니다. 한 사람을 만나서 그 사람이 좋으면 결혼도 하는 것이지, 결혼을 하기 위해 사람을 만나는 것은 아니라고 생각해요. 또한 지금 현재 뭔가 답보 상태라고 해서 돌파구나 피난처로 삼아서도 안 되고요. 상담하면서 부모로부터, 자신의 현실로부터, 어떤 사람으로부터, 혹은 다른 이성과의 이별의 아픔으로부터 도망치려고 결혼한 사람들을 많이 봅니다. 그 사람들의 공통적인 이야기는 여우를 피하려다 사자를 만났다는 것입니다. 다른 누군가와의 관계나 자신 내면에 생긴 문제를 해결하지 못한 채 또 다른 누군가와 함께 살아간다는 것은 새로운 숙제를 하나 더 만들 뿐입니다. 자신이 피난처나 해결책으로 생각했던 결혼 생활에, 배우자에게 끊임없이 무엇인가를 기대하고 요구할 것입니다. 현재 나의 문제에 대해, 상황에 대해, 상태에 대해 천천히 생각해보고 자신 스스로 해결하려고 노력해보세요. 결혼은 해결책이 아닙니다.

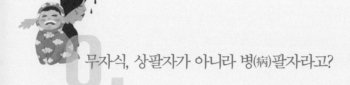

Q. 무자식, 상팔자가 아니라 병(病)팔자라고?

결혼 20년째입니다. 아이는 없습니다. 남편하고 둘이서 아기자기하게 살면 족하다고 생각했지요.

현재 NGO 상근 활동가로 일하고 있습니다. 비교적 만족합니다. 일을 매개로 형성된 네트워크도 잘 굴러가고, 남편과의 사이도 알콩달콩 깨가 쏟아집니다. 저도 새삼스러울 때가 있습니다. 늘 봐도 새롭고 질리지 않으니 신기하지요. 언제나 내 편인, 참 든든하고 고마운 양반입니다.

어릴 때부터 잔병치레가 잦았던 편입니다. 그래도 약골 소리 안 들으려고 이를 악물며 공부하고 일해 왔습니다. 그런데 몇 해 전부터 무기력해지는 날이 많고 가끔 하혈도 합니다. 워낙 생리가 불규칙하다 보니 하혈인지 생리혈인지 헷갈릴 때가 있네요. 손발은 늘 차갑고, 젖가슴은 탄력을 잃고 팍 쪼그라든 것 같습니다.

어르신들 말로는, 애를 안 낳아서 그렇답니다. 정말 그럴까요? 친정 엄마 말마따나 순리를 거스른 응분의 대가를 치르는 건가요? 제 생각엔, 세월의 매를 맞아 생긴 단순 노화 증세 같은데…… 원래 출산 경험이 없는 여성은 유방암, 난소암, 자궁근종 같은 각종 '부인병'에 더 취약한 건가요? 한 번도 가본 적 없는 산부인과에 들러 검진이라도 받아야 할까요?

**이
경
제**　임신, 출산과 부인병은 큰 상관관계가 없다.
　　　평소에 건강관리나 잘 챙기자

　마흔 중반쯤 되면 결혼을 하고 안 하고를 떠나 갱년기가 시작되는 시점입니다. 폐경기라고 할 수가 있죠. 요즘은 '완경기(完經期)'라고 이름을 바꿔서 말합니다만, 아무튼 월경이 끝나는 시점이에요. 마흔 중반 넘어서면서부터는 호르몬의 변화가 생기죠. 호르몬이 부족해집니다. 그래서 무기력해지고, 생리가 불규칙해지고, 하혈 같은 증상이 나타날 수 있습니다. 요즘은 호르몬을 대체하는 좋은 것들이 많이 나와 있어요. 예컨대, 페르시아 여성은 석류를 많이 먹어서 갱년기가 없다는 얘기가 있습니다. 한약재 중에 칡뿌리, 그걸 갈근(葛根)이라고도 하는데 이것도 큰 도움이 됩니다. 요즘 유행하는 아마씨도 꽤 괜찮습니다. 호르몬이 부족할 경우, 이런 식품들을 섭취하고, 호르몬을 전문적으로 조절할 수 있는 양방·한방의 도움을 받았으면 좋겠습니다.

아이를 낳고, 안 낳고의 문제는 전혀 아닙니다. 그런데 출산 경험이 없는 분들은 아무래도 유방암 발병 빈도가 높은 것은 사실이에요. 제가 임상에서 비구니와 수녀들을 진단해 보니 다른 직업군보다 유방암 발병률이 좀 더 높았습니다. 그러나 임신이나 출산의 경험이 없는 분들에게서 유방암의 가능성이 좀 더 높게 나타날 뿐이지, 애를 안 낳았다고 해서 난소암이나 자궁근종 같은 부인병에 취약하다는 것은 지나친 해석이라고 봅니다.

자궁에 좋은 것 중의 하나가 유산균이에요. 요즘 건강보조식품으로 나오는 프로바이오틱(probiotic) 유산균을 하루에 네 알가량 섭취하는 것도 도움이 됩니다. 오히려 출산 경험자들이 골반이나 척추의 불균형이라든가 여러 가지 문제가 생기는 경우가 더 많아요. 그러니까 출산하지 않았다고 해서 건강이 더 나빠지는 것은 아닙니다. 문제는 건강관리를 어떻게 하느냐입니다. 출산 안 한 여성은 골반과 척추 문제에서는 좀 더 유리할 수 있습니다.

제일 중요한 것은 운동입니다. 하루에 1시간 30분 정도 유산소 운동을 꼭 해야 할 나이예요. 스트레칭과 근력 운동도 해야 하죠. 쉰 살 이후부터는 급속도로 근육량이 부족해지므로 좋은 단백질을 섭취하십시오. 고기가 싫으면 생선·해산물·달걀흰자·두부·콩 등으로 단백질을 섭취하세요. 천 번을 흔들면 근육이 되고, 만 번을 흔들면 장수한다는 이야기가 있습니다. 자주 움직여서 몸의 척추 균형, 호르몬 균형 등을 잘 이루면 건강에 아주 도움이 될 겁니다.

아이가 없는데도 부부 관계가 좋은 것은 바람직하다고 봅니다. 오히려 자녀를 둔 부부들이 이 부부의 금실을 본받았으면 좋겠군요. 비결이 뭔지

제가 물어보고 싶군요. 미묘한 불안감은 자연스러운 거예요. 그런 적당한 불안감이나 긴장감이 있는 것이 건강한 인간관계를 형성하는 좋은 원동력 이라고 생각합니다. 계속 멋지게 사랑하시고 편하고 건강하게 지내십시오.

양
재
진

임신과 출산 경험이 없다고 해서
산부인과에 아예 안 가면 어쩌려고?

산부인과에 대한 우리나라 사람들의 편견과 선입관이 먼저 떠오르는군요. 처녀가 산부인과에 다닌다고 해서 이상하게 바라볼 이유가 전혀 없는데도 당신처럼 평생 산부인과에 가본 적이 없다는 사람들이 의외로 많아요. 우리 사회가 성숙해지려면 정신건강의학과에 대한 편견이나 부정적인 시선과 마찬가지로 산부인과나 비뇨기과에 대한 편견이나 부정적인 시선도 없어져야 한다고 생각합니다. 산부인과는 임신 중 관리와 출산을 담당하는 산과와 여성 생식기 건강을 담당하는 부인과로 나눌 수 있습니다. 여성 검진은 첫 성관계 이후부터 정기적으로 받는 것이 좋습니다.

우선 유방암은 오랫동안 에스트로겐(estrogen)이라는 여성호르몬에 노출되면 발병률이 증가하는데, 임신과 수유 때 분비되는 프로게스테론(progesterone)이라는 여성호르몬이 에스트로겐으로 인한 유방상피세포의 손상을 막아준다고 합니다. 따라서 유방암은 임신과 출산의 경험이 전혀 없거나 적은 경우, 서른 살 이후에 첫 출산을 한 경우, 수유를 하지 않은 경우에 발병 가능성이 커지는 것은 사실이에요.

난소암은 배란 횟수가 적을수록 발생 가능성이 줄어듭니다. 다시 말해 임신과 출산, 그리고 수유 등 배란이 억제되는 시기가 많을수록 난소암의 위험이 감소한다는 얘기죠. 예컨대 출산을 세 번 했을 경우는 한 번도 출산 경험이 없는 경우에 비해 난소암의 발병 가능성이 50퍼센트 감소한다고 합니다.

자궁근종은 양성 종양이고 증상이 있거나 근종이 큰 경우에만 치료를 합니다. 자궁근종은 호르몬의 영향을 받기 때문에 임신 중에는 근종이 커질 수 있지만 폐경 후에는 근종의 크기가 줄어드는 경향이 있어요.

당신의 경우, 40대 중반을 넘기면서 노화 때문에 나타나는 신체적인 변화로 보이네요. 그래도 혹시 모르니 정기적으로 산부인과에서 검진을 받는 것이 좋을 것 같습니다. 다만 어릴 때부터 잔병치레를 많이 겪었던 사람이 지나치게 몸을 혹사해서 만성피로증후군이 온 것은 아닌지 걱정되기도 합니다. 생리가 불규칙해지는 것은 여성 건강의 첫 번째 적신호고, 몸에 힘이 없고 무기력해지는 것은 만성적인 스트레스에 심신이 지쳤다는 신호이기 때문이죠.

40대에 접어들면 신체의 변화가 하나둘씩 나타나기 시작해서 젊을 때와 똑같이 자신을 몰아붙이면 감당할 수가 없어요. 정상적으로 진행되는 노화를 인정하고 신체적인 변화를 받아들이며 젊을 때보다 좀 더 적극적으로 본인의 건강을 관리한다면 그로 인한 스트레스를 덜

받게 될 것이고 요즘 이슈가 되고 있는 웰 에이징(well-aging), 즉 잘 나이 들어갈 것입니다. 젊었을 때의 섹시한 몸매와 피부 탄력은 잃었을지 몰라도 나이가 들면서 쌓인 경험과 지혜를 통해 원숙미와 중후함, 그리고 우아함을 얻었잖아요? 물론 주변 어른들의 말씀 중 맞는 부분도 있지만, 쓸데없는 죄책감으로 자신을 괴롭히지 마세요. 그리고 나의 건강을 위해 좋아하지도 않는 아이를 낳는다는 것, 좀 그렇지 않나요? 신체 활동을 꾸준히 하고, 정기적인 검진으로 건강을 챙기길 바랍니다.

초식남 사절, 마초남 대환영!

공군 대령으로 예편하신 아버지의 영향을 받아서 그런지, 어렸을 때부터 화끈한 남자에게 많이 끌렸어요. 여자를 확 휘어잡고 끌어당기는 카리스마 넘치는 남자가 왠지 좋더라고요. 예를 들어, 「모래시계」에 나오는 최민수 같은 타입이 제 이상형이라고 할까요.

그런데 이런 제 바람과는 달리 고딩 때부터 제 주변엔 섬세하고 여리디여린 순둥이들만 우글대는 거예요. 저는 수컷 냄새 폴폴 풍기는 근육질이 맘에 드는데, 무턱대고 일단 들이대는 마초한테 눈길이 꽂히는데, 저 좋다고 주위에서 얼쩡대는 남자들은 왜 죄다 쪼잔한 '소심남'뿐인지 모르겠어요. 하나같이 앙상한 체구에, 희멀건 피부에, 사슴 같은 눈망울 하며, 할말이 있으면 그냥 하면 되지 뭘 그리 쭈뼛거리는지…… 으이그, 딱 질색!

이제 '초식남', '순정남'들은 사양하고 싶어요.

"넌 내 거야. 왜냐고? 내가 사랑하니까"라며 저를 마구마구 뿅 가게 만들 화끈한 남자 어디 없나요?

이
경
제

초식남이 싫으면……
안 만나면 되지!

　초식남은 사절하고 마초남은 대환영이다? 네, 그렇게 하십시오. 초식남은 고분고분하고 자상합니다. 말을 잘 듣습니다. 반면에 마초남은 매력은 있는데 말을 잘 듣지 않습니다. 꼴통이거나 또라이 기질이 다분할 가능성 꽤 큽니다. 마초남의 특징은 감각적으로 예민하고 섬세한 사람이 별로 없다는 거예요. 한 지붕 아래 같이 살면 여자가 답답함을 느낄 수 있습니다. 아기자기함, 자상함 같은 거 당연히 없지요. 그렇게 섬세한 사람이라면 이미 마초가 아닐 테니까 어쩔 수 없잖아요. 자동차에 비유하자면 지프차 같은 사람이 마초남이고, 초식남은 매끈하게 빠진 세단 자동차라고 할 수 있습니다. 지프차는 탄탄대로보다 비포장도로에서 능력을 발휘합니다. 난관을 돌파하는 추진력 같은 게 있다고 봐야죠. 마초남의 장점이라고 볼 수도 있습니다.

모든 문제는 자기 내부에 있습니다. 초식남이 싫으면 안 만나면 되죠. 사람은 자기 취향이라는 게 있는데……. 그래도 당신 주위에 자꾸 초식남들이 얼쩡댄다는 건 당신에게서 초식남에게 어필할 만한 그 무언가가 존재한다는 얘기예요. 콘셉트, 확실히 정하세요. 남자친구의 마초적인 성향 때문에 겪을지도 모를 마음고생을 기꺼이 감수할 각오가 돼 있다면, 마초랑 살면 됩니다.

나중에 마초 남편과 대화가 좀 원활하지 않을 때는 동성 친구들과 부족한 점을 채우십시오. 어차피 여자와 남자는 대화가 잘 안 되는 게 당연합니다. 나이가 들면 이성 친구보다 동성 친구가 훨씬 편하잖아요. 마초남은 마초남대로, 초식남은 초식남대로 있는 그대로 봐주세요. 어차피 남자와는 크게 대화가 통하지 않는다는 것을 기본 전제로 하면 모든 점에서 탁월한 선택을 할 수 있을 거라고 봅니다.

양재진 선택의 뒷감당은
본인 몫이다

사람은 대개 어릴 적 이성의 부모를 통해 이성관이 성립되고, 그것을 바탕으로 자라면서 이상형이 만들어집니다. 대다수의 여자가 절대로 아버지 같은 사람과는 만나지 않겠다고 다짐하면서도, 정작 만나고 보면 하나같이 아버지 같은 사람인 경우가 많아요. 별 생각이 없었던 남자들도 애인에게서 어머니의 모습을 발견하는 경우가 상당히 많습니다. 당신의 무의식에 드리워진 남성상 역시 결국 자신의 아버지와 비슷한 모습일 겁니다.

하지만 사람은 자신에게 결여된 부분에 끌리는 것 또한 사실입니다. 즉 자신과 다른 성향의 사람, 자신에게 없거나 부족한 것을 지닌 사람에게 끌린다는 얘기죠. 꼼꼼한 사람과 털털한 사람이 서로에게 끌리는 것이 전형적인 예라고 할 수 있어요. 꼼꼼한 사람은 털털한 사람의 자유로움, 여유로움, 편안함 등에 끌리고, 털털한 사람은 꼼꼼한 사람의 세심함, 계획성, 의지력, 리더십 등에 매력을 느낍니다.

공군 대령으로 예편한 아버지 밑에서 자랐고, 카리스마 넘치는 '상남자' 스타일에 끌린다면, 질문자 당신의 성향도 여성스럽고 단아하고 청순하며 내성적인 스타일보다는 좀 더 외향적이고 적극적이고 능동적이며 활동적인 스타일일 가능성이 크겠군요. 일단 좋아하는 취향을 보니, 어머니보다는 군 장교 출신인 아버지로부터 물려받은 기질이 더 큰 것 같고, 그런 아버지 밑에서 자랐던 양육 환경이 또한 당신의 성격에 많은 영향을 끼쳤을 테니까요. 그러다 보니 질문자와는 전혀 다른 성향을 지닌 초식남, 순정남, 순둥이들이 당신의 성향에 끌리는 것은 당연해 보입니다. 그리고 실제로 당신이 좋아하는 화끈하고 리더십 있고 카리스마 있는 남자들은 당신과는 다른 타입의 여성, 즉 여성스럽고 단아하고 청순하며 연약한 스타일의 여성을 좋아할 가능성이 큽니다.

그런데 당신을 좋아하는 남자들이 죄다 소심하고 수동적이고 순종적이고 남성적이지 못하다고 하지만, 결국 자신의 이상형도 아닌 그들을 선택하고 받아들여 교제하기로 결정한 사람은 당신 자신입니다. 이것은 또 다른 문제입니다. 아마 당신은 의외로 거절을 못 하거나 우유부단하거나 마음이 약한 사람일 수도 있어요. 주어진 질문만 가지고 파악하기는 힘들지만, 분명한 것은 초식남, 그 남자는 당신이 선택한 겁니다.

너무나 보수적인 남친, 사귀다 보니 이게 문제네요

남친과 사귄 지는 일 년 됐고, 결혼 얘기가 나오고 있습니다. 처음 만났을 때 적극적이고 서글서글한 태도에 호감이 갔지요. 성격도 잘 맞고 취미도 비슷해서 반년 동안은 환상적이었어요. 둘 다 면 요리를 좋아해서 맛있다는 동서양 면 요릿집은 다 찾아다닌 것 같아요. 주말이면 드라이브를 나가 경치 좋다는 데는 다 가보고…… 신나는 데이트를 했지요.

반년쯤 지나자 남친과 저의 다른 점이 눈에 들어오기 시작했어요. 바로 정치적인 관점입니다. 쉽게 말해서 저는 진보, 남친은 보수예요. 그런데 남친의 보수주의는 합리적 보수니 하는 것과는 거리가 멀어요. 남친 말을 가만히 들어보면 '무조건'이 많습니다. 누구는 무조건 나쁘고 무슨 당은 무조건 싫다는 거예요. 상대의 관점을 깊이 생각해보려는 시도 자체를 안 한다고나 할까요? 가만 보면 약자에 대한 배려나 인권에 대한 생각도 꽝이에요. 둘이 다른 걸 느낄 때마다 마음이 어두워지네요.

다른 부분은 잘 맞고 사이도 좋은데, 사회를 바라보는 시선은 왜 이렇게 다른 걸까요? 결혼은 오래도록 함께하는 거잖아요. 이렇게 관점이 다른데도 앞으로도 함께할 수 있을까요?

이
경
제

정치적인 이슈로
토론할 생각을 아예 하지 마라

　연인이나 부부간에 정치와 종교 이야기는 하지 않는 게 좋아요. 두 사람의 정치 성향이 서로 안 맞네요. 아마 성장 과정에서 그런 차이가 발생했을 겁니다. 이렇게 하면 어떨까요? "나는 당신의 정치적인 성향에 간섭하지 않을 테니 당신도 내 정치 성향 가지고 왈가왈부하지 않았으면 좋겠다"고 서로 신사협정을 맺는 거예요. 정치와 종교에 관한 한 그런 배려가 필요한 것 같습니다.

　당신의 관점이 옳고, 남자친구의 관점이 틀리다, 이렇게 생각하는 것도 편견입니다. 당신은 진보니까 옳고, 인권을 지향하니까 옳고, 남자친구는 그런 문제에 관심이 없으니 틀리다? 그렇지 않습니다. 세상을 좀 오래 산 사람의 관점에서는 남자친구 생각에도 일리가 있는 부분이 많아요. 당신에게도 남자친구처럼 '무조건'의 모습이 있는 건 아닐까요? 당신도 자기가 무조건 옳다고 생각할 가능성이 크다는 얘기입니다. 그래서 충돌하는 거지요. 당신 생각도 100퍼센트 옳지는 않습니다. 당신이 옳지 않을 수 있는데 상대방의 옳지 않은 것만 지적하면 대화가 잘 이루어지겠어요?

다른 사람들을 만났을 때도 정치와 종교는 될 수 있으면 서로 얘기하지 않는 게 원칙입니다. 자기와 성향이 다를 수도, 같을 수도 있죠. 이것도 어떻게 보면 개인의 취향이라고 여기면 됩니다. 저는 정치나 종교적인 이유로 어떤 사람을 도외시하거나 반목하지 않는 편이에요. 그 사람이 어떤 종교를 믿어서, 또 어떤 정치적 성향을 가져서 그 사람을 만나는 게 아니고, 그 사람 자체가 좋아서 만나는 거니까요.

교회도 다닐 수 있고, 절에도 다닐 수 있는 건데, '절에는 절대 안 가. 교회는 죽어도 안 돼' 이렇게 생각하는 건 종교적인 편견이라고 생각합니다. 이런 편견이 없을수록 행복하고 선택의 폭이 넓을수록 자유를 만끽하는 거지요.

결혼해서 함께 사는 데 종교와 정치 성향은 상관없다고 봐요. 저는 큰 선거를 여러 번 치러본 사람이기 때문에 잘 알고 있습니다. 정치적인 성향과 인간관계는 별로 상관없습니다. 그럼 어떤 것이 서로 맞아야 할까요? 서로 인간적인 배려가 맞아야 돼요. 서로가 생각하는 상식적인 판단이나 같이 느끼는 감정이 공유되는 게 많으면 괜찮습니다. 결혼의 궁합은 사주팔자를 맞춰보지 않더라도 사귀었을 때 둘이 공유하는 감정과 생각만 어느 정도 있어도 잘살 수 있습니다. 연애나 결혼에 정치와 종교는 결코 큰 변수가 아니라고 생각합니다.

**양
재
진**　정치적 견해가 다른 게 문제가 아니라,
　　　'다름'을 포용하지 못하는 게 문제다

　결혼, 배우자의 선택은 삶의 분수령이 될 수도 있는 중차대한 문제입니다. 사람들은 대체로 상대방과 자신이 맞는 부분, 상대방의 좋은 점을 염두에 두고 선택을 하죠. 그런데 문제는 상대방과 서로 잘 맞는다고 생각하는 점, 자신이 생각하는 상대방의 좋은 점은 시간이 지나면서 퇴색하거나 줄어들 수 있다는 거예요. 반면에 두 사람이 잘 안 맞는 부분, 상대방의 단점 같은 것은 세월이 갈수록 커지기 쉽습니다.

　사람들은 결혼할 상대를 고를 때 그 사람에게서 얻을 수 있는 것이 무엇인지 따져봅니다. 잘생기고 예쁜 용모, 경제적 여유, 사회적 능력, 자신과 성격이 맞는 부분 등 장점을 보면서 배우자를 선택하는 경우가 많아요. 대개 그렇습니다.

　그렇지만 현재 좋다고 여기는 점들보다 중요한 것은 따로 있습니다. 만약이 사람과 결혼했을 때 그 후에 예상되는 곤란한 점들은 무엇인가? 과연 그런 것들을 기꺼이 견디고 감수할 수 있겠는가?

예컨대, 여자 쪽에서 봤을 때 남자가 다른 건 다 좋은데 시어머니 될 분이 깐깐하고 며느리를 존중하지 않는다면 어떡해야 할까요? 시어머니 때문에 불화가 예상돼도 다 견디고 이겨내며 살아갈 자신이 있다면 그 결혼을 선택해도 돼요. 그러나 도저히 고부 관계를 감당할 수 없을 것 같고 그로 인해 결혼 생활 전체가 힘들어질 것 같으면, 그 결혼은 다시 한 번 생각해봐야 합니다.

당신은 그동안 남자친구와 맛있는 면 요릿집 찾아다니고 드라이브하고 여행 다니며 재미있게 지냈습니다. 그런데 이런 재미는 연애 초기에 웬만하면 누구나 느끼는 것 아닌가요? 시간이 흘러 두 사람이 결혼에 골인해도 이런 쏠쏠한 재미가 계속 이어질까요? 안타깝게도 결혼이라는 긴 현실 속에서는 좋은 점은 점점 줄어드는 반면에, 지금 눈에 잘 안 보이거나 봤더라도 가볍게 보아 넘긴 갈등 요소는 점점 커질 가능성이 높습니다. 따라서 지금 상대방의 이런 점은 도저히 못 견디겠다, 감당하기 힘들겠다는 판단이 든다면 그 결혼은 안 하는 게 낫습니다.

지금 두 사람의 대립은 보수적인 성향과 진보적인 성향의 대립만은 아닐 거예요. 정치적 견해에만 해당하는 게 아니라는 말이죠. 남자친구의 태도 아래에 깔려 있는 '무조건'이 중요합니다. 남자친구가 어떤 사안에 대해 무조건 경직된 태도를 취한다면 그 사람은 전체적으로 '다름'을 포용하지 못하는 사람일 가능성이 큽니다. 상대방의 의견을 듣고 일정 부분 받아들이는 합리적인 태도나 열린 마음가짐을 갖고 있지 않다는 것이죠. 그렇다면 나중에 두 사람이 맞지 않는 부분에서 남자친구가 자기 의견만을 무작정 고집할 가능성이 높다는 얘기입니다.

당신은 남자친구가 그렇게 행동할 때, 당신의 뜻을 분명히 밝히고 남자친구와 의견을 조정할 자신이 있나요? 만약 그럴 자신이 있다면 남자친구와 결혼하세요. 둘 사이에 어려움이 생겨도 당신의 입장을 견지해 나갈 수 있을 테니까요. 그러나 그럴 자신이 없다면 이 결혼은 다시 생각해보는 게 나을 겁니다.

TAKE _ 2

보여주기
집착증 시대

Beauty without grace is the hook without the bait.

"품위 없는 아름다움은 미끼 없는 낚싯바늘이다."

_ 랠프 월도 에머슨(Ralph Waldo Emerson), 미국 사상가, 시인

외모 집착과 과시 욕망

'뚝배기보다 장맛', 겉으로 보기에는 보잘것없지만 의외로 실속이 있고 내용이 풍부하다는 뜻이다. 비록 겉모습은 투박할지언정 웅숭깊은 진면목이 은근슬쩍 드러날 때마다, 그 대상을 바라보는 사람들의 시선은 눈에 띄게 달라진다. 오랜 세월 숙성되어 깊어진 풍미는 이렇듯 새로운 발견과 반전의 매력을 가져다준다. 그러나 현실은 그렇지 않다. 일단 뚝배기에 담기면, 사람들은 그 안의 내용물이 뭐가 됐건 그저 시큰둥하게 여긴다. 알맹이는 번지르르한 포장지에 포박되고, 헛치레가 내용을 압도하는 외모지상주의 시대를 우리는 살아가고 있는 것이다. '보기 좋은 떡이 먹기에도 좋다', '미(美)가 곧 선(善)이다'는 말은 현시대의 정언명령이다. 수려한 용모와 값비싼 브랜드를 휘감은 늘씬한 몸매는 그 사람의 품격을 가늠하는 잣대가 된 지 오래됐고, 스펙, 연봉, 자동차 배기량, 아파트 평수 등은 그 사람의 실력과 지위를 상징하는 척도가 되었다. 외모 꾸미기에 목숨 걸다시피 집착하는 시대, 노골적인 현시욕과 물신주의가 넘쳐나는 시대, 참다운 의미는 가라앉고 부박한 기표만이 동동 떠다니는 이 시대를 우리는 과연 어떻게 생각하고 있을까? 보기 좋은 떡은 정말 먹기에도 좋은 걸까?

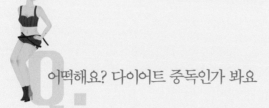

Q. 어떡해요? 다이어트 중독인가 봐요

　안 해본 다이어트가 없다. 황제 다이어트, 원 푸드 다이어트, 지중해식 다이어트, 커피 다이어트, 포도 다이어트……. 세상은 넓고 다이어트법은 많다. 여러 가지를 섭렵하다 보니 어떤 것은 돌고 돌아 이름만 바뀌었다 뿐이지 내용은 그대로다. 안 해본 게 없어서 나름대로 이론은 빠삭하다. 몸이 안 따라줘서 그렇지.

　한때는 내가 먹는 음식 하나하나 칼로리를 따지고, 없는 돈 들여 피트니스 센터에서 개인 트레이닝을 받기도 했다. 어떤 다이어트는 까다로운 칼로리 계산에 질려 그만두었고, 어떤 프로그램은 초인적인 절식도 모자라 태릉선수촌 생활에 맞먹는 신체 활동까지 병행하라니 제 풀에 기가 꺾였다. 단식 캠프에 참가해 합숙 훈련도 해봤고, 채식주의자 흉내도 내봤지만 나랑은 궁합이 안 맞는다. 먹지 않으려고 기를 쓰는 데 드는 비용이, 먹어대는 데 드는 비용보다 훨씬 더 많으니 기가 막히다.

　용케 몸무게가 줄어드는가 싶어도 잠시뿐, 요요 현상이 찾아왔다. 체중의 편차는 최대 24킬로그램까지 벌어진 적이 있다. 체중 감량, 요요, 다시 체중 감량으로 이어지는, 쳇바퀴 속의 다람쥐 신세. 이제는 갈 데까지 가본다는 심정으로 지방 흡입술이나 위밴드 수술까지 고려하고 있다. 내세울 것 하나 없이 다이어트에만 골몰하는 나, 한심하고 또 한심하다.

이 경 제

암 치료보다 어려운 다이어트에서 실패는 병가지상사(兵家之尙事)

　글쎄요. 제가 비만인데, 이 답변에 적합한 사람일는지 모르겠습니다. 저도 이것저것 다 해봤어요. 황제 다이어트, 원 푸드 다이어트 다 해봤는데, 다이어트란 게 참 쉽지 않습니다. 왜냐하면 암 치료율보다 낮은 게 다이어트 성공률이에요. 저도 예전에 30킬로그램을 빼 봤지만, 문제는 요요 현상이었어요. 다이어트는 이렇게 생각하면 될 것 같아요. '완치되는 다이어트는 없다, 일시적인 동안만 다이어트의 결과를 누릴 뿐이다.'

　미국의 미남 배우 브래드 피트(Brad Pitt)도 평소에는 감자튀김 즐겨 먹으며 체형 신경 안 쓰다가 영화 촬영 스케줄 잡히면 살 빼고 몸 만들거든요. 팝 가수 브리트니 스피어스(Britney Spears)도 그렇고요. 할리우드 스타들도 그런 몸매를 유지하기가 거의 불가능하다는 것을 잘 알고 있습니다. 영화 촬영이나 콘서트를 앞두고 헬스 트레이너를 2교대, 3교대로 붙여 살빼기 작전에 돌입하는 거고요. 평상시에는 그 사람들도 적당히 투실투실한 몸을 유지하면서 맛있는 거 먹고 행복하게 잘 삽니다. 혹시 질문자의 기대치가 할리우드 스타 또는 아이돌 같은 몸매를 생각할 정도로 높다면 저는 불가능하다는 쪽으로 결론을 내리고 싶어요.

저도 이런저런 다이어트를 하다가 많은 실패를 거듭했기 때문에 무엇이 좋은지 잘 압니다. 확실히 탄수화물이 비만의 원인인 것 같아요. 백색 탄수화물, 예컨대 밥·빵·면·과자 등 이런 백색 탄수화물을 줄이는 다이어트를 추천하고 싶습니다. 다이어트를 하겠다는 사람들이 항상 하는 말이 있어요. "뭘 먹으면 살이 빠지죠?" 하하, 저는 이렇게 대답해요. "뭘 먹지 않아야 살이 빠집니다." 그것도 되도록이면 탄수화물을 먹지 않는 다이어트를 해야 합니다. 그런데 계속해서 탄수화물을 먹지 않는다면 우울증이 옵니다. 탄수화물을 먹지 않는 기간을 정하고, 그 기간 동안에는 당분을 과감하게 섭취해주는 게 좋습니다. 사람의 뇌는 당분이 결핍되면 폭식을 유발하는 경향이 있습니다. 뇌를 살살 달래가면서 살을 빼야 하므로 꿀·설탕·메이플 시럽, 사탕, 초콜릿 등 다 좋으니 본인의 체질에 맞춰서 당분을 섭취하면 됩니다. 이런 것들로 적당하게 당분을 섭취해야 다이어트를 오랫동안 지속할 수 있습니다.

저는 칼로리 다이어트를 아주 경멸합니다. 왜냐하면 말도 안 되는 얘기거든요. 쓸모없는 방법을 너무 오랫동안 강요하는 것 같아요. 이제 그런 건 집어치우세요. 다이어트는 탄수화물을 안 먹는 것이 중요합니다. 영원히 다이어트 할 수는 없어요. 두 달 하고 한 달 쉬고, 아니면 한 달 하고 두 달 쉬고, 이렇게 자기 리듬을 맞춰서 하면 돼요.

당신은 다이어트 중독이 아니라 다이어트를 무척 열심히 하며 살아온 훌륭한 사람이에요. 자학하지 않았으면 좋겠고, 이렇게 많은 방법을 시도한 마당에 한 번 더 해보죠. 백색 탄수화물을 줄이는 다이어트로 성공하길 바랍니다. 당신은 결코 정신적인 문제가 있는 사람이 아닙니다. 다이어트는 암 치료보다 어렵기 때문에 실패는 누구나 다 한다는 거죠. 이걸 꼭 기억했으면 합니다.

양재진   자존감이 높은 사람은
타인의 시선에 갇혀 지내지 않아

현대 사회의 상당수 여성은 이렇게 말합니다. "인생을 살아가며 평생 해야 하는 숙제가 다이어트"라고. 그런데 그들은 왜 오늘 잔뜩 먹으면서 '다이어트는 내일부터!'라고 말할까요? 그리고 다음 날 일어나서 후회하고 우울해 하면서 같은 말과 행동을 반복합니다. 심지어 무슨 다이어트, 무슨 다이어트 등을 외치면서 계속 무엇인가를 먹습니다. 딱하기는 하지만 이해는 안 됩니다.

이들에게 묻고 싶어요. 어째서 다이어트가 평생 숙제이고, 또 누구를 위한 숙제인지? 현재 대한민국은 급속한 경제성장 덕분에 과거와 달리 영양 과잉이 문제가 되고 있으며 이로 인해 비만, 특히 소아비만과 과거 성인병으로 불리던 대사증후군 발병률이 늘어나는 추세입니다. 비만이나 대사증후군을 앓는 사람들이 자신의 건강을 위해 체중을 감량 또는 조절하는 것은 반드시 필요한 것이고 자신을 위한 것이겠죠. 하지만 다이어트라는 말을 입에 달고 살면서 엄청난 스트레스를 자초하는 이들은 대부분 비만이나 대사증후군은커녕 평균 체중이거나 평균 체중에도 미치지 못하는 마른 사람들입니다.

　사람들은 왜 이토록 다이어트에 매달리는 걸까요? 먼저, 아름다운 몸매에 대한 사회적 요구가 달라졌기 때문입니다. 과거에는 푸근하고 조금 후덕한 인상을 주는 몸매를 선호했지요. 그 시절에는 모두 먹고살기 힘들었고 영양 결핍에 시달렸기에 다소 포동포동하고 살집이 있는 사람들이 선호의 대상이었습니다. 지금 기준으로 따지면 소아비만이 의심되는 우량아 선발 대회를 할 정도였으니 말입니다. 그리고 여성을 바라보는 사회의 시선과 여성의 역할이 주로 임신과 출산, 그리고 육아에 초점이 맞춰져 있었습니다. 그러다 보니 임신, 출산, 육아에 유리한 푸근하고 후덕한 몸매, 즉 넉넉한 가슴과 큰 골반이 여자다움의 상징이었고 선호되는 몸매였지요.

　그런데 사회에서 요구하는 여성상이 달라지기 시작했습니다. 1980년대를 거쳐 1990년대로 오면서 경제적으로 풍요로워진 사람들은 먹고사는 문제에서 벗어나 새롭고 자극적인 오락 거리를 필요로 했고, 오래 지속된 군사정권은 국민의 불만과 정치적 관심을 돌릴 곳이 필요했습니다. 이에 맞추어 엔터테인먼트와 섹스 산업이 급격히 성장한 것이지요. 이제 사회적으로 요구되는 여성상은 임신, 출산, 육아에서 벗어나 성(性)의 대상이 되었고 욕망의 대상이 되었습니다. 즉, 풍만한 가슴과 잘록한 허리, 그리고 섹시한 히프 라인의 관능적인 몸매가 최고의 여성상처럼 된 것입니다. 그리고 1990년 중반부터 기업식 엔터테인먼트 산업이 커 나가면서 일본 대중문화의 영향을 받아 비현실적으로 작은 얼굴, 긴 팔다리, 마른 몸매에 노출이 심한 의상으로 무장한 이른바 '걸그룹 아이돌'들이 등장하지요. 여리고 순수한 소녀의 이미지, 그리고 신비한 요정의 이미지와 함께 누나 같고, 동생 같고, 조카 같은 친근한 이미지로 무장한 그들은 조금씩 다르지만 비슷비슷한 이미지를 서로 소모해가며 우후죽순으로 등장해 어느새 브라운관을 장악합니다. 여기에 미디어도 한몫합니다. 케이블 방송이 생기고 채널 경쟁에 불이 붙으면서 음악 프로그램과 예능 프로그램들이 신체 노출 경쟁을 벌입니다. 또 인터넷이 발달하고 종이 신문이 쇠퇴하면서 온라인 신문들은 자극적인 기사와 사진으로 네티즌의 시선을 빼앗습니다. 물론 스마트폰 등 전자기기가 발달하면서 이런 자극들에 훨씬 더 노출되기 쉬워진 것도 중요한 이유이지요. 자극적인 과도한 노출 경쟁이 이어지고, 이제 비현실적으로 마른 그들의 몸매가 현대 여성상의 기준이 되었습니다. 많은 여성이 그들에 비해 뚱뚱할 수밖에 없는 자신을 '루저'로 여기며 다이어트를 자신의 평생 과제로 삼은 겁니다. 하지만 그들은 대중들에게 보여주기 위한 직업을 가졌고, 그들의 몸이 바로 상품입니다. 끊임없는 운동과 식이요법, 그리고 자신에 대한 혹독한 관리는 그들이 해야만 하고, 할 수밖에 없는 숙제가 맞겠지요. 마치 직장인이 성과를 내기 위해 노력하듯이, 자영업자가 매출을 올리기 위해 애쓰듯이……

좀 더 근본적인 이야기를 해봅시다. 자기 직업이 남에게 보여주기 위한 것도 아니고, 자기 몸이 상품도 아닌 사람들까지 자신의 몸매가 연예인들과 똑같아야 한다는 강박증은 왜 생기는 걸까요? 미디어의 마케팅 상술에 놀아나는 것이 아닐까요? 대체 다이어트는 누구를 위해 하는 것일까요?

얼마 전까지 패널로 참여했던 「렛미인」이라는 메이크오버 쇼(makeover show)가 있습니다. 메이크오버 쇼는 전문가의 도움을 받아 외모의 변화를 통해 출연자의 인생을 변화시켜주는 프로그램을 말하는데요, 선천적이든 후천적이든 남들과 다른, 혹은 남들보다 못한 외모 때문에 힘든 삶을 살아온 사람들이 출연하는 프로그램이지요. 그들을 만나 대화를 나누고, 도움을 주고, 도움을 받은 후 변화된 그들의 삶을 지켜보면 그들은 크게 두 그룹으로 나뉩니다. 하나는 외적인 변화를 통해 내면까지 변화되는 그룹, 다른 하나는 외모가 변했음에도 내면은 변하지 못하고 그대로인 그룹. 외모가 바뀌었지만 자신의 굴레에서 벗어나지 못한 채 잔뜩 위축되고 다른 사람들과 단절되어 살아가는 그들에게는 한 가지 공통점이 있습니다. 바로 낮은 자존감이죠.

자존감이란 내가 생각하는 나의 가치입니다. 자존감은 어릴 적부터 타인의 사랑과 관심, 칭찬으로 길러지기도 하지만 궁극적으로는 무엇인가를 스스로 해냈다는 성취감과 자신을 사랑하는 마음가짐이 가장 중요합니다. 자존감이 높은 사람은 타인의 시선과 평가로부터 좀 더 자유롭습니다. 그들은 자신의 내면을 가꾸고 성장시키려고 많은 노력과 도전을 해왔으며, 자신의 내면에 더 많은 가치를 부여하고, 그러한 자신의 모습을 사랑합니다. 따라서 가치가 덜하다고 여기는 외모에 대한 지적이나 타인의 시선에 대해서는 크게 신경을 쓰지 않는 편이죠. 더구나 비현실적인 몸매를 유지하는 연예인들의 모습을 상품으로서 즐기고 좋아할 수는 있지만 그들을 동경하거나 따라 하거나 그들을 비교 대상으로 삼아 자신을 괴롭히지도 않습니다. 사람마다 다른 가치를 추구한다는 것을 잘 알고 있기 때문입니다. 외적인 변화를 통해 타인의 관심과 칭찬을 받는 건 일시적으로 만족감과 우월감을 줄 수 있겠지만 자존감을 높여주기에는 근본적으로 한계가 있습니다. 결국 외적인 변화에 수반되는 스스로의 성취감이 있어야만 한다는 것이죠. 자존감의 핵심은 타인이 아니라 자기 자신에게 있으니까요.

이 글을 읽고 잘 생각해봤으면 합니다. 당신은 왜 다이어트를 하고, 누구를 위해 하는 것인지, 혹시 시대의 변화에 따른 여성상에 대한 사회적 요구를 충실히 따르고 싶은 것인지, 미디어의 상업적인 술책에 놀아나는 것은 아닌지, 내면의 공허함이나 낮은 자존감을 외적인 변화를 통해 보상받고 싶은 것인지……

Q. 결혼할 남친이 혼수로 성형수술을 하라고 하네요

중소기업에서 근무하는 30대 초반 직장인입니다. 어릴 때부터 교회에서 알고 지내던 오빠와 연인 사이로 발전했고, 지금은 결혼을 목전에 두고 있어요. 그런데 요즘 들어 남친이 황당하고 어이없는 주장을 부쩍 펴기 시작하네요. 저더러 혼수 삼아 성형수술을 하라는 거예요. 거의 막무가내식이에요. 쌍꺼풀 수술 하면 훨씬 더 예뻐질 거라나요. 쌍꺼풀 수술을 하고, 입술 위쪽에 조그만 점이 하나 있는데 그걸 없애자고 그래요.

제 친구 중에 쌍꺼풀 수술에 실패한 애들이 굉장히 많고, 저는 솔직히 성형수술 따위 생각해본 적도 없을뿐더러 오히려 경멸하는 편이에요. 눈에 띄게 예쁘지는 않지만, 그다지 못생긴 것도 아닌 제 얼굴로도 살아가기에 아무 지장 없는데 남친은 만날 때마다 성형수술을 하라고 졸라댑니다. 그냥 못 이기는 척 들어줘야 하나요? 저는 싫은데…….

하루 이틀 얼굴 본 사이도 아니고, 나이도 먹을 만큼 먹은 남친이 왜 이렇게 철딱서니 없는 주장을 하는지, 무슨 꿍꿍이속이 있는 건지, 정말 이 남자와 결혼해도 되는 건지 자꾸 걱정돼요.

이경제 나이 들면 주름살 제거 수술 하라고
마누라한테 성화깨나 부릴 사람이로구먼!

남자친구, 어떻게 보면 좋은 사람 같기도 하네요. 더 예뻐진 아내와 살고 싶다는 거 아닌가요? 혼수로 열쇠 따위를 요구하는 것도 아니고……. 저는 얼굴에 있는 점은 흉점(凶占)이라고 봐요. 제가 개인적으로 관상에 관심이 많은데 몸에 있는 점은 복점이 많습니다. 코에 있는 점이 사랑받는 점이라 고들 하는데 썩 좋지 않아요. 얼굴에 있는 점은 흉점이니까 성형수술로 제 거하는 게 좋을 것 같네요. 복사마귀, 그런 거 없습니다. 얼굴의 사마귀나 점은 그렇게 좋은 게 아니니까 다 없애는 게 좋아요.

쌍꺼풀은 좀 달라요. '고독수'나 '이혼수'와 관련이 있어서 쌍꺼풀을 꼭 해야 하느냐의 문제에 대해서는 좀 조심스럽습니다. 쌍꺼풀 수술을 해서 예뻐지는 것을 남편 될 사람은 원하는데, 본인은 원하지 않는다. 그러면 얘 기를 해야죠. "나는 쌍꺼풀 수술을 하기 싫다. 당신이 이걸 꼭 해야 결혼한 다고 하면 우리는 결혼에 대해 다시 생각해봐야 하지 않을까?" 이렇게 얘기하는 당당함도 필요하다고 봅니다.

정말 이 남자가 쌍꺼풀을 좋아하면 '내가 한번 들어줄까?'라는 고민을 할 수도 있지만 그건 당신 입장에서 결정해야 해요. 혼란스러워하지 말고 당신이 쌍꺼풀 수술을 기꺼이 할 정도로 이 남자를 사랑하는지, 남자친구한테 당신에 대한 사랑을 결정하라든지 이런 식으로 분명하게 문제를 정리하는 게 좋을 것 같아요.

남자가 여자친구의 쌍꺼풀을 원하는 것은 좀 특이한 경우입니다. 외모에 디테일한 취향이 있는 사람인 것 같군요. 혼수로 성형수술을 하라는 것은, 입술 위쪽의 점을 빼는 수준에서 그치는 것이 좋습니다. 주름을 없애는 것도 이해가 돼요. 쌍꺼풀은 당신의 자유의사가 중요합니다. 당신의 의지를 거스르면서까지 강요를 받는다면, 결혼을 보류하는 것도 한 방법입니다.

솔직하게 말하자면, 이 결혼 안 하는 게 옳다고 봐요. 왜냐? 좀 이상하잖아요. 배우자 될 사람의 외모에 그렇게 집착한다는 게. 쌍꺼풀 성형수술 요구를 들어준다고 끝날 것 같지가 않아서 그래요. 나중에 늙으면 싫어할 거 아니에요. 그때 가서 딴소리하겠죠. 젊었을 때 모습 보고 좋아했으니까 늙은 모습은 싫다는 둥. 이렇게 외모의 특정 부위에 집착하는 사람은 쪼잔한 사람일 가능성이 높고 다른 사소한 것에도 집착할 가능성이 상당히 큽니다. 파혼이 이혼보다는 낫겠죠. 결혼 약속 없었던 일로 하는 것도 좋을 것 같습니다.

**양
재
진**

그런 말을 듣고도 딱 잘라 거절하거나
헤어지지 않는 이유가 더 궁금해

당신에게 묻고 싶네요. "남자친구의 어떤 모습을 좋아하나요?", "어느 부분에서 매력을 느끼고 있지요?" 그리고 그 남자친구에게도 똑같은 질문을 하고 싶습니다.

사람이 이성을 좋아할 때는 상대의 여러 가지 모습에서 이성으로서의 매력을 느꼈을 겁니다. 얼굴, 몸매, 표정, 걸음걸이, 제스처 등의 외적인 모습과 성격, 지식 수준, 가치관, 특기, 취미 등의 내적인 요인, 그리고 집안, 재력, 능력, 가족과의 관계 등 환경적인 요인까지. 이렇게 많은 요소 중에 자신이 좀 더 큰 가치를 두는 부분이 있겠지요. 자신이 선호하는 다양한 요인들을 모두 충족시키는 상대를 만나는 것은 매우 어려운 일입니다. 따라서 대부분 자신이 좀 더 의미를 두는 부분에 얼마나 많은 요인이 포함되는지, 그리고 그 가치 기준을 얼마나 만족시키는지에 따라 상대방을 선택하지 않을까요.

그런데 이러한 메커니즘으로 선택해놓고도 사람의 욕심은 끝이 없기에 자신의 가치 기준에 미흡한 부분까지 욕심을 냅니다. '이 부분이 조금만 이랬으면', '저 부분이 조금만 저랬으면' 하고 생각하지만, 이러한 것들을 자신의 욕심으로 인정하고 생각에서 멈추는 사람이 있는가 하면, 그것을 상대방에게 표현하며 요구하는 사람도 있습니다. 성향이나 가치관의 차이가 드러나는 지점입니다. 더구나 자신의 욕심을 표현함으로써 상대방이 상처받을 수도 있다는 점을 미처 인지하지 못했거나, 혹은 알고 있으면서도 그 욕심을 참지 못했다면 그 사람은 앞으로도 계속 그런 모습을 보일 가능성이 큽니다. 상대방의 감정에 공감하는 능력이 부족하다면 더 큰일일 것이고, 만약 알면서도 충동을 억제하지 못한다면 "감추고 말을 안 하는 것보다 말하는 것이 더 낫지 않냐"는 궤변을 늘어놓으며 상대방이야 상처를 받든지 말든지 자신의 욕구나 생각을 가감 없이 표현할 겁니다.

혹시 당신에게 남자친구가 제안한 쌍꺼풀 성형수술의 욕구가 있었다 하더라도 사랑하는 상대방으로부터 그런 지적이나 요구를 받는 것은 명백히 기분이 나쁘고 상처가 되는 일입니다. 이제 자신을 돌아보며 질문을 해보십시오. 남자친구가 예전에도 이런 모습을 보인 적은 없는지, 당신은 이런 상처를 감내하며 살아갈 수 있는지, 그런 말을 듣고도 이렇게 고민을 할 정도로 그 사람에게 끌리는 부분은 무엇인지, 거절을 하거나 헤어지지 못하는 이유가 무엇인지…….

Q. 대한민국에서 뚱뚱한 여자로 산다는 것

직장생활 7년 차 홍보팀 과장이다. 입사 동기인 재무팀 송 과장(남자다)이 농담을 던진다. "당신 같은 뚱녀가 홍보 업무를 맡아도 되나? 회사 이미지 개판 되는 거 아냐?" 머리털이 곤두서는 듯했지만, 과장된 몸짓으로 주먹감자를 날리며 웃어넘기고 말았다. 허물없이 지내는 사이라 송 과장 목에 헤드록 한 번 시원하게 걸어줘야 평소 내 모습이련만.

원래 내 성격은 소심하고 예민하다. 하지만 털털하고 대범한 척하며 살아간다. 말할 때도 괜히 육두문자 섞어가며 터프하게 보이려고 애를 쓴다. 그동안 사회생활에서 터득한 생존 본능이요, 방어기제다.

솔직히 내 몸매는 살짝 포동포동한 편이며(누군가는 뚱땡이라 한다), 얼굴은 그럭저럭 봐줄 만하다(누군가는 우락부락 장군감이라 한다). 주변 사람들은 내가 누구하고나 잘 지내고 털털하니까 마구 놀려대도 괜찮다고 생각하는 것 같다. 천만의 말씀이다. 내가 일기장에 끄적거린 대로 행동했으면, 희대의 엽기 살인마가 되었을 것이다.

이젠 지긋지긋하다. '뚱띠', '푸짐녀'…… 그런 소리 좀 안 들었으면 좋겠다. 한 일 년쯤 휴가를 얻을 수만 있다면 전신 성형이라도 하고 싶은 심정이다.

이
경
제

선택은 셋. 남들의 시선으로부터 더 자유로워지든가,
일을 그만두든가, 탁월한 다른 능력으로 평가받든가

아, 제가 대한민국에서 뚱뚱한 남자로 살고 있기 때문에 이 문제를 누구
보다 잘 알고 있지요. 뚱뚱한 저 자신이 다소 꼴 보기 싫었던 때는 있었지
만, 저는 뚱뚱하다고 해서 콤플렉스를 갖거나 괴로워해 본 적은 별로 없었
습니다. 왜냐하면 뚱뚱해진 대가는 자기 스스로 치러야 한다고 생각하기
때문이에요. 저는 분식이나 야식도 좋아하고 식탐이 심해서 군것질을 많
이 하는 사람입니다. 그 결과로 살이 쪘어요. 그럼 그건 제가 떠안아야 할
문제이지요. 저 스스로 뚱뚱해지는 결과를 초래한 장본인이니까요.

그런데 질문자의 사례에도 나오듯이, 다른 일은 잘하는데 뚱뚱한 외모
때문에 회사의 이미지가 나빠질 수도 있지 않겠냐는 말은 사실 그대로 받
아들여야 할 것 같네요. 아무래도 날씬하고 미인이면 남자들이 좋아하기
마련이고 주변 여자들의 부러움을 받기도 하는 건 사실이지요. 외모도 재
능이라는 걸 받아들일 필요가 있다는 얘기입니다.

우리가 길을 가다가 정말 잘생긴 꽃미남, 꽃미녀 배우들을 보면 '와!' 하고 돌아보지 않습니까. 왜 그런가 하면, 사람들이 좋아하는 재능 중의 하나를 갖췄기 때문입니다. 그래서 본인이 결정해야 할 것 같아요. 더욱더 당당해지든가 아니면 일을 그만두든가 그도 아니면 뛰어난 능력으로 평가를 받든가, 이 셋 중에 하나를 선택해야 합니다.

본인도 뚱뚱한 것을 썩 그렇게 좋아하지 않을 것 같은데……. 혹시라도 뚱뚱한 본인이 맘에 든다면 남의 말에 개의치 말고 꿋꿋이 살아가십시오. 본인조차도 뚱뚱한 게 맘에 들지 않는다면, 뚱뚱한 사람을 별로 좋아하지 않는 남들의 관점을 자연스럽게 받아들이는 게 좋습니다.

케이블 방송에서 해주는 성형수술 프로그램 있잖아요. 안면이 비대칭이거나 못생겼던 사람이었는데 갑자기 예뻐진 모습에 모두 '와!' 하지 않습니까. 다들 아름다움을 좋아한다는 거죠. 「다이어트 킹」 같은 프로그램을 보면 굉장히 비대했던 사람이 45킬로그램 감량에 성공해 날씬해지면 모두 환호하지 않습니까. 21세기에 들어 많은 사람이 아름다움과 날씬한 것, 멋진 근육질 몸매를 가진 남자와 여자에 열광하는 것을 보면 대부분의 사람이 그런 것을 선호하는 것은 확실하다고 봐요.

그런 흐름에서 벗어나겠다고 본인 혼자 아등바등해봐야 달라지는 건 없습니다. 본인이 남의 시선으로부터 더욱더 당당해지든가 아니면 좀 더 노력해서 어느 정도 수준까지 도달하든가, 이런 것을 본인이 결정해야 한다고 생각합니다.

전신 성형은 할리우드 스타들도 많이 하는데, 제가 볼 때 전신 성형이라는 것은 정말 만만치 않은 일이에요. 선천적인 미인이 되기도 힘들지만 후천적으로 미인이 되는 것 역시 쉽지 않습니다. 이 문제는 제일 큰 문제부터 하나하나 풀어나가는 것이 좋겠습니다. 무엇보다 자신이 행복하려면 무엇을 해야 하는지 다른 사람 핑계 대지 말고 본인이 좀 냉정하게 판단을 내리는 게 좋을 것 같습니다.

저는 뚱뚱하기 때문에 외모로 승부해본 적이 한 번도 없어요. 그 짓을 왜 해요. 질 게 뻔한데. 그래서 다른 쪽으로 방향을 틀었죠. 제가 잘할 수 있는 쪽으로요. 저는 유머 감각도 좋은 편이고 말을 잘한다고 생각합니다. 개그맨은 잘 웃기고 가수는 노래를 잘합니다. 잘생긴 친구는 가만히 관찰해보니까 미소를 잘 짓더라고요. 모두 다 이런 식으로 자신의 재능을 발휘하며 살아가는 거지요.

질문하신 분도 본인의 매력을 찾기를 진심으로 바랍니다.

**양
재
진**

자신의 속내를 터놓고 얘기하지 않는 한,
상대방은 당신이 상처받는다는 사실을 모를 수밖에

먼저 사회적인 문제부터 얘기해볼게요. 우리가 살고 있는 대한민국은 무척 예의를 중시하는 듯한 모습을 띠긴 하지만, 은연중에 '정'이라는 말로 포장된 무례함을 쉽게 용인하는 곳이기도 합니다. 선진국에서는 예의, 매너, 에티켓 등이 없는 미성숙한 사람이나 할 짓으로 치부되는 일들이 우리나라에서는 너무나 자주, 많은 곳에서 자연스레 일어납니다.

타인의 외모에 대해 끊임없이 지적하고, 타인의 사생활에 대해 거침없이 무례한 질문을 던집니다. 심지어 걱정되니까 하는 말이라며 쓸데없는 간섭과 참견을 늘어놓고, 자신과 무엇인가 다른, 예컨대 인종, 신체 및 정신적 장애, 성적 기호, 성 정체성 등이 다른 사람들을 겨냥해 적대감을 표현하고, 그들을 무시하고 경멸하며 우쭐대기도 하지요. 또한 '다르다'는 것을 인정하고 포용하는 것에 굉장히 인색해서 '틀리다'며 비난하고 자신과 같아지기를 강요하기도 합니다.

사람들과의 관계에서 내가 하는 어떤 말 또는 행동 때문에 상대가 기분이 나쁘고 상처를 받았다면 그것은 농담도, 관심도, 걱정도 아니에요. 대화에서 중요한 것은 말하는 나의 의도가 아니라 듣는 상대방이 어떻게 받아들이느냐입니다. 즉 누군가에게 사과할 때, 내가 사과를 했다는 행위 자체가 중요한 게 아니라 상대방이 사과를 받아들였는지의 여부가 중요한 것처럼 말입니다. 나는 친구로서, 동료로서 농담으로 했건, 관심을 표현했건, 걱정되어서 했건 상대가 상처받는다면 그건 농담도, 관심도, 걱정도 아닙니다. 나의 무례함일 뿐입니다.

사람의 자아 기능 중에는 자신을 감시하는 기능이 있습니다. 머릿속으로 떠오르는 수많은 생각 중에서 말이나 행동으로 표현해도 되는 것들과 그렇지 않은 것들을 판단하고 분류해서, 표현하지 말아야 할 것들은 겉으로 드러내지 못하게 하는 기능입니다. 물론, 상대와의 친밀함에 따라 이런 기능이 약화되기도 합니다. 따라서 상대방과 내가 생각하는 친밀함의 정도가 다를 때, 그리고 친하면 무엇이든 해도 된다는 잘못된 생각 때문에 오해가 생기고 서로 상처를 받는 것이죠.

이제 문의하신 사례로 들어가겠습니다. 당신은 자신을 상처로부터 지키기 위해 소심하고 예민한 자신의 성격과는 반대로 털털하고 대범한 척 살아왔고, 주변 동료나 친구들은 당신이 그런 성격을 가진 줄 알았을 겁니다. 상대방이 알아서 말과 행동을 조율하고 조절할 줄 안다면야 더할 나위 없이 좋겠지만, 그런 성숙한 사람은 보기 드물기 때문에 상대방의 말과 행동을 내가 조율하고 조절해줘야 합니다. 다른 사람의 말과 행동을 어떻게 내 마음대로 조절할 수 있을까 생각하겠지만……. 상대방과 나와의 심리적인 거리, 즉 친밀함의 정도를 유지하는 것과 그것을 유지하기 위해 내가 상처받고 괴로워하고 힘들어하는 것은 분명히 다릅니다.

당신이 삶의 방편으로 선택한 방어기제가 사실 본인을 더 힘들게 하고 있습니다. 먼저 가까운 동료나 친구에게 당신의 속마음을 터놓고 얘기해보십시오. 사실, 이러이러한 너의 말과 행동 때문에 나는 많이 상처를 받았다, 괜찮은 척했지만 내심으로는 힘들었다고. 또한 상대방에게 친구나 동료로서 느끼는 긍정적인 감정과 심리적인 거리, 친밀함을 유지하고 싶은 마음을 표현하고 지금의 관계를 유지하기 위해서는 상대방의 배려가 필요하다고. 그렇게 말해보세요. 당신이 표현하지 않는 한 상대방은 당신이 상처받았다는 사실을 모를 수밖에 없습니다. 당신이 표현함으로써 상대방은 당신을 대하는 자기 태도, 당신에게 하는 말과 행동을 조절하고 조율하게 될 겁니다. 최소한 전보다는 조심스러워지겠죠.

너무 소심하고 내성적이라서 말을 못 하겠다고요? 그럼 지금처럼 상처받으며 사는 것을 감수할 수밖에 없어요. 사람은 자신의 선택에 의해 따라오는 결과를 그대로 감당하면서 살아가는 겁니다.

Q. 못생긴 사람은 사랑할 자격도 없나요?

'모태솔로'나 다름없는 서른 살 직장인이다. 소개팅 나가는 족족 퇴짜 맞는 것도 질렸다. 여태껏 애프터 신청을 한 번도 받은 적이 없다.

'대딩' 때도 그러더니 '직딩'이 돼도 똑같다. 단체 미팅에선 '퀸카' 들러리 아니면 향단이 역할이 고작이다. 그것도 분위기 좋을 때나 그렇지, 찬밥 신세일 경우가 많다. 향단이라면 방자하고라도 눈이 맞아야 하는데, 남자들은 스쳐 지나가는 눈길조차 안 보낸다. 내가 어색하게나마 말을 붙이면, 단답형으로 대답하고는 곧바로 무시한다. 못생긴 데다 말주변마저 없으니 존재감 제로다. 꿔다놓은 보릿자루만도 못한 신세! 내가 보기엔, 남자들 쪽에도 언제나 방자가 한두 명은 있게 마련이지만 그들 역시 '얼짱'한테만 눈독 들이지 '얼꽝'은 안중에도 없다. 찬밥끼리 나눌 법한 동병상련이나 의기투합, 그런 거 없다.

소개팅 후 나와 관련해서 들려오는 말은 거기서 거기다. "예의 바르고, 성격 좋고, 엄마들이 좋아하게 생겼다……." 외모가 후지다는 얘기를 이런 식으로 표현하는 것임? 내면의 아름다움, 다 웃기는 소리다. 외모 때문에 예선전도 통과 못 하는데, 무슨 얼어 죽을 내면? 이건 본선 무대에 오를 기회도 주지 않는 차별이나 다름없다. 못생기면 사랑할 자격도 없단 말인가? 짚신도 짝이 있다는데 대체 내 짝꿍은 어디 있을까?

이
경
제

사랑할 자격, 당연히 있다.
다만, 쉽지는 않겠지

못생긴 사람은 사랑할 자격도 없다? 이렇게까지 말할 건 아니지만 소개팅이나 미팅에서 애프터 신청을 받기가 어렵겠지요. 참 안타깝습니다. 남자든 여자든 매력이 떨어지는 사람들에게 위로한답시고 하는 말이 내면의 아름다움 운운하는데 저는 그렇게 생각하지 않습니다. 자동차 살 때 디자인을 보고 사지, 엔진을 살펴보고 고르는 건 아니잖아요. 겉모습이 마음에 들어야 그 사람의 내면도 궁금해지는 것이지, 다짜고짜 내면부터 궁금해하는 사람은 없습니다.

못생긴 사람은 어떤 사람을 찾을까요? 저 같은 사람 역시 잘생긴 사람을 찾지 않을까요? 못생긴 사람이 못생긴 사람을 찾는 것은 본 적이 없어요. 아마 질문자 당신도 자기 외모가 못마땅하지만, 본인 역시 남자의 못생긴 외모가 못마땅한 적이 있었을 겁니다. 짚신도 짝이 있다고요? 짚신,

짝 없는 경우 많습니다. 누구나 다 결혼하는 시대는 끝났습니다. 연애는 내가 누군가를 좋아하고 그 사람도 나를 좋아할 때 성립되는 겁니다. 그렇지 않으면 짝사랑에 머무르다 말 거고요. 못생긴 사람은 사랑할 자격이 없는 게 아니라, 잘생긴 사람에 비해 소개팅이나 이성과의 만남에서 성사될 가능성이 작겠지요. 솔직히 이런 냉정한 현실을 인정할 필요가 있습니다.

제가 볼 때는, 슈퍼모델 중에 그렇게 예쁜 사람은 많지 않아요. 그런데 자기 매력을 몸매나 워킹으로 자신감 넘치게 아주 잘 발산하지요. 그리고 할리우드 스타들도 엄청난 미인보다는 오히려 개성이 강한 사람들이 많아요. 그러니까 메이크업이나 헤어를 잘하는 곳에 가서 당신 외모를 바꿔 보세요. 사실은 '세련된 개성'에 매력의 키포인트가 있다고 봐요. 비싼 원피스를 입는 것이 중요한 것이 아니라 내 스타일에 맞는 옷을 세련되게 입는 것이 중요하죠. 전문 코디네이터도, 메이크업 아티스트도, 헤어 아티스트도 있으니까 그런 도움을 받는 게 좋을 것 같습니다.
자신에게 부정적인 성향이 있는지도 체크해보세요. 내면을 아름답게 가꾸는 것도 정말 쉽지 않거든요. 그러나 내면의 아름다움은 외면이 아름다울 때 더 관심을 받더군요.

양
재
진
잘생긴 것도 타고난 재능이다.
인정할 건 시크하게 인정하자고

사람이 모든 걸 다 가지고 태어날 수 없지만 신은 나름대로 공평하게 우리에게 각자 다른 재능을 주었습니다. 그런데 사람들은 자신이 어떤 재능을 가지고 태어났는지 모른 채 살아가고 심지어 그것이 재능인지도 모르는 경우가 많습니다. 우리는 흔히 음악, 미술 등 예술적 소질이나 천부적인 운동신경, 천재적인 두뇌 등을 타고난 재능으로 생각합니다. 반면에 공부 잘하는 머리, 활발한 대인 관계, 부유한 집안 환경, 멋진 외모 등은 타고난 재능이라기보다는 재수가 좋았을 뿐이라고 치부하며 공짜로 얻은 듯한 재능들을 질시하는 경향이 있지요.

사실, 공부를 잘하려면 인지 능력이 뛰어나야 하고 오래 버틸 수 있는 지구력이 뒤따라야 합니다. 말을 잘하려면 풍부한 어휘력과 논리적인 사고력을 두루 갖추어야 하고, 일을 잘하려면 소위 잔머리가 좋아야 하는데, 이는 뛰어난 실행 능력과 함께 책임감과 약간의 강박적인 성향이 필요합니다. 대인 관계를 잘 꾸려나가려면 타인과 공감하는 능력이 발달해야 하고, 상대를 배려하는 능력은 물론, 세심하고 꼼꼼하며 충동을 잘 조절해야만 합니다. 이런 것들은 모두 부모로부터 물려받은 타고난 재능이에요. 영·유아기와 청소년기에 어떤 환경에서 어떤 노력을 하며 어떻게 보냈는지에 따라 변화는 있겠지만, 결국 기초가 되는 것은 타고난 재능입니다. 부유한 가정환경과 멋진 외모도 마찬가지입니다.

똑같이 타고난 재능이지만 종류에 따라 사람들은 다른 반응을 보입니다. 이는 그 재능들을 바라보는 시각의 관점 차이 때문입니다. 타고난 재능으로 여기는 것들은 쉽게 포기하고 인정하지요. 그런데 풍족한 가정환경과 외모는 재능인데도, 재능으로 여기지 않으려고 해요. 그 사람이 무엇인가를 거저 얻었을 것 같은 생각 때문에, 그리고 내가 아무리 노력해도 보상 받지 못한다는 사실 때문에 질투가 나고 박탈감이 생기고 자신에게 화가 나는 겁니다.

같은 노력을 한다면 재능을 타고난 사람이 한참 더 앞서나갈 수밖에 없습니다. 당연한 일 아니겠어요? 타고난 재능에 시간과 노력을 투자하는 것이 훨씬 효율적이며 성취감을 얻기도 쉬우니까요. 그런데 많은 사람은 자신이 어떤 재능을 가지고 있는지 모르고, 자신의 재능이 재능인지도 모른 채 엉뚱한 부분을 채우려고 헛심을 씁니다. 괴로워하고 자신을 폄하하고 자책하면서 말이죠.

당신에게 묻고 싶네요. 여자를 춘향이와 향단이로, 남자를 이몽룡과 방자로 묘사했는데, 이성을 바라보는 당신의 관점은 어떠한가요? 당신을 바라보는 남성들의 시각과 무엇이 다른가요? 남성의 어떤 부분을 가장 중요하게 생각하나요? 그리고 당신의 타고난 재능은 무엇이죠? 당신이 남들에게 어필할 만한 매력은 무엇인가요? 당신의 재능과 매력을 가꾸고 돋보이게 하려고 어떤 노력을 기울이고 있나요? 당신에게 주어진 재능을 외면한 채, 비싼 원피스를 사서 입고 단시간 내에 상대를 평가할 수밖에 없는 결혼정보회사의 단체미팅에 나가면서 당신 자신을 괴롭히고 있는 것은 아닐까요?

당신이 사람들한테서 듣는, '예의 바르고, 성격 좋고, 엄마들이 좋아하게 생겼다'는 것도 타고난 재능 중 하나 아닐까요? 스스로 인정하지 않아서 그렇지, 당신이 가진 재능은 당신을 엄청나게 멋있고 매력적인 사람으로 만들어줄 수 있는 재능입니다. 당신의 재능을 제대로 발견하고 그 재능을 잘 키우기 위해 노력하세요.

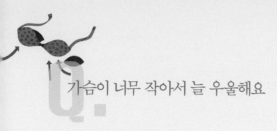

Q. 가슴이 너무 작아서 늘 우울해요

대중목욕탕에 안 간 지도 꽤 오래됐다. 아마 2차 성징이 시작된 다음부터 안 갔을 거다. 다 자격지심 때문이다. 가슴 사이즈가 형편없이 작아서 그렇다. 창피함을 무릅쓰고 말하자면 젖가슴이 거의 없다. 평평한 접시에 바싹 말라비틀어진 건포도 한 알 달려 있는 꼴이다.

초딩 고학년 때부터 발육 상태가 좋은 아이들하고 견주면 확연히 차이가 났다. 남자애들한테 '납작 가슴'이니 '절벽 가슴'이니 하고 놀림도 많이 받았다. 오죽했으면 뉴스에서 '재정 절벽(Fiscal Cliff)', '취업 절벽' 같은 소리만 나와도 깜짝깜짝 놀란다니까.

평소에는 '뽕브라'를 착용하니 티가 나지는 않는다. 하지만 남자들을 사귀는 데도 적극적이지 않고 주눅이 든 상태다. 아무튼 가슴이 작다 보니 여성성이 거세된 것 같기도 하면서 삶이 전반적으로 우울하다.

실리콘 보형물 집어넣으면 좀 나아지려나?

이
경
제

신체에 인위적인 변형을 가해서라도
자신감을 되찾고 싶다면 그렇게 하시라

가슴 성형수술 하는 게 좋습니다. 고민하지 말고 하세요. 제가 볼 때, 가슴 확대 수술한 많은 여성들의 만족도가 비교적 높습니다. 무조건 하십시오. 이건 고민할 필요도 없어요.

가슴의 크기는 성적인 매력의 기준이 될 수 있습니다. 많은 여성이 고민하는 문제이기도 해요. 자기 가슴이 너무 작은 게 아니냐 하는 걱정과 성적 매력을 잃을지도 모른다는 불안감, 수유에 문제가 생기지 않을까 하는 두려움 등이죠.

가슴 확대 수술은 2차 세계대전이 끝나고 일본에 주둔하는 미군을 상대하던 일본 화류계 여성들 사이에서 유행하기 시작했다고 합니다.

예전에 저도 가슴이 커지는 침을 연구해본 적이 있는데, 커지긴 커져요. 그런데 여성들이 원하는 만큼 커지지는 않아서 그만두었습니다.

검은콩은 식물성 에스트로겐을 함유하고 있어서 가슴 발육 상태에 도움이 됩니다. 이건 그냥 참고될 만한 수준의 얘기고, 정말 만족하시려면 가슴 수술하는 게 맞지요. 수술 후 두 달 정도 지나면 주변 사람은 물론 수술 당사자도 보형물을 의식하지 못할 정도로 자연스러워진다고 합니다. 자신감 있는 삶을 누리고 싶다면 확대 수술 하세요. 그래서 가슴을 펴고 사세요.

양
재
진
남자에게 잘 보이기 위해서가 아니라
자기 자신을 위한 거라면……

지난 5년 동안 「렛미인」이라는 메이크오버 쇼에 출연했습니다. 외모 때문에 고통받는 사람들에게 내면과 외형의 변화를 이끌어내 새로운 인생을 살게 해주는 프로그램입니다. 과도한 성형수술로 논란이 되기도 했지만 그 프로그램을 통해 새로운 인생을 살게 된 사람들이 정말 많았어요. 수백 명의 신청자와 수십 명의 선정된 사람을 보며 우리나라에서 평범하지 않은 외모로 살아가는 게 정말 힘들다는 것을 새삼 깨달았죠. 대한민국은 상대방의 외모에 지적질을 해대고 아무렇지도 않게 조롱을 일삼는 상황이 시도 때도 없이 벌어지기 때문이에요.

아마 당신도 어렸을 때부터 비슷한 경험을 수시로 겪었을 겁니다. 많은 상처를 받았을 테고, 결국 작은 가슴은 당신에게 콤플렉스가 되었겠죠. 특히 가슴은 여성성의 상징이다 보니 여성으로서 자존감도 많이 상했을 거예요. 애인이나 남자친구에게 한 여성으로 다가가는 것조차 얼마나 불안했을까요.

가슴 확대 수술은 미용 성형수술 가운데 수술 후 만족도가 가장 높은 수술이에요. 예전에 '양극성 기분장애(bipolar mood disorder)' 여성 환자를 진료한 적이 있습니다. 그 환자는 일본인으로, 한국인 남편과 결혼해 아무 연고도 없던 한국에서 살게 되었습니다. 집안일과 아이들 양육에 지쳐 있을 때 남편의 외도를 알게 되면서 우울증에 걸렸어요. 그런데 남편의 외도가 아이들 수유로 인해 작아진 자기 가슴 때문이라는 걸 알고는 자책하기도 했어요. 그녀는 이후 조증(mania)이 발생하면서 돈을 물 쓰듯 하며 쇼핑에 몰두했고, 내친김에 가슴 확대 수술도 받았습니다. 나중에 증상이 호전되면서 대부분의 조증 환자들이 그렇듯이, 조증 상태에서 저지른 모든 행동을 후회했는데, 단 하나 가슴 확대 수술만은 후회하지 않았다고 하더군요. 오히려 커진 가슴을 매우 자랑스러워했습니다.

당신의 작은 가슴이 여성으로서 자존감을 갉아먹고 남성에게 다가가는 것까지 망설이게 한다면 가슴 확대 수술을 하는 것도 하나의 방법이에요. 상대 남성을 위한 수술이 아니라 자기 자신을 위한 수술이라는 전제 아래 제가 유일하게 찬성하는 미용 성형수술이죠. 요즘엔 코헤시브 젤(cohesive gel)이라는 보형물을 주로 사용합니다. 모양을 자연스럽게 만들어주는 물방울 모양의 코헤시브 젤도 있습니다.

하지만 당신의 작은 가슴까지도 사랑할 사람을 만나는 것도 괜찮지 않을까요? 무엇 때문에 상대방을 좋아하고, 무엇 때문에 상대방을 싫어하는데, 그 '무엇'이 사라지거나 생겼을 때 상대방을 어떻게 대해야 할까요? 가슴에 집착하는 남성의 경우, 어머니와의 관계에 문제가 있었거나 독립적이지 못해 미성숙한 특성을 지니고 있을 가능성도 있습니다. 수술 후 커지고 예뻐진 당신 가슴 때문에 당신을 좋아하는 사람이라면 수술 사실을 알고 나서 실망한 표정을 지을 수도 있을 겁니다.

작은 가슴으로도 섹시하다는 칭찬을 듣는 영국의 배우 키라 나이틀리(Keira Knightley)의 예를 들어볼게요. 그녀는 영화배우임에도 빈약한 가슴을 있는 그대로 받아들였어요. 심지어 '뽀샵'으로 조작하지 않는다는 조건을 걸고 자신의 상반신 누드를 찍기도 했죠. 이를 두고 누군가는 이렇게 말을 했답니다. "키라 나이틀리, 작은 가슴에 승리를 안겨주다" 그녀처럼 작은 가슴을 있는 그대로 받아들이고 예뻐해주는 것은 어떨까요?

Q. 벌써 몇 번째 성형인지 모르겠다

처음엔 엄마 손에 이끌려 얼굴에 있는 잡티 제거부터 시작했다. 수능 시험 치른 직후였다. 말쑥해진 피부를 보니 자신감이 생겼다. 끊임없이 자신을 가꾸어야 한다는 말이 실감 났다. 외모가 이기적이라는 소리 들을 만큼 특출하지 않고서야, 생겨먹은 대로 그냥 살아간다는 건 낙오와 도태를 의미할 뿐이라는 생각도 그때부터 싹텄다. 예컨대, 쌍꺼풀 없는 눈이라든지 각진 턱은 돈 들여서라도 제거해야 할 흠이었다.

결국 얼굴에 손을 대기 시작했다. 쌍꺼풀, 코, 양악 수술 등으로 이어졌다. 때로는 기분 전환하듯이, 때로는 심심풀이 땅콩 삼아 성형수술을 일삼았다. 그러다 보니 성형은 습관이 되어 20~30번쯤 수술을 한 것 같다. 성형외과 의사가 정성을 다해 쏟아부은 부분 부분을 다 모아놓으면 절세 미녀가 될 줄 알았는데 반드시 그런 것만도 아니었다. 붕대를 풀 때마다 어딘지 조금씩 미흡했고 부자연스러웠다.

요즘도 리모델링과 하자 보수 공사를 계속한다. 간절히 원하면 나도 언젠가는 나비가 되어 날아오를 것이다. 얼굴은 김태희, 보디라인은 미란다 커를 목표로 조금만 더 고치자. "Cosmetic Surgery must go on!"

이 이 정도면 중독이 맞다.
경
제 하지만 하고 싶은 건 해보시라

성형 계속하겠다면 하십시오. 당신 얼굴 당신이 손보겠다는데 누가 뭐라 하겠습니까? 저는 얼굴에 있는 점이나 사마귀를 빼는 건 찬성입니다. 하고 나면 아무래도 깨끗해 보이잖아요. 관상학적으로도 얼굴에 있는 점은 복점이 아니라고 합니다. 얼굴이 깨끗해지는 건 좋아요. 그런데 코를 높이거나 쌍꺼풀을 하는 건 운명에 크게 영향을 끼칠 수도 있다는 점을 염두에 둬야 합니다. 저는 관상이나 사주를 믿는 편입니다. 뷰티뿐만 아니라 운명이 좋아지는 방향으로 성형하면 좋을 것 같네요.

저는 자기 몸에 관심을 갖는 것이 필요하다고 봅니다. 남자는 예쁜 여자를 보면 좋아합니다. 여자는 잘생긴 남자를 보고 좋아하는 것보다 자기 자신이 예쁜 것을 좋아합니다. 남자고 여자고 간에 한결같이 예쁜 여자를 좋아한다는 거지요.

성형, 전문가들의 조언을 많이 듣고 가장 적합한 병원을 선택해 수술이 잘 진행되었으면 좋겠습니다. 사람들이 성형 중독이라는 말을 쉽게 하는 것 같은데, 그렇지 않습니다. 다들 예뻐지고 싶어 합니다. 어떤 사람이 멋진 옷을 입으려 한다고 해서 그 사람이 옷 중독에 빠졌다고 하나요? 아니잖아요. 어느 정도의 성형은 이제는 자연스러운 현상인 것 같습니다.

그래도 당신 같은 경우는 거의 중독 수준이라고 보는 게 맞습니다. 하지만 당신 외모에 대한 결정은 결국 당신의 기준에 따라 스스로 내리는 겁니다. 남이 뭐라고 하건 그건 참고 사항일 뿐이죠. 아무리 말려도 당신이 하고 싶은 것을 하는 겁니다. 행운을 빌게요.

양
재 불혹을 넘겼을 때 책임져야 할
진 당신의 얼굴은 과연 어떤 모습일까?

　사실 모든 게 그렇습니다. 처음이 어렵지 반복해서 하다 보면 내성이라
는 것이 생깁니다. 성형수술도 마찬가지예요. 자기 얼굴에 칼을 대는 수술
행위, 차가운 수술실과 딱딱한 수술대, 마취에 대한 공포, 수술 후 자기 모
습이 어떻게 바뀔까 하는 불안 등은 갈수록 무뎌집니다. 수술이 잘된 경
우, 스스로 느끼는 만족감과 예뻐졌다는 주변의 칭찬 등은 긍정적인 피드
백으로 작용하면서 긍정적 강화(positive reinforcement)를 일으킵니다. 그러
다가 시간이 좀 경과하면 수술 후 변한 자기 모습이 원래의 자기 모습처럼
인식되고, 예뻐지거나 달라진 부분보다는 마음에 들지 않던 부분들이 더
눈에 들어오게 됩니다. 조금만 더, 여기만 좀 더 고치면 만족할 것 같은 마
음과 이대로 그냥 놔두면 뒤처지는 게 아닌가 하는 불안감을 느끼는 것이
죠. 즉 일종의 금단증상입니다. 이런 상황은 어떻게 귀결될까요? 반복되는
수술 때문에 경제적인 어려움이 생길 수도 있고, 가족을 포함한 주변 사람

들과 갈등을 빚을 수도 있겠죠. 이런 것이 바로 중독이에요.

사람은 언제 자기 외모에 집착하며 미용 성형수술에 매달리게 될까요? 내적인 공허함과 결핍, 좌절을 겪고 있을 때입니다. 내면에 채워지지 않는 것들을 외적인 변화, 혹은 업그레이드를 통해 보상 받으려고 하는 거예요. 지속해서 성형수술에 목매고 있다면 당신의 내면을 진지하게 들여다볼 필요가 있어요. 그럼 지금 현재 당신에게 진정 필요한 것이 무엇인지 알게 될 겁니다. 분명한 것은 그게 무엇이든 성형수술은 아닐 것이라는 거죠. 자신의 내면에서 요구하는 것이 무엇인지 진지하게 고민해보고 그것을 채워나간다면 성형수술 후의 기쁨보다 훨씬 큰 행복과 내적인 충만감을 느낄 수 있을 겁니다.

사람은 살아온 세월의 흔적이 얼굴에 고스란히 묻어납니다. 얼굴은 다양한 표정을 지으므로 근육도 가장 많은 신체 부위입니다. 그러다 보니 같은 얼굴이라도 어떤 표정을 짓느냐, 그래서 어느 근육이 움직여 어디에 주름이 잡혔느냐에 따라 매우 다르게 보입니다.

내적인 충만함과 높은 자존감, 그리고 긍정적인 마인드는 미소를 불러오고 밝은 표정을 안겨줄 거예요. 그리고 매일매일 함께하는 밝은 표정은 어떤 미용 성형수술보다 자신을 예쁘게 만들어줄 것입니다. 자, 이제 당신 얼굴에 어떤 흔적을 남길지는 오롯이 당신이 결정할 몫입니다.

Q. 얼굴만 고치면 취업이 되겠지?

　입사 서류 전형에 일흔여섯 번 미역국을 먹었다. 입사지원서 작성에 들인 공력이 아깝다. 졸업증명서나 토익 인증서 같은 각종 서류 떼는 데 드는 비용만 수십만 원이다. 면접 전형은 다섯 번 탈락했다. 큰맘 먹고 구입한 정장 투피스는 몇 번 입어보지도 못하고 유행이 지날 판이다. 그래도 비정규직은 관심 없다. 남들은 알짜배기 중소기업도 괜찮다며 권유하지만 거들떠보지 않기는 매한가지다.

　취업스터디 모임에서 같이 공부하던 아무개는 이번에 모 그룹에 입사했다. 학점과 스펙이 보잘것없던 그녀가 나보다 나은 점이라곤 얼굴이 반반하다는 것뿐이다. 자연산이 아니라는 것도 안다. 지난번 면접 때도 내가 홍일점이었으면 최종 합격했을지도 모른다. 최종 열 명 중 여자는 나를 포함해서 두 명뿐이었다. 내가 훨씬 조리 있게 말했지만 아무래도 용모에서 밀린 것 같다. 예쁘장한 그녀는 지금 그 회사 고객만족센터에서 근무한다던가!

　그래, 맞다. 같은 값이면 다홍치마 아닐까. 나도 얼굴에 과감한 투자 좀 하자. 쌍꺼풀 만들고, 콧날 좀 세우고, 사각턱 가다듬어 V라인으로 만들면 나도 제법 쓸 만할 거야. 그럼 너끈히 합격하겠지?

　학자금 대출도 아직 많이 남았는데, 빚만 더 늘어나겠구나!

이경제 안 하고 후회하느니
저질러놓고 후회하는 게 낫다

인생 참 힘들게 사시네요. 일단 감당할 수 있는 여건에서 할 수 있는 건 다 해보는 게 좋지 않을까요? 빚이 늘더라도 얼굴 고치세요. 저는 두 번 고민할 거 없다고 생각합니다. 왜냐하면 당신은 만약에 얼굴을 안 고치면, 평생 얼굴 때문에 안 됐다고 책임을 얼굴에다 돌릴 분이에요.

얼굴 고치세요. TV 방송에서 일반인들에게 성형수술 해주는 프로그램 보면 얼마나 멋있어집니까? 더 예뻐지세요. 그래서 취업이 되면 좋은 거고, 안 되면 그제야 얼굴 때문이 아니라는 걸 깨닫겠죠. 얼굴 고쳐서 취업이 되면 그동안 취직 안 됐던 거 얼굴 때문이 맞습니다. 그럼 제가 더 드릴 말씀이 없습니다. 그런데 수술 덕분에 얼굴이 예뻐졌고 훨씬 더 괜찮아졌는데도 취직이 안 된다, 혹은 아무리 노력해도 더 이상 예뻐지기가 어렵다면 그건 당신이 가진 한계라고 여겨야지 어쩌겠습니까? 아무튼 얼굴 때문이 아니라는 걸 알게 됐다면 거기에 맞는 직장을 선택

보여주기
집착증 시대

하는 게 맞습니다.

　사람들은 자신이 감당할 수 없는 걸 자꾸 시도하면서 불행의 길로 들어서는 것 같아요. 외모든 능력이든 마찬가지입니다. 한번은 정말 노래를 못하는 친구가 오디션 프로에 나온 것을 보았는데 그 자신은 노래를 잘한다고 생각하더군요. 이런 착각들이 왜 생길까요? 남의 말을 듣지 않기 때문입니다. 유명 프로듀서인 퀸시 존스(Quincy Jones)가 그러더군요. 마이클 잭슨(Michael Jackson)도 살아생전 남의 말을 어지간히 안 들었다고. 크게 대박이 나는 사람도 남의 말을 안 듣고요. 크게 쪽박이 나는 사람도 남의 말을 안 듣습니다. 평범한 사람들만 남의 말 듣는 것 같습니다. 얼굴 고치셔도 됩니다. 안 고치면 당신은 평생 한이 될 거예요. 빚 좀 늘면 어때요? 천천히 갚아나가면 되죠.

양재진 좋은 인상과 밝은 표정은 성형수술로도 안 된다

사람은 어떤 일에 실패하거나 원하는 것을 얻지 못하면 그 이유를 찾습니다. 원인 분석을 하죠. 그때 흔히 빠지기 쉬운 함정이 철저하게 주관적으로, 자신의 관점에서 바라본다는 거예요. 이솝우화에 나오는 여우를 생각해보세요. 포도를 따 먹으려다 안 되니까 신 포도라서 안 먹는 거라며 둘러대잖아요.

사람은 자신에게는 상당히 관대하고, 타인에게는 좀 더 혹독하고 냉정한 기준의 잣대를 들이대는 경향이 있습니다. 잘 되면 자기가 잘났기 때문이요, 여의치 않으면 남 탓을 들먹이기 쉬워요. 그게 아니면 자기 힘으로는 어쩔 수 없었다는 불가항력적인 이유를 갖다 붙이려고 합니다. 없으면 만들어서라도……. 앞서 말한 여우가 똑같은 행동 패턴을 보이는 거예요. 반면에, 타인의 노력은 잘 인정하려 들지 않고, 운이 좋았다거나 재력, 배경 같은 요인들 덕분이라고 치부하곤 합니다.

한번 생각해봅시다. 취업 과정에서 그토록 많이 탈락했던 것이 단지 외모 때문일까요? 거듭 떨어지면서도 비정규직이나 중소기업은 거들떠보지도 않고 대기업 정규직에만 도전한다면 당신의 실력과 노력이 부족하거나 목표 설정에 문제가 있었던 것은 아닐까요? 취업스터디를 같이 하다가 대기업 고객만족센터에 입사한 당신 친구는 순전히 외모 덕분에 합격한 것일까요? 당신이 안 보는 곳에서 그 친구가 당신보다 훨씬 더 열심히 칼을 갈고 날을 벼렸던 것은 아닐까요?

회사에서 원하는 직원은 해당 회사가 지향하는 가치와 이념에 맞고, 업무를 잘 수행하고, 동료들과 잘 어울릴 만한 사람이지 예쁘거나 잘생긴 사람이 아닙니다. 물론 이 정도는 당신도 알고 있어요. 다만 수십 번 떨어지다 보니 그럴듯한 핑곗거리가 필요했던 것뿐이죠. 여우의 신 포도가 당신에게는 성형수술의 필요성으로 작용하는 겁니다.

같은 외모도 어떤 표정을 짓는지에 따라 눈에 띄게 달라 보입니다. 면접을 볼 때 당신은 어떤 표정을 지었을까요? 평소에 당신이 어떤 표정으로 사람들과 만나는지 돌아봤으면 합니다. 내면에서부터 우러나오는 밝은 표정이 좋은 인상을 만들어냅니다.

하나만 덧붙이자면, 면접 성형은 얼굴을 예쁘게 만드는 것이 목적이 아니라 좋은 인상을 만들고자 하는 것입니다.

Q. 화장발 안 받는 날은 아무것도 못 해요

단골 세탁소에서 실수를 했다. 드라이클리닝 맡긴 정장 바지에 주름이 두 겹이다. 출근하고 나서야 알았다. 남들은 대수롭지 않게 여기겠지만 난 아니다. 자꾸 신경이 쓰여 일이 손에 안 잡힐 지경이다. 엎친 데 덮친 격으로, 프레젠테이션 준비 때문에 며칠 무리해서 그런지 화장이 안 받는다. 피부가 푸석해서 파운데이션이 들떴다. 사무실 사람들이 모두 내 얼굴만 쳐다보는 것 같다. 발표가 코앞인데 도저히 집중이 되지 않는다.

하루에 거울 들여다보는 횟수만 백 번은 될 것이다. 거울에 비친 내 모습이 조금이라도 맘에 안 들면 불안해진다. 불안 모드에 들어서면 다른 건 눈에 들어오지도 않는다. 스타킹 올이 풀리면 잽싸게 편의점에서 스타킹을 사서 갈아 신어도 그런 날은 내내 저기압이다. 얼굴에 뾰루지라도 돋으면 온종일 좌불안석이다. 언젠가는 점심 식사 때 블라우스에 스파게티 소스 좀 튀었다고 그 길로 조퇴해버린 적도 있다. 사소한 티 때문에 컨디션이 엉망인 날이 하루 이틀이 아니다.

지금도 불안감이 온몸을 옥죄어온다. 이 자리를 벗어나고 싶다. 프레젠테이션이고 뭐고 그냥 집에 갔으면 좋겠다. 아! 난 왜 이 모양인지 모르겠다. 이놈의 외모 강박증, 어떻게 좀 안 될까?

이 경 제   외모 강박증이 아니라
그냥 외모에 예민한 것

완벽주의 기질이 좀 있는 것 같긴 하군요. 일반적으로 사람들은 누구나 강박 증상을 조금씩은 가지고 있습니다. 대부분 그것을 감당할 수 있기에 특별히 문제가 생기지 않은 것이죠.

당신도 잘 알고 있을 거예요. 삶의 모든 부분을 예쁘게 보이려고 완벽히 통제하려 하지만 항상 모든 게 예쁠 수 없다는 것을. 그런데도 "혹시 누가 흉보면 어쩌지?"라는 생각에 시달리고 있어요. 그러면서 완벽에 완벽을 기하려고 합니다.

심리 문제는 사실을 바라보는 자기 정서의 문제입니다. 자칫하면 자기 자신을 학대하면서 허송세월하기 쉽죠.

제가 보기엔 '강박증'이라고 볼 정도는 아닌 것 같아요. 자신의 아름다움을 위해서 투자하는 건 좋은 일이라고 생각합니다. 겉모습이 조금이라

도 맘에 들지 않으면 다른 건 눈에 들어오지도 않는다고요? 더 심한 사람
도 쌔고 쌨어요. 패션 디자이너들은 다 그래요. 더 심하면 더 심했지. 당신
은 '외모 강박증'이 아니라 단지 외모에 예민할 뿐입니다. 그런 성향을 잘
활용하는 게 좋을 것 같군요.

예민한 사람은 꼼꼼한 경우가 많잖아요. 외모에 까다로운 당신의 성
향을 잘 승화시키면 좋겠어요. 더욱 멋쟁이가 되겠죠.

절친한 패션 디자이너 한 분이 이런 얘기를 하시더라고요. "나는 배고픈
건 참겠는데, 배부른 건 거북해서 싫어." 배가 불룩 나오면 옷 태가 안 나
잖아요. 옷을 멋있게 차려입는 것을 가장 우선시한다는 얘기죠. 저와는 많
이 달라요. 저는 배고픈 걸 못 참고 잔뜩 먹습니다. 포만감을 즐기는 편이
죠. 패션 디자이너가 될 팔자가 전혀 아닌 거죠.

당신은 패션이나 디자인 분야처럼 꼼꼼하고 섬세한 특성을 가진 직무에
뛰어난 자질을 갖추었는지도 모릅니다. 그런 특성을 잘 살려 나가면 더 멋
지고 세련된 여성이 될 수 있을 겁니다.

양
재
진
사실 남들은, 당신이 생각하는 만큼
당신에게 별 관심 없다

당신은 본인의 문제를 잘 알고 있군요. 하지만 머리로만 이해하고 있으면 제대로 아는 것이 아닙니다. 알고 있는 걸 행동으로 옮겨야 진짜 아는 것이죠. 아마 당신의 강박에 가까운 증상 때문에 일상생활에서 매우 힘들었을 겁니다. 그런 증상은 당신의 성격 특성에서 기인했을 가능성이 커요. 부모님으로부터 물려받은 기질과 어릴 적 양육 환경을 토대로 자라면서 당신이 덧씌우면서 만들어낸 성격 특성이 그런 모습으로 발현된 겁니다.

사람이 정신적으로 성숙한다는 것은 자신의 기질과 성향에 대해 알아가면서, 당신 자신과 주변 사람을 불편하거나 힘들게 만드는 성격 특성들을 고쳐나가는 거예요. '인지행동치료(cognitive-behavioral therapies)'를 예로 들어 간단하게 설명해볼게요.

이를테면, 출근길 회사 엘리베이터에서 직장 상사를 마주쳤어요. 당신이 꾸벅 인사를 건넸는데 그가 받아주지도 않고 스마트폰만 들여다보며 딴전을 피웠다고 해봅시다. 당신이라면 이렇게 생각할 거예요. '이렇게 무시하다니……. 김 부장은 내가 맘에 안 드나 보다!' 그 생각이 하루 종일 머리에 맴돌면서 다른 일이 손에 잡히지 않겠죠. 그런데 그 생각 자체가 과잉일반화와 왜곡된 믿음일 수도 있다는 거예요.

인지행동치료에 따르면, 당신의 생각을 이렇게 바꿀 수도 있어요. 동일한 상황에 처했을 때, 당신 동료들은 이런 식으로 생각할 겁니다. '내가 김 부장에게 밉보인 적도 없는데, 인사 안 받는 걸 보니 이 양반 성격이 더러워서 그래. 아마 다른 사람한테도 그럴걸' 아니면 '뭔가 안 좋은 일이 있었나 보군. 나랑은 상관없는 일이야', 이렇게 생각으로써 행동을 교정해 나가는 거예요. 즉 생각으로 행동을 통제하는 겁니다.

당신의 평소 행동에 적용해볼까요? 불안한 마음에 거울을 보고 싶어도 '까짓것 괜찮겠지'라고 생각하며 참아내는 겁니다. 스타킹의 올이 나갔을 때, 옷에 음식물이 묻었을 때도 임시로 처방한 다음에 신경을 다른 쪽으로 돌려 꿋꿋하게 버텨내는 것이죠. 결국 자기 마음이고 자기 몸이에요. 자기 생각과 행동과 컨디션은 스스로 통제할 수 있습니다. 물론, 이런 마인드 트레이닝을 꾸준히 해나가야 합니다.

한 가지 알아야 할 게 있어요. 다른 사람들이 당신의 일거수일투족을 일일이 관찰하고 있다고 생각하나요? 사실 다른 사람들은 당신이 뭘 하건, 어떤 상태이건 별로 신경 쓰지 않아요. 당신의 생각과 달리 당신에게 그다지 관심이 없어요. 주름이 어색한 바지, 파운데이션이 일어난 얼굴, 뾰루지, 올이 나간 스타킹, 옷에 묻은 소스……. 사람들 눈에는 잘 보이지도 않아요. 설사 보인다고 하더라도 전혀 신경 쓰지 않습니다. 다른 사람들은 당신의 생각보다 훨씬 더 당신에게 관심이 없습니다.

TAKE_3

사랑이란 이름으로

Human love is often but the encounter of two weaknesses.

"인간의 사랑은 흔히 두 약점이 우연히 부딪친 것이다."

_ 프랑수아 모리아크(François Mauriac), 프랑스 소설가

사랑과 연애 그리고 섹스

사랑은 열병이다. 격랑으로 일렁이는 마음의 표정이다. 살포시 스며들 때도 있고, 느닷없이 밀어닥쳤다가 어느 순간 홀연히 사라지기도 한다. 움켜쥘수록 손가락 사이로 빠져나가는 모래알처럼 허망하다. 이리 오라고 손짓한들 졸래졸래 따라오지도 않을뿐더러 저리 가라고 밀쳐낸들 쉬이 떠나가지도 않는다. 이렇듯 사랑은 자기 의지와는 상관없이 벌어지는 불가항력적인 사변에 가깝다. 모든 일이 기획한 대로, 의도한 만큼 착착 진행되면 좋으련만, 연애 감정이 작동하는 메커니즘은 그렇지 않기에 어렵다. 늘 내 마음 같지 않다. 두방망이질치는 설렘과 뒷덜미를 잡아끄는 망설임이 무수히 교차하고, 생각만 해도 짜릿한 희열과 알량하게 뻗대려는 자존심은 길항한다. 세상의 모든 관계가 그렇듯, 연애 역시 두 사람 사이에 '밀당'과 주도권 쟁탈전이 일어날 수밖에 없다. 그 와중에 주고받는 투정·의심·반목·갈등·상처는 오죽 많겠는가! 그만큼 아파했으면 이제 마음속 근육이 생길 법도 하건만, 사랑 앞에서는 나이도 연륜도 별무소용이다. 애증이 얽히고설키며 쏟아내는 마음의 사태(沙汰)에 휩쓸린 채 아직도 갈팡질팡, 속수무책이다. 자, 당신의 연애 짬밥은 얼마나 되는가? 지금 당신의 사랑은 어떠한가? 여전히 안녕하신가?

희미해진 섹스의 감흥

번듯한 직장, 훤칠한 용모, 붙임성 좋은 태도와 언변…… 제 애인이에요. 어디에 내놔도 뭐 하나 꿀릴 것 없는 완벽한 남자예요. 결혼 약속한 지는 꽤 오래됐고, 최근 옮겨 간 직장에 제가 좀 더 안정적으로 자리 잡으면 머 잖아 청첩장 돌리려고요.

그런데 속궁합이란 게 진짜 있나 봐요. 물론, 저희도 피 끓는 청춘이다 보니 횟수를 헤아리는 게 무의미할 정도로 잠자리를 같이 했어요. 문제는 언제부턴가 그 '느낌'이 안 와요. 제가 섹스를 리드해도 마찬가지였죠. 뭔 가 서로 소통하고 있다는, 충만한 희열감 같은 게 안 생기는 거예요. 흔히 들 입길에 올리는 오르가슴에 관한 고민은 아니에요. 채워지지 않는 공허 함이랄까요? 그런 헛헛한 마음이 앞으로도 메워질 것 같지 않아서 걱정이 에요.

제가 섹스 판타지에 빠져 있는 건가요? 혹시 불감증인가요? 아니면 결 혼 생활 시작하기도 전에 벌써 권태기에 접어든 걸까요? 이러다가 몸이 멀 어지고, 마음마저 멀어지는 게 아닐까요?

사랑은 섹스를
하기 위한 변명

이건 참 쉽지 않네요. 대한민국이 과연 섹스를 공론화해서 이야기할 만한 때가 됐는지 모르겠습니다. 저는 개인적으로 섹스에 관해 많이 연구했어요. 섹스의 감흥이 희미해졌다고요? 그 남자와 결혼을 약속했지만 섹스할 때 느낌이 전혀 오지 않는다면 곰곰이 생각해볼 필요가 있습니다.

제 친구가 언젠가 이런 말을 했어요. "사랑은 섹스를 하기 위한 변명이다." 전 그게 명언이라고 생각해요. 여자나 남자나 섹스를 원합니다. 그런데 뭔가 변명거리가 필요해요. 그게 사랑이죠. 잘 생각해보면 섹스는 몇만 년 동안 우리를 진화시킨 동력이지만, 낭만적 사랑이라는 개념이 생긴 건 계몽시대 이후예요. 귀족들이나 사랑을 즐기고 아름답게 포장했지, 평민들은 사랑이란 개념을 알지도 못했어요.

그런데 여자의 섹스와 남자의 섹스는 좀 다른 게 있어요. 여자의 섹스는 멀티예요. 모든 게 다 조성돼야 해요. 사랑도 있어야 하고, 육체적 매력도 느껴야 하고, 자기 컨디션도 좋아야 하고, 분위기도 좋아야 하죠. 그래서 여자들이 분위기 아는 남자를 좋아하는 겁니다. 음악도 틀고, 촛불도 켜고 그러는 것은 상류사회 분위기를 연출한다는 뜻이거든요. 이렇게 하면 여자는 지위가 높아진 기분이 들지요.

반면에 남자의 섹스는 성욕이 기반이에요. 여자는 모든 게 연출되어야 하지만, 남자는 그런 게 없어도 몸이 움직이지요. 네댓 가지만 만족해도 사는 남자와 120가지를 다 만족해야 사는 여자 사이에는 사실상 큰 차이가 있습니다. 그래서 저는 여성들이 집하고 친구하고 애완동물만 있다면 남자가 꼭 필요할까 하는 생각을 하는 거예요.

지금 당신은 남자친구와 섹스의 감흥이 없어서 고민하는데, 이런 경우는 강아지나 고양이가 주는 친밀감만도 못한 거예요. 제가 집에 들어가면 강아지 두 마리가 쪼르르 달려와 저를 반깁니다. 꼬리를 흔들고, 손을 핥으며 푹 안기는데, 그 귀여움, 말로 다 못합니다. 그런데 남자친구하고는 그런 쾌감도 없는 거잖아요.

먼저, 이런 것을 전문적으로 다루는 클리닉이라든가 제대로 아는 카운슬러를 만나 상담해보기를 권합니다. 하지만 우리 주변에서 찾기가 쉽지 않지요. 남자친구와 오래 만나다 보니 일종의 권태가 생긴 게 아닐까 조심스레 진단해봅니다. 그렇다면 평소 밥 먹고, 영화 보고, 술 마시고 하던 방식을 벗어나 과감한 분위기를 만드는 건 어떨까요? 여성들은 분위기에 민감하니까 낯선 곳으로 함께 여행을 떠난다거나, 색다르게 뜨거운 분위기를 살리는 것도 도움이 될 거예요. 만약 그래도 개선되지 않는다면 정확하게 진단할 수 있는 전문가를 만나야 합니다.

저는 행복에 대해 우리가 절실했으면 좋겠어요. 어설프게 사회적 통념에 흔들리지 말고 자기 자신이 행복해지기 위해 간절하게 자기 행복을 추구했으면 좋겠어요. 당신의 고민도 그걸 찾는 과정이라고 생각합니다. 부디 만족스러운 감흥을 되찾기를 바랍니다.

양재진
고정관념을 깨고 늘 연구하는 자세가
성적 유희를 즐길 수 있는 원동력

모든 것은 본질과 현상으로 나눌 수 있습니다. 본질은 어떤 상황에서도 변하지 않는 것이고, 현상은 상황 및 시기에 따라 달리 나타납니다. 많은 사람이 말하지요. 사랑이 변했다고, 어떻게 그럴 수 있느냐고……

여기서 변했다는 '사랑'은 상대에 대한 나의 진심인 '본질'이 변한 것일까요, 표현되는 형태나 모습인 '현상'이 변할 것일까요? 처음에는 뜨겁고 다급하고 정열적이지만, 서로에게 서툴고 애타게 서로를 원하지만, 서로를 잘 모르기에 그만큼 갈등도 많을 수밖에 없습니다. 그리고 함께한 시간이 길어질수록 밋밋하고 별다른 감흥은 없어도 서로를 잘 알기에 편안하고, 만나고 연락하는 횟수나 시간은 줄어들겠지만 서로에 대한 이해의 폭도 커지기 마련입니다. 사랑이라는 본질이 변하는 것이 아니라 겉으로 드러나는 현상이 변했을 뿐입니다.

몸짓의 언어라는 섹스도 마찬가지입니다. 처음 서로를 탐하는 커플을 보면 비로소 하나가 된 것 같은 충만함과 극치의 희열을 느끼지만 아직 서로의 몸을 잘 모르기에 서툴고 상대가 원하는 바를 잘 모를 수도 있습니다. 따라서 상대에 대한 배려보다는 자신의 욕구를 충족하기에 급급하며, 격정에 휩싸여 전희보다는 삽입 이후에 몰두하는 경우도 많습니다. 즉 그 과정을 즐기지 못하고 섹스라는 목표를 달성하는 게 급선무이죠. 반대로 오래된 연인들의 섹스는, 서로의 몸을 너무나 잘 알기에 신비감이나 흥미가 떨어집니다. 격정적으로 가득한 느낌이나 극치감도 느끼지 못할 수 있겠죠. 초기의 섹스만큼 의욕적이거나 에너지가 넘치지도 않습니다. 매번 같은 행위만을 반복한다면 그렇게 됩니다.

이런 매너리즘을 관점을 바꾸어 조금 다르게 생각해보면 어떨까요? 서로를 잘 알기에 상대의 성감대를 자극하는 전희와 상대에게 극치감을 주는 체위도 잘 알고 있을 겁니다. 그동안 함께한 세월이 가져다주는 편안함과 안정감, 변함없이 내 사랑이라는 믿음을 느낄 수 있을 것이고, 나에게 그런 긍정적인 감정을 주는 상대를 위해 조금만 배려하고 노력한다면 섹스의 그 과정을 온전히 즐길 수 있습니다. 오래된 연인이라는 점을 오히려 장점으로 승화시키려는 노력이 필요한 때입니다.

익숙함은 지루함입니다. 전혀 흥분되거나 로맨틱하지 않습니다. 이럴 땐 그 익숙함을 깨는 변화를 모색해야 합니다. 그러려면 나의 고정관념을 버려야 하고, 섹스를 사랑하는 사람과 하는 즐거운 놀이로 생각하고, 섹스에 대해 상대와 많은 대화와 연구를 해야 합니다. 어떻게 하면 재미있게, 즐겁게 놀 것인지, 자신의 밝혀지지 않은 성감대에 관해 이야기 나누고, 다양한 체위도 시도해보고, 서로의 성적 판타지에 관해 이야기도 해보고, 침실의 조명과 커튼, 침구류도 바꿔보고, 모텔, 펜션, 호텔 등으로 장소도 옮겨보고, 코스프레(costume play)를 하며 역할극도 해보십시오.

연애 초기의 사랑과 섹스는 100미터 달리기지만, 오랜 연애와 결혼 생활의 사랑과 섹스는 마라톤입니다. '달린다'는 본질은 변함이 없지만 드러나는 현상은 다르지요. 100미터를 달리듯 전력 질주로 마라톤을 하면 죽습니다. 앞만 보면서 죽어라 뛰는 것보다 서로 같은 곳을 바라보며 같은 보폭으로 함께 걸어가는 것이 더 아름답지 않을까요?

코스프레 섹스를 즐기는 남친, 변태 아닌가요?

주말이면 데이트 마지막 장소는 으레 남친 집이었어요. 강남에 있는 주상복합아파트에 혼자 살고 있거든요. 자연스럽게 이어지는 섹스……. 그런데 남친은 묘한 취미가 있어요.

어느 날 은근슬쩍 제안을 하더군요. 역할을 하나씩 맡아 롤플레잉을 하자고요. 처음에는 호기심이 일었죠. 집에 있는 옷가지, 스카프, 화장품을 이용해 분장하고, 거기에 맞는 대사도 짜서 주고받는 섹스 퍼포먼스였어요. 그동안 별걸 다 했어요. 하녀와 주인집 도련님, 세일러복 입은 여고생과 남자 교사, 간호사와 환자처럼 일본 AV에서 흔히 볼 수 있는 뻔한 캐릭터로 분장하거나 「원초적 본능」 같은 영화 속 유명 베드신을 재연하기도 했어요. 언젠가는 침대 헤드에 저의 두 손을 묶어놓은 채 관계를 갖기도 했답니다. 심지어 게이 커플 역할도 했는데, 남친이 애널 섹스까지 시도하는 거예요. 그때 정신이 퍼뜩 들더라고요. 여태 남친이 하자는 대로 너무 순순히 따른 것은 아닌가 하는 생각 때문에 죄책감도 들었고요.

그날 이후부터 이 남자 방 어딘가에 '몰카'라도 설치된 게 아닌가 하는 불안감이 엄습하더라고요. 이러다가 SM으로 이어지는 건 아닐까 싶고요. 가죽 재킷과 부츠를 차려입고, 손목은 쇠사슬로 묶어 놓고, 채찍을 휘둘러 대면 어떡해요? 이런 남친 정신 상태가 정상은 아니겠죠?

변태인지 아닌지는
느낌으로 알 수 있다

변태라는 건 누가 정하는 걸까요? 지금 우리가 중세 시대에 살고 있는
거 아니잖아요. 여러 가지를 하십시오. 다만 그 남자가 해왔던, 혹은 앞으
로 하려는 행위에 기본적으로 당신에 대한 애정이나 배려가 깃들어 있는
지, 오직 그 자체만 즐기려 하는 건지 따져봐야 합니다. 아마 그것은 당신
의 느낌으로 확인할 수 있을 겁니다.

남자친구는 변태가 아니라 다양한 형태의 섹스를 즐기는 거예요. 자극
이라는 건 둔감해지기 쉽습니다. 남자친구의 그런 취향을 나쁘게만 보지
마세요. 20, 30대 중에는 다양한 호기심과 취향을 가진 친구들이 많아서
남자친구가 이런 것들을 당신과 같이하고 싶어 하는구나 생각하며 즐기면
되지요.

다만, 당신도 그것을 즐길 수 있겠다는 느낌이 들 때까지 남자친구하고

이야기를 나눌 필요는 있습니다. 일방적으로 남자친구의 요구에만 응하는 것은 문제가 생길 수 있어요. 한번 생각해보세요. 당신이 남자친구에게 원하는 것은 뭘까요? 예를 들어, 경치 좋은 곳에 여행을 함께 간다든가, 저녁에 기분 좋게 와인을 한잔 한다든가, 여러 가지가 있을 거예요. 이렇게 본인이 원하는 것이 있으면 같이 요구하세요. 그런 식으로 양쪽이 적절하게 균형 있는 관계를 유지하는 게 좋습니다.

거듭 말하지만, 남자친구는 절대 변태가 아닙니다. 다만, 다른 건 도외시하고 그것에만 빠져 있다든지, 상대방의 의견은 무시하고 자기 요구만 강요한다든지 하는 경우는 문제가 있는 거예요. 당신에 대한 애정, 배려, 사랑, 이런 것이 있는지 반드시 확인해보세요. 느낌으로 알 수 있습니다.

**양
재
진**

자신이 수용하고 즐기는 선까지가
놀이로서의 섹스!

연애 기간이 오래돼서 서로의 몸에 대한 신비감이나 호기심이 사라지고, 같은 장소에서 같은 형태의 섹스를 반복하다 보면 매너리즘에 빠지게 되는 것이 너무나 당연합니다. 이때 앞서 얘기했다시피 섹스를 서로 간의 즐거운 놀이로 만들어가는 것이 중요합니다.

그중 하나의 방법으로 코스프레나 역할극(role paly) 등은 추천할 만합니다. 상대에게서 새로운 모습을 발견하고 이로 인해 새로운 성적 쾌감이나 흥분을 이끌어낼 수 있지요. 또한 역할극을 통해 숨겨 놓았던 성적 판타지를 실현함으로써 신선한 만족감을 얻을 수도 있습니다. 눈을 가림으로써 상상력을 자극해서 성적 극치감을 끌어올릴 수도 있고, 손을 묶음으로써 상대를 통제한다는 혹은 상대에 의해 통제당한다는 묘한 쾌감도 느낄 수 있을 겁니다.

그런데 여기서 문제는, 서로 간의 충분한 대화와 함께 상대방의 동의, 상대방에 대한 배려가 선행되어야 한다는 겁니다. 왜냐하면 정상적인 섹스의 기준은 사람마다 다 다르기 때문이에요. 어떤 사람은 구강성교(oral sex)도 변태적인 성행위라며 거부할 것이고, 누구는 항문성교(anal sex)도 즐겨할지 모릅니다. 또 누군가는 정상 체위를 벗어난 모든 체위를 거부하고 싫어할 수도 있겠죠.

지금까지 남자친구와 함께했던 모든 퍼포먼스는 질문자 당신의 동의가 있었기에 가능했을 테고, 당신 또한 그것을 즐겼을 거라고 생각합니다. 그런데 당신이 변태적인 성행위라고 생각하는 항문성교에서 서로 간의 의견 차이가 생겼고 합의가 일어나지 않았으며, 남자친구에 대한 의심도 생기고 불안해지기까지 했습니다.

두 가지를 말하고 싶군요.

첫째, 섹스를 놀이로 즐기기 위한 선행 조건은 상호 동의와 서로에 대한 배려입니다. "그전까지의 행위는 괜찮았지만 이번 제의는 동의하지 않고 하기도 싫다"며 분명하게 당신의 의견을 밝혀야 합니다. 만약 당신이 원하지 않는다고 확실히 의견을 표현했는데도 섹스 중 남자친구가 어떤 행위를 강요한다면 그건 명백히 성폭력이에요. 자기 의견을 명확히 밝혀야만 항문성교를 넘어 당신이 걱정하는 가학적·피학적 성행위나 '도촬(盜撮)'을 방지할 수 있습니다. 자신이 즐길 수 있는 것까지가 '놀이로서의 섹스'입니다.

둘째, 당신도 같이 즐기긴 했지만 남자친구의 요구에 너무 순순히 응했기에 죄책감이 들었다고 했는데, 당신은 자신을 섹스라는 행위에서 수동적인 위치, 더 나아가 피해자의 위치에 놓고 싶은 마음이 큰 것 같습니다.

아마 어릴 적 받았던 잘못된 성교육의 영향으로 생긴 섹스에 대한 부정적인 이미지, 그리고 섹스에서 여성은 수동적이고 소극적이어야 한다는 그릇된 인식 탓일 겁니다. 남자친구가 제안했을지라도 당신이 동의했기에 실제 행위로 이어졌고, 그 행위 자체를 스스로 즐겼기에 다양한 형태로 반복되었습니다. 섹스는 남과 여가 동등한 입장에서 서로를 배려하며 즐기는 놀이입니다. 그리고 자신이 판단하고 결정해서 선택한 행위임을 잊지 말아야 합니다. 당신 역시 섹스의 주체이고 주인공이며 책임자니까요.

Q. 같은 여자한테 이런 감정이 들다니……

회식 때 좀 달렸더니 집까지 갈 엄두가 안 나더라고요. 마침 남친도 지방 출장 중이었고요. 회사 근처 오피스텔에 사는 팀장 언니에게 부탁했어요. 잠깐만 쉬고 가겠다고. 술 좀 깬 다음에 집에 들러 옷만 갈아입고 출근할 작정이었죠.

대충 씻고 언니 침대에 누웠어요. 팀장 언니는 샤워를 마치더니 아무것도 안 걸치고 이불 속으로 들어왔어요. 기분이 묘했어요. 가슴은 두방망이질치고, 스탠드 불빛에 어린 언니의 민낯은 고혹적이다 싶을 만큼 매력이 흘렀어요. 누가 먼저랄 것도 없이 입술을 맞댔어요. 남친하고도 그렇게까지 깊은 키스는 안 해봤죠. 언니는 조심스럽게 제 몸 구석구석을 어루만졌고, 저는 그 손길이 기분 나쁘지 않았어요. 머릿속으로는 계속 도리질을 쳤지만, 온몸의 신경세포가 하나하나 깨어나는 듯했어요. 그렇게 날을 새웠어요.

그날 이후 회사에서 언니를 똑바로 못 쳐다보겠더라고요. 멀쩡한 애인도 있는 내가 어쩌다 그렇게 됐는지! 하지만 날 보는 언니 시선이 싫은 것도 아니고…… 혼란스러워요. 도대체 이건 무슨 감정일까요? 그날 밤 일은 한 번으로 묻어두자 싶지만, 아련하게 그리울 때도 있어요. 어떻게 하는 것이 현명한 일일까요?

솔직한 감정이 이끄는 대로 따르라.
성적 취향은 개인의 권리니까

일단 이 이야기에서는, 팀장 언니가 동성애 성향 있는 것으로 보이네요.
팀장 언니가 그날 좀 더 적극적으로 이끈 거예요. 과학자들은 그런 얘기를
하더라고요. 열 명 중에 한두 명은 동성애 성향을 갖고 있다고 말이죠. 겉
으로 드러나지 않아서 그렇지 딱히 유별난 현상도 아니라는 거예요. 저는
동성애를 개인의 사생활이라고 생각합니다. 두 분이서 그렇게 사랑을 느낀
다면 저는 그렇게 나쁘지 않다고 생각합니다.

저는 엘튼 존(Elton John)을 참 좋아합니다. 작년이었나요? 그 엘튼 존이
21년 동안 동거해 오던 남자 파트너와 결혼했어요. 최근 우리나라 영화감
독 김조광수도 동성 연인과 결혼했고요. 엘튼 존 때도 그랬습니다만, 그
결혼을 한사코 반대하겠다고 나서는 어느 종교 단체의 집회를 보고 느꼈
어요. 엘튼 존이나 김조광수 감독이 누구를 해치거나 다른 사람에게 상

처를 줬나요? 그냥 두 남자끼리 사랑한 겁니다. 한 사람이 다른 한 사람을 사랑한 거예요. 이런 사생활에 간섭할 권리가 있나요?

레오나르도 다빈치(Leonardo da Vinci)도 동성애자였다는 설이 있어요. 중세까지만 해도 동성애자는 화형을 당했죠. 그 때문이었는지 몰라도, 그가 늘 불안과 공포를 떨쳐내지 못했다는 이야기를 듣고 참 많이 안타까웠습니다. 레오나르도 다빈치가 무슨 흉악한 범죄자도 아니고, 그저 동성애 성향이 있었던 것뿐인데……

대략 2,800년 전 무렵인, 춘추전국시대에도 유명한 사례가 있어요. 제환공(齊桓公) 이야기예요. 그가 관중(管仲)에게 "내가 과연 천하를 제패할 수 있겠느냐, 나는 남색을 좋아한다"고 말했답니다. 그러니까 한 나라의 제왕이 자신은 동성애자라고 신하에게 솔직하게 커밍아웃하는 것이 인상적이었습니다. 아무 상관이 없다는 관중의 배포도 역시 멋졌어요. 비록 제환공이 말년에 주색을 탐하고 간신들을 가까이 하는 등 실정을 저질렀지만, 그 당시 천하를 평정하면서 태평성대를 이끌었고, 항상 전쟁과 기아가 반복되던 중국 역사에 안정기를 이룩했다는 건 높이 평가받아야 합니다.

2015년 6월 26일, 역사적인 판결이 나왔습니다. 개신교 전통이 강한 미국에서 동성 결혼이 합법화된 거예요. 미국 연방대법원은 "동성 결혼은 헌법이 정하는 기본권이자 사회 질서로서 존중되어야 하고, 개별 주 차원에서 동성 결혼을 금지할 권한이 없다"고 결론을 내렸습니다. 미국만이 아니에요. 전 세계적으로 보면, 2015년 6월 기준으로, 현재 열일곱 개 나라에서 동성 결혼이 법제화되었고, 서른 개 이상의 나라에서 '시민 결합' 또는 '사실혼' 등의 형태로 사실상 인정하고 있어요.

그러니까 게이나 레즈비언 문제는 사생활로 받아들이고, 더 이상 왈가왈부하지 말았으면 좋겠어요. 남의 일에 지나치게 관여하는 거 참 안 좋아요. 너무 간섭하는 사회는 사람들을 힘들게 하는 게 아닐까요. 사람들이 왜 이렇게 남에게 관심을 가질까요? 자신이 불행하다고 생각해서일 거 같아요. 자신이 행복하면 남의 일에 관심 안 가져요. 그 사람이 법과 질서를 어긴 것이 아니라면, 그 사람의 취향은 그냥 사생활로 인정해주는 톨레랑스(tolerance) 정신을 발휘했으면 합니다.

질문하신 분 어떠세요? 고민은 되시겠네. 남자친구 있는 몸이니까 더더욱. 섣불리 결정하지 말고, 좀 더 시간을 두고 본인의 감정이 이끄는 쪽으로 결정했으면 좋겠습니다.

당신의 성적 취향 때문인지, 술기운 탓이었는지
일단, 그것부터 먼저 확인해보시라

사람은 자신의 성적 기호가 어떤지 잘 모를 수 있습니다. 특히 우리나라처럼 성에 보수적인 데다가 '다른 것'에 대한 부정적이고 배타적이고 폐쇄적인 시선을 가지고 있는 사회에서 동성애를 상상하거나 거론한다는 것 자체가 터부시되는 일이기도 합니다.

오죽하면 십수 년 전 동성애자임을 커밍아웃한 홍석천이 자신을 대한민국 1호 게이 연예인이라고 부르는 것에 반대한다고 했겠습니까. 그의 주장에 다르면, 1호는 2호가 있어야 의미가 있는 것인데 그 이후로 커밍아웃한 게이 연예인이 없기에 자신은 유일한 게이 연예인이라는 겁니다. 홍석천이 커밍아웃한 후 받았던 사회의 멸시와 핍박, 따돌림과 불이익을 지켜봤던 사람이라면 어떻게 감히 자신의 남다른 성적 취향을 밝힐 수 있을까요?

2013년 칸 국제영화제에서 황금종려상을 받고 개봉 후 엄청난 화제를 불러 모았던 「가장 따뜻한 색, 블루(La vie d'Adele)」라는 영화에서도 이야기하듯이, 동성애란 성적 기호나 취향이 다를 뿐 결국 사람과 사람의 사랑인 것입니다. 하지만 성에 대해서는 특히 보수적이고 폐쇄적인 관점을 고수하며, 주류를 이루는 그룹과 다른 성향을 가진 그룹에 대해서는 전혀 관대하지도 포용적이지도 못한 우리 사회의 분위기 때문에 '동성애'는 뭔가 정상이 아니고, 불결하고 변태적이고, 죄악시되어야 할 상징적인 단어가 되어버렸습니다. 그러다 보니 당신이 느끼는 복잡하고 혼란스러운 감정이 어느 정도 공감이 됩니다. 설레고 흥분되고 그리우면서도 죄책감을 느끼고 멀리 하고 싶고 지워버리고 싶은…… 마치 「브로크백 마운틴(brokeback mountain)」 속 히스 레저가 역을 맡은 에니스 델마의 감정처럼…….

다만 한 가지 짚고 넘어가야 할 것이 있군요. 그날 팀장 언니와 함께했을 때의 상황입니다. 당신은 늦게까지 술을 마셨고, 낯선 집에서 하룻밤을 지냈고, 씻은 다음 침대에 누운 채 상대의 촉촉한 맨 살결을 느끼게 되었고, 어두운 조명 아래서 평소와 다른 상대의 얼굴을 접하게 되었습니다. 사람은 감정의 동물이지요. 특히 여성은 더욱 감정이 발달한 존재이기에 어떤 분위기에 따라 평소와는 전혀 다른 행동을 할 수도 있습니다. 정신건강의학과 교과서에 이런 구절이 나옵니다. "알코올로 불안을 녹인다(Anxiety is dissolved by alcohol)." 술은 평소 자신을 감시하던 초자아(super-ego)를 무력화시켜서 자기 절제력을 약화하고 불안을 녹여버리기에 평상시에는 절대 할 수 없었던 말이나 행동을 할 수 있게 만들죠.

당신 자신에게 물어보기 바랍니다. 그날 있었던 일이 당신의 성적 기호나 취향에 관한 문제인지, 아니면 술과 분위기 때문이었는지…….

어느 쪽이든 자연스러운 현상이고 누구라도 그럴 수 있다는 것만은
기억하십시오. 단, 남자친구에 대한 미안함은 별개의 문제입니다. 동성애
도 사랑의 일종이기에 상대방에 대한 신의가 중요하겠지요.

포르노 즐겨 보는 여자

결혼했고 아이도 하나 있는 가정주부입니다. 애 낳기 전에도 남편이 섹스를 보채면 의무 방어전 치르는 셈 치고 마뜩잖은 심정으로 응하곤 했습니다. 남편은 제 첫사랑이자 마지막 남자예요. 무척 자상하고 가정적인 사람이죠. 그런데 그이와의 관계에서 한 번도 오르가슴을 느껴본 적이 없어요. 그저 무덤덤하기만 했어요. 애 낳고 나서는 더 심해졌어요. 아무 느낌도 안 드는 거예요. 요즘은 남편의 손길이 귀찮게만 느껴져요.

중고딩 때도 예쁜 여자애들이 좋았어요. 요즘도 거리에서 멋쟁이 아가씨나 예쁘장한 여고생이 지나가면 넋 놓고 쳐다봐요. 남들이 잘생겼다고 침을 튀기는 남자를 봐도 별로 눈에 안 들어오더라고요.

남편 노트북엔 '야동'이 몇 편 있어요. 아무리 깊숙이 숨겨도 어느 폴더에 있는지 알아내는 건 일도 아니죠. 파일 몇 개는 따로 복사해서 내 컴퓨터에 옮겨 놓기까지 했어요. 남편 출근하고 나면 가끔 봤어요. 이제는 매일같이 포르노를 즐겨 보고 있네요. 여자가 포르노를 보는 것이 비정상인가요?

그까짓 '야동'
좀 보는 게 어때서?

뭐, 보면 어때요. 여자들은 남자들의 10퍼센트 정도만 즐기는 걸로 제가 알고 있습니다. 맘껏 보세요. 법을 어기는 것도 아니고, 누굴 해코지하는 것도 아닌데요. 다만, 남편의 손길이 귀찮게만 느껴진다는 건 본인이 가지고 있는 섹스에 대한 기대치와 남편의 기대치가 다르다는 것이죠. 요즘에는 『플레이보이』나 『펜트하우스』에서 제작한, 부부가 배워가는 섹스 비디오도 있습니다. 남편을 잘 이끌고 가르쳐가면서 같이 즐기면 좋을 것 같습니다.

포르노, 남자가 보는 건 괜찮고 여자는 보면 안 되나요? 여자가 포르노를 보는 것도 지극히 정상입니다.

여자가 포르노 본다고 삐딱하게 바라보는 것도 고루한 사고방식이에요. 중세 때 억압받던 것이 21세기까지 남아 있다는 게 그저 놀라울 따름입니

다. 조선 500년 역사의 가장 안타까운 점은 성을 지나치게 억압한 것이에
요. 프로이트가 이 부분에 대해 애를 많이 썼지요.

양 포르노에 빠져 현실 세계를
재
진 외면하면 문제

포르노는 성적 욕구와 성적 판타지의 대리 만족을 위한 도구의 일종이지요. 배우자 혹은 애인과 섹스할 때 더 큰 만족감을 얻으려고 포르노를 활용하는 건 괜찮지만, 계속 거기에 빠져서 실제 상대와의 스킨십이나 섹스를 멀리한다면 문제가 있는 겁니다.

물론, 사람마다 성적 욕구의 크기는 다 다르겠죠. 성욕이 넘쳐서 하루라도 섹스를 하지 않으면 힘들어하는 사람도 있습니다. 하루에 몇 번씩이라도 해야 하거나, 섹시하게 생긴 새로운 이성만 보면 그 또는 그녀와 섹스하는 장면을 상상하는 사람도 있어요. 반대로, 섹스는커녕 이성과 살이 닿는 것도 싫어하고 상대의 요구에 마지못해 응하는 사람도 있지요. 성적 극치감 또한 사람마다 다릅니다. 매번 섹스할 때마다 오르가슴을 느끼는 사람, 심지어 멀티오르가슴을 느끼는 사람이 있는가 하면, 반대로 불감증이나 성교통(dyspareunia)을 호소하는 사람도 있습니다. 이는 호르몬

분비 같은 기질적인 문제뿐 아니라, 어릴 적 교육의 영향으로 형성된 초자아의 성적 가치관 등 정신적인 문제와도 밀접한 관련이 있습니다. 자신의 성적 기호를 잘 모르거나 무시한 채 어쩔 수 없이 섹스를 하는 경우에도 그렇습니다.

당신의 경우, 남편과의 섹스에 욕구도 없고 성적 극치감도 느끼지 못하지만, 매일 포르노를 본다는 사실로 미루어 애초부터 성욕이 없거나 성적 흥분이나 극치감을 전혀 못 느끼는 사람은 아닌 것 같습니다. 포르노를 보면서 자위를 하는지, 오르가슴을 느껴봤는지 모르겠지만, 당신의 기질적인 문제는 아닌 것 같습니다.

그렇다면 남편과의 관계에서 비롯된 문제일 가능성이 있어요. 남성 발기부전의 원인 중 정신적인 부분이 50퍼센트 정도를 차지하듯이, 여성에게도 불감증이나 성교통이 생기는 이유는 정신적인 부분이 중요합니다. 특히 섹스 상대방에 대한 감정적인 부분, 상대방과의 관계는 매우 큰 영향을 끼칩니다.

당신의 성적 기호는 무엇인가요? 특히 여성은 중고생 때 일시적으로 또래 집단 내의 동성 친구를 좋아할 수 있습니다. 특히 톰보이(tomboy)라고 불리는 보이시한 외모의 여자아이는 인기가 많지요. 그러나 그런 현상은 한때이고, 우정과 사랑의 경계선 정도의 감정일 뿐입니다. 대부분 성인이 되면서 성적 기호가 이성으로 명백히 정리됩니다.

그런데 당신의 경우, 성인이 된 지금도 남자보다 어여쁜 여학생이나 멋진 아가씨에게 눈길이 간다면 한번 생각해볼 필요가 있습니다. 그 여자들을 바라볼 때 동경·추억·동일시의 감정인지, 아니면 가슴 떨림과 설렘, 혹은 사랑의 감정인지……. 그리고 당신이 포르노를 볼 때 흥분을 느낀다면 그 대상이 포르노 속 남자인지 여자인지……. 설사 당신의 성적 기호나 취향이 동성이라 하더라도 절대 자책하지 마세요. 무엇인가 잘못된 것이 아니라 다른 것뿐이니까요! 만약 그렇다면 앞으로 어떻게 할 것인지에 대해 전문가에게 상담을 받아서 도움을 받기 바랍니다. 우리나라의 현실이 혼자서 감당하고 헤쳐 나가기엔 힘들 수도 있으니까요.

마지막으로 성인이 포르노를 보는 것은 전혀 문제가 되지 않아요. 다만 하나의 도구나 수단으로 도움을 받는지, 아니면 거기에 빠져서 현실을 보상받고 싶은 건지 스스로 점검해보는 게 좋습니다.

위험한 이별

여기까진가 보다, 우리 두 사람 인연은. 중간에 찢어졌다 다시 만난 기간 까지 합쳐 그럭저럭 3년. 그만하면 꽤 오래 버텼다. 말만 입 밖으로 안 꺼 냈을 뿐이지, 서로 직감하고 있다. 더 이상은 힘들다는 것을⋯⋯. 이왕 끝 장내기로 한 거, 둘 사이에 지지고 볶았던 구접스러운 사연은 생략하자.

그런데 어떤 모양새를 취해야 할까? 만약 헤어지자는 말을 내가 먼저 꺼 내면, 그 남자는 속으로 쾌재를 부를 것이다. 좋은 핑곗거리가 생겼으니 말 이다. 매정하게 차였다는 둥, 끈 떨어진 연 신세라는 둥 운운하며 피해자 코스프레 모드에 들어갈 게 뻔하다. 안 봐도 비디오다. 주변 사람들에게 나에 대한 온갖 악담과 비난을 퍼부을 것이다. 없는 얘기 지어내서라도 그 렇게 할 사람이다. 일 년 전에도 그 남자의 뒤끝에 얼마나 치를 떨었던가. 평소에도 그런 식으로 질척거리는 모습, 매사에 맺고 끊는 게 깔끔하지 못 한 비루한 태도가 오늘 내 결심을 굳히게 했다.

이제 그만 끝내자. 하지만 까딱 잘못했다가는 덤터기 쓰기에 십상이다. '독박' 안 쓰고 그나마 좋은 감정으로 헤어지려면 어떻게 하는 게 좋을까? 히유, 사랑보다는 이별이 수십, 수백 배 더 힘든 것 같다.

헤어지려고 작정했으면 단칼에 끊어라.
기억상실증에 걸린 셈 치자

사귀다가 서로 안 맞는 게 어디 한두 가지겠어요. 더 이상 관계를 지속하기 힘들다고 판단이 들 때면 헤어지는 게 맞아요. 툴툴 털고 헤어지면 됩니다. 헤어질 때 너무 원망할 필요도 없고, 그렇다고 애틋한 감정을 가질 필요도 없어요. 냉정하게 공식적으로 헤어지는 게 좋습니다.

스토커 남자들이 집착하는 여러 사례를 봤는데, 여성들이 집착의 여지를 두는 경우가 좀 많습니다. 단호하고 냉정하게, 일말의 여지도 없이 끝내는 게 중요합니다. 불쾌한 감정 드러낼 필요 없고, 서로 욕지거리하며 싸울 필요도 없어요. "우리의 인연은 여기까지인가 봅니다." 이렇게 존댓말로 마무리하고 끝내는 게 좋을 것 같아요.

지금 당신은 생각이 너무 많아요. '헤어지고 난 다음에 남자친구가 분명히 이런 식의 감정을 가질 거'라는 둥, '나랑 헤어졌으니까 속으로 만세를 부르겠지'라는 등 이런저런 생각을 한다는 건 당신도 집착이 많다고 볼 수 있어요. 그냥 헤어지면 되는데 그 남자가 어떻게 생각할지 왜 자꾸 신경을 씁니까? 아직도 그 사람이 날 잊지 않았으면 하는 바람들이 내면에 남아 있는 건가요? 헤어질 때는 정말 원점으로 돌아가서, 아예 남이라고 생각하고 딱 끊어버리는 게 좋습니다. 휴대폰의 전화번호도 삭제하고요. 이미 헤어진 사이인데도 남자친구가 전화하면 또 받아주고, 응대해주고, 뭔가 자꾸 여지를 남기기 때문에 귀찮은 일이 생기는 거죠. 매우 단호하고 냉정하게, 당신 마음에 강한 심지를 만들어두는 게 무엇보다 중요합니다.

살다 보면 좋은 만남도 있고 나쁜 만남도 있습니다. 그런데 이별은 모두 나쁜 이별인 것 같아요. 상대가 이상한 스토커일 경우는 백에 하나 있을까 말까 한 정도니까 자기 안의 심지를 강하게 다잡는 것이 최선입니다. 그게 가장 안전한 이별의 방법이 될 수 있어요. 사랑보다 이별이 힘들다고요? 그렇지 않습니다. 사랑도 쉽지 않고 이별도 쉽지 않아요. 당신은 지금 우유부단한 생각을 하고 있습니다. 다 잊어버리세요. 아예 기억상실증에 걸린다는 심정으로 헤어지는 것이 좋습니다. 다소 잡음이 생기더라도 냉정하게 갈라서는 게 낫습니다. 욕 좀 들으면 어때요. 단호하게 이별하세요.

양 재 진

어차피 헤어지는 마당에 웬 좋은 감정?
욕 좀 듣고 나쁜 사람 되는 게 차라리 낫다

연인으로서 누군가를 만난다는 것은 서로에게 끌림·관심·애정·사랑 등이 존재해야 가능합니다. 여기서 중요한 것은 '서로'입니다. '서로'라는 양방향이 아니라 계속 일방적으로 흘러가기만 할 때, 그 관계는 험난할 수밖에 없습니다. 그런데 두 사람이 같은 시간에 같은 곳을 바라본다는 것은 기적이라는 말이 있듯이, 시작할 때도 어느 한쪽이 먼저 시작하는 경우가 많고, 끝날 때도 어느 한쪽이 먼저 끝내려는 경우가 다반사입니다. 그러다 보니 연인 관계 또는 부부 사이였던 두 사람이 헤어질 때 재미있는 상황이 많이 연출됩니다.

대략 다음과 같이 몇 가지로 나눌 수 있을 겁니다.

첫째, 어차피 헤어지려고 마음먹었으면서, 자신이 먼저 그 관계를 끝내려고 하면서도 웬만하면 착한 사람, 좋은 사람으로 남고 싶어 합니다. 먼저 그 관계를 끝내려고 한다면, 함께했던 시간과 함께 나눴던 감정 때문에라도, 그리고 무엇보다도 그 시간과 감정을 자신과 함께했던 상대방에 대한 예의와 배려 차원에서라도 그냥 나쁜 사람 좀 돼주면 안 될까요? 물론 상대방이 행복을 빌어줄 수도 있겠지만, 그렇지 않다고 해도 그냥 욕 좀 먹으면 안 될까요?

둘째, 헤어지면서, 혹은 헤어진 후 상대방에게 직접 또는 주변 사람들에게 비방·폭언·유언비어·욕설·중상모략·저주를 퍼붓는 경우예요. 심지어 둘 사이에 있었던 매우 개인적인 사건이나 상황은 물론, 구체적인 프라이버시까지 동네방네 마구 떠벌리고 다닙니다. 교제하는 동안 상대방 덕분에 느낄 수 있었던 행복·사랑·안정감 등의 아름다운 감정과 추억에 고마워하며 이별을 담백하게 받아들일 수는 없는 걸까요?

셋째, 요즘 사회적인 이슈가 되고 있는 데이트 폭력과 가정 폭력 문제입니다. 이런 사람은 만나는 동안에도 그 본색을 드러낼 뿐 아니라 이별을 통보받으면 매우 잔인하게 변할 수 있다는 걸 명심해야 합니다. 교제하면서 자기를 너무 사랑한다고 믿었던 모습이 의처증이 되고, 그냥 좀 욱하고 충동적이라 생각했던 모습이 폭력으로 발전하는 것이죠.

특히 세 번째의 경우는 정말 조심해야 합니다. 하루에도 수십 번 전화를 해서 무엇을 하는지, 누구와 있는지, 집에는 들어갔는지, 다시 집 밖으로 나온 것은 아닌지 끊임없이 확인하는 것은 단순히 나를 걱정해주거나 내 안부가 궁금한 것이 아닐 가능성이 큽니다. 또한 갈등이 생겨서 싸우고 의견 다툼이 생겼을 때, 심하게 화를 내고 욕 또는 폭언을 하거나, 주변 물건들을 던지거나 파손하고, 벽 등을 주먹으로 내리치는 등의 폭력적인 모습은 남자답거나 터프한 것이 결코 아닙니다. 여성에 대한 폭력은 처음이 어렵지, 일단 한 번 시작되면 갈수록 심해지는 양상을 띠는 게 일반적입니다. 그리고 그런 폭력적인 모습을 보인 후에 남자친구, 또는 남편이 무릎을 꿇거나, 울면서 잘못을 빌고 용서를 구하거나, 더 잘 해주는 모습을 보이는 것은 폭력 뒤에 당연히 따라오는 부산물 정도로 생각해야 합니다. 절대로 남자가 울었다고 해서, 내 앞에서 무릎을 꿇었다고 해서 진심으로 반성하거나 나를 더 사랑하는 것이 아니라는 말이죠.

한 번이라도, 정말 단 한 번이라도 이런 모습을 보였을 때는 두 번 생각할 것도 없이 헤어져야 합니다. 교제 중에 이런 모습을 보였던 사람과 헤어질 때는 반드시 주변 가족이나 친구, 혹은 경찰의 도움을 받는 게 좋습니다. 순간의 실수나 판단 착오, 혹은 자신에 대한 과신으로 인해 평생 돌이킬 수 없는 결과를 가져올 수도 있다는 걸 늘 유념하십시오.

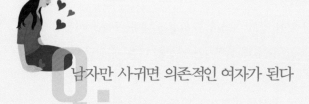

남자만 사귀면 의존적인 여자가 된다

여자들끼리 있을 때 난 웬만하면 대장 노릇을 한다. 물론, 떠밀려서 하는 경우도 많다. 나름 리더십 있고 추진력도 강하다. 이래 봬도 ○○여대 단과대 학생회장 출신이다.

한데 이상하기도 하지. 남친 사귀고 다소 친해졌다 싶으면 그때부터 고질병이 발동된다. 여자들 사이에서 괄괄하다고 소문난 이 몸이 남친 앞에서는 다소곳해진다. 남친의 말이라면 깜빡 죽으며 한 마리 순한 양이 되고마는 것이다. 뜻대로 하시옵소서! 모든 걸 남친의 재량에 떠맡기고 나는 한 발 뒤로 물러서 매사에 소극적인 여자가 되어버린다. 기차 화통은 온데간데없고 목소리까지 나긋나긋해지니 참 별꼴이다.

남친 만날 때는 무계획이 계획이요, 무소신이 신념이다. 남친과 함께 있을 때면 생각이라는 걸 하고 싶지가 않다. 남친 하자는 대로 쫄래쫄래 따라다니기만 했으면 좋겠다. 예를 들어, 나는 내심 파스타를 먹고 싶은데, 먼저 남친에게 뭐 먹고 싶으냐고 물어보고는, 그 사람이 설렁탕이나 먹자고 하면 찍소리 않고 따라간다. 따끈따끈한 멜로영화 보고 싶은 마음이 굴뚝같지만, 치고받고 때려 부수는 액션물 보자는 남친 말에 순순히 따른다.

도대체 무슨 까닭일까? 사랑하는 남자 앞에만 서면 한없이 작아지는 이 마음은?

이경제 의존적인 여자는
좋은 남자 만나면 되는 것

의존적이라는 말은 상대방의 처분에 자신을 내맡긴다는 얘기입니다. 그래도 괜찮겠어요? 당신의 존재감과 자존감이 점점 없어지는데도? 당신의 존재감이나 자존감이 희미해진다는 건 행복을 위한 가장 중요한 기준이 없다는 얘기도 됩니다. 누구를 위해 사나요? 결국 사람은 다 자기를 위해 사는 건데요. 그래서 자기중심이 중요하다고 봅니다.

이기주의(egoism)와 개인주의(individualism)는 많이 다르거든요. 마찬가지로 배려심과 의존심은 전혀 다른 겁니다. 배려심은 자기중심을 지닌 다음에야 생기는 겁니다. 의존심은 자기중심이 없이 배려하는 것이죠. 이 점이 아주 중요합니다. 자아 개념이 있어야 한다는 것, 자기가 중심이 되어야 한다는 것, 이것은 행복해지려면 반드시 갖추어야 할 요소입니다. 의존심이 강한 사람은 자신의 심지가 없이 다른 사람에게 일방적으로 끌려다니는 것뿐이에요. 의존적인 성향을 가진 사람을 배려심이 있다고 포장하려는 경향이 있는데, 그건 아니에요.

남자친구가 다 알아서 해줬으면 좋겠다, 이것이 바로 의존적인 거예요. 글쎄요, 당신 내부에 그런 성향이 있을 거라는 생각이 듭니다. 당신은 남자가 자기를 떠날까 봐 걱정하는 것 같아요. 한사코 상대방에게 매달리는 모양을 하고 있어요. 그런 모습에서 벗어나고 싶다고요? 그러지 마세요. 그냥 의존하세요. 당신은 그러한 상황에서 행복을 느끼는 거니까. 뭐 어떻습니까? 세상에는 남자를 쥐고 흔들려는 '팜파탈(femme fatale)'이 있는가 하면, 남자의 뜻을 존중해주는 배려심 있는 여자도 있고, 아무 생각 없이 남자가 하자는 대로 하는 여자도 있습니다. 당신이 리드하는 게 싫으면 남자친구의 리드에 따르세요. 자연스럽죠. 그런 남자에게 매력을 느끼는 거니까요.

좋은 사람 만나십시오. 그게 제일 중요합니다. 의존적인 여자는요, 좋은 남자 만나야 합니다. 의존적인 여자의 가장 좋은 배필로는 여자가 의존하고 싶어 하는 것을 다 해줄 수 있는 이타적인 남자가 좋습니다.

**양
재
진** 삶이란 때와 장소, 상황에 따라
역할이 바뀌는 가면무도회가 아닐까

그래서 어쩌라고요? 알다가도 모를 당신의 속마음을 분석해달라는 얘기인가요? 좋습니다. 그럼 당신은 남자친구를 만나면 행복한가요? 즐겁고 행복하다면 그냥 그 상태로 행복하게 살면 될 것이고, 뭔지는 모르겠지만 아쉽고 답답하다면 스스로 고쳐나가면 됩니다.

혹시 '페르소나(persona)'라는 말을 아시나요? 처음에는 고대 그리스의 연극 무대에서 배우들이 썼던 가면을 일컫는 말이었어요. 현재는 심리학에서 많이 쓰이는데, 한 개인의 다양한 자아상(自我像)을 표현하는 용어입니다. 자아가 겉으로 드러난 의식의 영역을 통해 외부 세계와 관계를 맺으면서 내면세계와 소통하는 주체라면 페르소나는 일종의 가면으로 집단 사회의 행동 규범 또는 역할을 수행합니다. 한마디로 가면을 쓴 인격이라고 할 수 있습니다.

그 가면을 벗기면 진실한 모습이 나올 것으로 생각하지만 실은 가면을 벗기면 또 다른 가면이 나옵니다. 사람들은 각각의 상황에서 거기에 맞는 가면을 번갈아가며 쓰고 있는 셈입니다. 가족과 있을 때, 친구와 있을 때, 일을 할 때, 애인과 있을 때, 모두 다른 가면을 쓰고서 생활합니다. 그 가면들은 모두 그 사람의 진실한 모습이에요. 자아가 상황에 맞추어 변형된 모습으로 자신을 드러내는 거예요. 각각의 상황에서 매번 같은 모습을 보인다면 그게 더 이상하지 않을까요.

당신이 친구들과 수다 떨 때 보이는 모습 또한 당신이고, 남자친구와 데이트할 때 보이는 모습 역시 당신이에요. 물론 남자친구와 있을 때 의존적인 모습을 보이는 것에는 남자친구의 성격과 다른 많은 것들이 영향을 미쳤을 것입니다. 하지만 당신의 물음을 보면 당신은 남자친구와 함께 있을 때의 자기 모습이 어색하고 불편하긴 하지만 남자친구를 많이 사랑하고 함께할 때 행복해하는 것 같아요. 다시 한 번 반복할게요. 행복하다면 그대로 살면 되고, 불행하다고 느끼거나 뭔가 탐탁지 않다면 바꾸려고 노력하십시오.

Q. 섹스할 때 좀 거칠게 다뤄줬으면 좋겠다

답답해 미치겠어. 우리 남친 말이야. 생긴 건 다니엘 크레이그(Daniel Craig)처럼 와일드하게 생겨서 침대에선 왜 그렇게 점잔 빼는지 몰라. 모든 면에서 탁월한 유전자의 소유자가 어째서 섹스 스킬은 허당일까.

살살 해야 할 땐 허둥지둥 서두르고, 거칠게 해도 될 땐 오히려 순둥이가 되는 거야. 섹스 센스 하고는 참……. 아니, 살살 다독이고 구슬려서 문이 열리게 해야지, 난 아직 준비도 안 됐는데 득달같이 덤벼드니. 대장간의 쇠붙이도 달구고 난 다음에 두드리는데 말이야.

나도 가끔은 위에서 하고 싶다고. 하지만 이 남자는 그럴 틈을 안 줘. 덩치는 또 오죽 커야지. 집채만 한 상체를 내 가슴에 밀착시켜 짓누르고는 허리만 흔드는 거, 사실 별로야. 이 사람은 다르게 해보고 싶은 마음도 안 생기나? 내 기억으로는 총 여덟 번인데 늘 똑같은 자세였지. 이건 뭐, 모든 게 뻔하니까 자꾸 딴생각이 들더라고. 도대체가 집중이 안 돼요, 집중이.

그래도 난 이 남자 놓치기 싫어. 어떻게 할까? 비록 이 남자보다 가방끈은 짧지만 섹스에 관한 한 빠꼼이인 내가 한 수 가르쳐줘야 하나? 그랬다가 날라리라고 오해받으면 어떡하지?

이경제 섹스에 대해서도
함께 배우는 것이 필요

남자는 놓치기 싫고 섹스는 만족스럽지 못하고······. 이런 식으로 해보면 어떨까요? 남자친구에게 같이 로맨스물이나 다소 수위가 낮은 '야동'을 보면서 한번 같이 배우는 게 어떻겠냐고 제안하는 거예요. 그러니까 남자친구에게 "내가 리드할 테니 따라올래?" 이러는 게 아니라, 우리가 좀 더 즐겁고 다채로운 성생활을 했으면 좋겠다고 얘기하면서, 자연스럽게 유도해보세요. 미국 성인잡지에서 제작한 섹스 가이드 영화 중에도 괜찮은 것들이 많아요. 성감을 발달시키는 방법, 이미지 연상법, 구체적인 테크닉이나 체위 등을 상세하게 설명합니다. 그런 걸 접해보는 건 어떤가요?

얼마나 좋습니까. 남녀가 이렇게 섹스라는 교집합을 가지고 이렇게 저렇게 얘기를 나눈다는 게 보기 좋을 거 같은데요. 다만, 남자친구를 너무 다그치지는 마세요. 다그치면 주눅이 듭니다. 그리고 너무 적극적으로 얘기하지는 마시고, 툭툭 던지듯이 얘기하세요. 남자들은 다 이런 쪽에 관심 있어요. 안 그런 척하는 사람 속셈은 뻔해요. 그쪽 분야는 다들 열심히 배우고 따라 합니다. 대수롭지 않게 살짝 흘리는 식으로 해서 권해보세요.

아니면, 특별한 기념일, 가령 당신 생일에 "자기야, 생일 선물 정말 고마워. 내가 감사의 뜻으로 서비스해줄게", 이런 식으로 재치 있게 이끄는 것도 좋을 것 같습니다. 일부러라도 그런 계기를 만들면 좀 자연스럽지 않겠습니까.

양재진 섹스의 느낌을 자연스레 전달하려면 버벌랭귀지보다 보디랭귀지로!

만족스러운 섹스와 그 남자를 놓치기 싫은 이유를 비교해보면 답이 나오지 않을까요? 섹스 스타일을 통해 남자친구 성격을 유추해볼 수도 있어요. 당신이 순둥이라고 표현했듯이 남자친구가 뭘 잘 몰라서 그럴 수도 있습니다. 그게 아니라면 상대방에 대한 배려가 부족해서 그럴 수 있다고 봅니다. 섹스할 때 배려심이 부족하다는 것은 한발 더 나아가 남자친구가 자신의 욕정만 채우면 끝이라는, 자기중심적이거나 이기적인 사람일 수도 있다는 얘기예요.

이유가 무엇인지는, 섹스 이외에 남자친구와 함께하는 시간 속에서 발견할 수 있습니다. 평소에도 자기중심적이거나 이기적인 사람이라면, 그런 성향이 섹스할 때의 행동 패턴에서도 나타나는 거예요. 만약 그런 사람이라면 장기적인 안목에서라도 헤어지는 게 낫습니다. 그런데 당신에 대해 배려도 있는 것 같고, 평상시 행동으로 보건대 자기중심적인 사람이 아니라면, 섹스 테크닉을 잘 모르거나 수줍어서 그럴 수 있습니다.

자기 생각을 상대방에게 전달하는 수단에는 여러 가지가 있잖아요. 말과 글처럼 언어적인 수단이 있는가 하면, 비언어적 메시지인 표정과 몸짓도 구사할 수 있어요. 직접적이든 간접적이든 표현하지 않고서야 자기 생각과 느낌을 전달할 방법이 없어요. 속으로만 꽁해 있고 겉으로 드러내지 않으면 상대방이 어떻게 알겠습니까?

섹스 스타일이나 스킬에 대해 직접 언급하기 불편하다면 섹스 중에 내는 소리나 표정과 몸짓으로 표현할 수도 있을 거예요. 예컨대, 남자친구의 손길이 당신이 원하는 부위에 닿았을 때 표정과 신음 소리로 격하게 반응해보세요. 그저 그런 느낌이면 별다른 내색을 하지 말고요. 당신의 호불호와 섹스 취향을 상대방에게 알려주는 시그널이죠. 물론 상대방은 당신이 표현하는 이런 정보를 기억하고 데이터를 축적해서 다음에 활용하려는 노력이 뒤따라야 합니다. 궁합이 맞는다는 것은 이런 상호작용이 원활하게 이루어진다는 것의 다른 표현 아닐까요.

몸으로 사랑을 나눌 때, 매사에 소극적이거나 마치 산송장처럼 누워 있기만 하는 여자는 한껏 고조됐던 흥분도 수그러들게 만들 수 있어요. 때로는 남자들도 리드당하고 싶은 바람이 왜 없겠습니까? 당신이 원하는 전희 또는 다양한 체위를 은근슬쩍 유도해보세요. 지금 당장은 아니더라도 언젠가 당신이 주도적으로 이끌어가는 순간을 의도적으로 연출해보세요. 판단의 근거를 얻을 수 있거든요. 만약 당신의 시도를 오해하거나 의심하는 남자라면, 그런 남자는 놓치기 싫은 남자가 아니라 그냥 놔줘야 하는 남자일 테니까요.

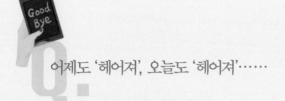

어제도 '헤어져', 오늘도 '헤어져'……

남친하고 만나면 늘 티격태격이에요. 그럴 수 있죠. 연인 관계란 게 아옹 다옹하기도 해야 서로 정도 들고 그러는 거 아니겠어요?

문제는, 별것도 아닌 일로 자존심이 상해 서로 삐딱선을 타기 시작하다가 감정이 격해지면 제 입에서 꼭 헤어지자는 말이 나오는 거예요.

저도 헤어지자는 말의 심각성과 후유증을 잘 알고 있어요. 조심한다고 하지만 화가 치솟으면 저도 모르게 그 말이 입 밖으로 삐져나와요. 만난 지 일 년이 지난 다음부턴 다투는 일도 잦았고, 그럴 때마다 무심코 내뱉었던 말이 이제는 아예 입에 붙어버렸나 봐요. "헤어져", "그만 만나", "우리 끝내"…… 곰곰이 기억을 더듬어보니 지난 6개월 사이에 이런 소리를 삼십 번은 한 것 같네요.

어떡하지요? 그저께도 또 헤어지자고 했어요. 그래도 무던하게 받아주던 남친이었는데, 아무리 연락해도 전화를 안 받아요. 벌써 사흘째입니다. 이번엔 단단히 삐친 게 틀림없어요. 톡을 보내도 묵묵부답이에요. 저의 '습관성 헤어지자 남발증'에 질려버린 걸까요? 혹시 남친은 이번 기회에 제 버르장머리를 뜯어고치고 말겠다는 심사일까요?

어떡해요? 어떻게 해야 제 못된 말버릇을 고칠 수 있을까요?

**이
경
제**   자신이 뱉은 말이 부메랑으로
돌아올 수 있음을 명심하시라

헤어지자고 했으면 헤어져야죠. 헤어지자는 말에 책임을 져야 합니다.
"우리, 헤어져"라는 소리를 들으면, 남자는 대개 두 가지 타입으로 반응합
니다. 저같이 단순하고 직설적인 남자는 뒤도 안 돌아보고 헤어집니다. 하
지만 대부분의 남자는 그렇지 않아요. 여친에게 아쉬운 점이 있거나 매달
릴 만한 부분이 있으면 다시 만납니다.

요즘 30, 40대 남자들은 아주 우유부단하고, 언어폭력에 관대한 경향이
있어요. 여자 말에 노예처럼 움직이는 경향이 많지요. 그래서 헤어지자는
말을 들었을 때 저처럼 발끈하고 헤어지는 사람은 소수이고, 대부분은 아
마 매달릴 겁니다. 여성의 파워 게임에 휘둘리는 거예요. 몇 번은 효과가
있었을 겁니다. 하지만 시도 때도 없이 거듭되다가 한계를 넘어서면 반드
시 사건이 터지게 되어 있습니다. 지금 남자친구는 당신에게 저항하고 있
는 거예요.

'헤어져'라는 말보다 구체적으로 남자가 알아들을 수 있게 얘기하는 게 어떨까요? 비교적 큰 건물의 화장실에 가보면, 청소 상태를 점검하는 체크리스트가 있잖아요. 창틀의 먼지는 깨끗이 닦았는가, 휴지는 새로 교체했는가 등등 이런 것처럼 아주 단순하게 ○, × 표시하듯이 지시를 해주십시오. 당신의 불만을 남자친구가 알아서 해결해주기를 바라지 마세요. 아니면 알아서 다 해주는 남자를 만나든지요. 그런데 그런 남자를 만나 사귀는 것보다 요구 사항을 명확하게 알려주는 게 훨씬 더 승산이 높다고 봅니다. "나는 이것이 불만인데, 이렇게 바꿔줄 수 있겠어?"라고 부탁해보세요. 남자는 지시나 명령보다 부탁에 약합니다. 요청을 하세요. 대부분의 남자는 그 부탁과 요청을 들어주려고 할 겁니다. 자기 능력껏, 힘 닿는 데까지, 정성껏 그걸 들어주려고 해요. 잘 구슬리기만 하면 남자는 의외로 착한 구석이 있답니다. '헤어져'라는 말 대신 부탁을 구체적으로 하세요.

못된 말버릇은 고칠 수 있습니다. 못된 마음을 고치면 됩니다. 당신이 무심코 했다고요? 아닙니다. 당신 속에 어떤 욕망이 자리 잡고 있는데, 그 욕망의 본질을 정확하게 안 보는 거예요. 어떻게 보면 당신은 자신의 욕망을 감추고 포장하고 싶어 하는 경향이 있을지도 모릅니다. 사람에겐 '세 가지 나'가 있다고 하지요. '자기 자신이 보는 나', '남이 보는 나', 그리고 '남이 나를 이렇게 봐줬으면 하는 나', 이렇게 인간은 '세 가지 나'를 추구한다고 합니다. 그런데 당신은 '자기 자신이 보는 나'를 좀 더 파악했으면 좋겠어요.

당신도 '헤어져'라는 말이 싫다고 생각하면서 왜 자꾸 그 말이 나올까요? 그 말이 나오는 근원을 살펴보면 불만이 있는 겁니다. 뭔가 이런 것을 남자친구가 해줬으면 하는 바람이 있는 겁니다. 그 바람에는 두 가지가 있어요. 실현 가능한 게 있고, 실현 불가능한 게 있습니다. 가능한 것은 남자친구와 구체적으로 대화를 나누면서 하나하나 해결해나가고, 불가능한 건 일찌감치 포기해야 합니다.

잘 모르겠다면 글로 써보세요. 글로 쓰다 보면 애매모호한 감정이나 생각이 많이 정리됩니다. 단순명쾌하게 당신 자신을 분석하십시오. "헤어져"라는 말을 하기 직전의 감정 상태, 그때의 당신을 분석해보십시오. 그러면 몇 가지 공통점이 나올 겁니다. 거기에 답이 있습니다. 못된 말버릇을 고치려면 못된 생각, 못된 마음을 정리해야 하는데 그건 사실 못된 것이 아니라, 당신이 미처 알지 못했던 당신의 불완전한 모습입니다. 너무 자책할 필요는 없어요. 있는 그대로 받아들이십시오.

지금 같은 경우는 분명히 당신이 잘못했습니다. 남자친구의 인내심이 한계를 넘어선 거예요. 진심을 담아 남자친구에게 사과하십시오. 만나든 헤어지든 그게 중요한 게 아니라, 당신이 잘못한 것에 대해 진정한 사과를 하는 것이 앞으로의 인생에 도움이 될 겁니다.

양
재
진

설령 남자친구와 결혼한다고 해도
허구한 날 이혼하자고 할 당신

일단 당신이 헤어지자는 말을 할 때의 상황과 그 순간 당신의 기분 상태, 그리고 어떤 의도로 그 말을 하는지 알아봐야 할 것 같습니다. 화가 치솟을 때마다 자기도 모르게 그 말이 반복적으로 나온다고 했는데, 순간적이지만 당신은 진짜 이별을 원했던 것일까요. 아니면 헤어지자는 말을 통해서 그 갈등 상황을 모면하거나 벗어나고 싶었던 것일까요. 혹은 헤어지자는 말을 무기로 삼아 관계에서 주도권을 쥐고 싶어서 그래 왔던 것일까요. 당신이 내뱉는 헤어지자는 말이 어떤 의미를 지닌 것인지, 그 말을 반복해서 하는 의도가 무엇인지 곰곰이 생각해보세요.

사람은 감정 상태에 따라 발화(發話)하는 내용이 달라집니다. 평소에는 머릿속에 떠오르는 수많은 생각들 가운데 해도 괜찮은 말과 행동, 하지 말아야 할, 또는 해서는 안 될 언행을 필터링합니다. 이성적인 상황 판단 능력이 제대로 작동하는 것이죠. 하지만 감정이 격해지면 뇌에서 작용하는 그 필터링 기능이 약해집니다. 즉 충동이 지배하게 돼요. 뭘 재고 자시고 할 것 없이 눈에 보이는 게 없는 상태가 되는 겁니다.

당신은 헤어지자는 말을 반복적으로 해왔고, 그것이 어떤 결과를 가져올지 안다고 했어요. 그렇다면 그동안의 경험으로 보아 헤어지자는 말은 거리낌 없이 해도 괜찮은 말이 됐을 수도 있고, 아니면 당신은 감정적으로 격해지면 지나치게 충동적으로 변하면서 자신을 잘 통제하지 못하는 사람일 수도 있습니다. 어떤 것이든 지금 남자친구와의 관계뿐만 아니라 앞으로 어떤 사람을 만나더라도 그런 모습은 그 사람과의 관계를 망가뜨릴 가능성이 매우 큽니다. 부부 싸움을 할 때마다 이혼하자는 말을 내뱉는다면 그 결혼은 언제까지 유지될 수 있을까요? 자신의 문제를 제대로 인식하고 있다면 이제 고칠 일만 남았습니다. 단, 사람이 변하려면 죽을힘을 다해서 스스로 노력하는 수밖에 없습니다. 사랑하는 사람을 잃고 난 후 가슴을 치면서 고치지 말고, 그가 곁에 있을 때 하루라도 빨리 고칠 수 있기를 바랍니다.

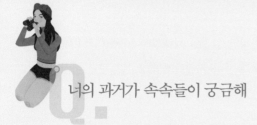

Q. 너의 과거가 속속들이 궁금해

사내 커플로 눈이 맞아 석 달째 열애 중이야. 회사에서 '킹카'인 남친, 주변 사람들 얘기를 들어보면 왕년에 좀 놀았대. 여자들깨나 울렸다던데.

그런 말을 들으니 궁금해지더라. 남친이 옛날 여자들과 나를 견주어 어떻게 생각하나 알고 싶은 거 있지? 그냥 엔조이인지, 아니면 나름대로 진지한지 말이야.

내가 좀 안달하는 스타일인 건 맞아. 몇 주 전부터 속이 부글부글해서 남친한테 물었지. "예전엔 어땠어?", "이럴 때 옛날 애인은 뭐라고 했어?", "그다음 여친하곤 왜 헤어졌어?", "가끔가다 연락은 해?" ……

그런데 남친한테 뭐라도 한마디 주워들으면, 내 속이 더 끓어오르는 거야. 온갖 잡생각이 꼬리에 꼬리를 물며 멋대로 지어낸 공상으로 날밤 새울때도 있어. 이러다 미치는 건 아닌지 몰라.

이 남자 과거가 끊임없이 궁금할 뿐이야. 지나간 일은 흘려보내고 앞으로가 더 중요하다는 건 나도 알아. 하지만 머리만 그렇게 생각할 뿐 마음은 안 그런 걸 어떡해. 어떻게 하면 우리도 현실에 충실하고 미래 지향적인 관계로 나아갈 수 있을까?

이경제   인생은 타인에게 의존하면서
          불행해진다

남자친구의 과거가 왜 궁금한 겁니까? 이미 다 지나간 일을. 그건 남자친구의 사생활 영역이에요. 지금 연인이라는 이유로 상대방의 프라이버시에 개입하려는 것이잖아요. 입장 바꿔 생각해보세요. 그동안 당신이 살아온 인생에 남자친구가 끼어들어 미주알고주알 따지는 상황을 당신은 얼마나 견딜 수 있겠어요? 저도 20대에 연애할 때는 그 여자의 마음과 생각이 궁금했는데, 이젠 안 그래요. 여자든 남자든 그 사람이 겉으로 저에게 표현하는 거 외에는 별로 보고 싶지 않습니다.

당신의 속내를 들여다보면, 당신은 남자친구가 떠날까 봐 불안해하고 있어요. 인생은, 타인에게 의존하면서부터 불행해지는 것 같아요. 자기 삶의 주인이 되느냐, 남의 종이 되느냐의 문제입니다. 당신은 남자친구의 종이 되고 싶나요? 육체적인 노예가 아닌, 정신적인 노예가 되는 거지요. 안타깝습니다.

남자친구가 어떻게 살아왔는지는 당신이 관여할 수 없고, 관여해서도 안 됩니다. 당신을 만나기 전에 그 사람의 인생이었습니다. 남자친구가 과거에 사귀었던 여인들과 비교해서, 남자친구 마음속에 자리한 당신의 현재 위치를 알아보고 싶다는 뜻인데 부질없는 짓이에요. 전에 남자친구가 여자들을 많이 알았으니까 앞으로 바람피울지 모른다? 딴 여자를 만나 떠난다? 지금 당신이 안달복달한다고 해서 과연 남자친구를 붙잡을 수 있을 거라고 생각하나요? 도도한 매력을 보이거나 따뜻하고 친절하게 대해주는 식으로 당신의 매력을 발산하면서 그 사람이 당신을 좋아하게 만들어야죠.

화려했던 남자친구의 과거는 지나간 일로 쿨하게 치부해버리고, 당신이 주인공이 되는 방법을 고민했으면 좋겠습니다. 남자친구에게 잘해주세요. 그 사람이 좋고 사랑스러우면 잘해주면 되지, 왜 의심하고 괴롭히고 따지나요? 저는 술 먹을 때 아내 전화 받아본 적이 없습니다. 술 마시는데 부인한테서 걸려온 전화를 받는 친구가 있으면, 그 친구는 앞으로 보고 싶지 않더라고요. 그러니까 남자친구나 남편을 확인하려 하고 감시하는 그런 사람은 되지 말자고요. 서로가 주인공이 되는 그런 인생을 살아갑시다.

양
재
진

지금 여기보다 더 소중한 순간이
언제, 어디에 있을까!

안타깝네요. 과거의 유령에 사로잡혀 현재의 행복을 놓치고 있으니……
옛날 여자친구를 만날 때의 남자친구는 어떤 사람이었을까요? 그다음 여
자친구를 만날 때는? 당신의 남자친구는 그 여자들과 함께한 시간과 경험
속에서 성장했고, 그 결과 지금 당신이 사랑하는 남자가 된 거예요. 그런
의미라면 당신의 남자친구를 지금 이 상태로 만들어준 그 여자들에게 오
히려 감사한 마음을 가져야 하지 않을까요?

상대방의 과거 연인들에게 지나친 관심과 집착을 보이며 이제는 상대방
주변에 존재하지도 않는 그들을 질투하는 사람들에게는 두 가지 특징이
나타납니다. 낮은 자존감이 하나요, 나머지 하나는 상대방에 대한 불신입
니다. 아니, 불신이라기보다 상대방이 정말 자기를 사랑하는지 확신을 못
하는 불확실성의 심리 상태라고 할 수 있죠. 끊임없이 과거의 연인들과 현

사랑이란
이름으로

재의 자신을 비교하고, 과거의 연인들과 상대방의 관계를 지금 자신과 상대방의 관계와 비교합니다. 왜 그럴까요? 자신에 대해서도, 자신에 대한 상대방의 마음도, 자신과 상대방의 관계에 대해서도 어느 것 하나 확실하지 않다고 생각해서 그러는 거예요.

지금 당신의 문제는 남자친구의 과거에 집착하는 것보다 좀 더 근본적인 부분에 닿아 있어요. 스스로 자신감을 가질 수 있어야 하고, 자존감을 높여야 하고, 상대방을 신뢰할 수 있어야 합니다. 사람은 자기 자신의 마음도 잘 모를 때가 많아요. 그런데 어떻게 상대방의 마음을 확실하게 알 수가 있겠습니까? 상대방이 하는 말과 보여주는 모습을 있는 그대로 믿고 받아들이기를 바랍니다. 설사 그 친구의 말과 행동이 진실인지 거짓인지 모를지라도 그 소중한 시간을 자신과 상대를 괴롭히면서 보낼 작정인가요? 스스로에게 자신이 생기면 마음이 훨씬 편해질 거예요. 이미 지나가 버린 남자친구의 과거에 매달려서 자신을 괴롭히는 시간에 자신을 가꾸고 사랑하세요. 아니면 계속 힘들어져요.

Q. 옛 애인과의 흔적, 쥐도 새도 모르게 지우고 싶다

결혼정보회사에서 맺어준 A와 결혼을 앞두고 있다. 솔직히 조건 보고 결정했다. 한 달 앞으로 닥친 결혼식 준비에 정신없는 와중에도 가슴 한 구석이 묵직하다. 일 년 전에 헤어진 B 때문이다.

B하고 한창 열을 올릴 땐 못 할 게 없었다. 그런데 좋다고 찍은 사진과 동영상이 지금 내 가슴을 짓누르고 있다. 그때는 우리가 헤어질 줄도 몰랐다. 사진이 취미인 B는 한때 자기 방을 내 사진으로 도배하다시피 했다. 침대에서 같이 찍은 동영상도 수두룩했다. 얼굴 안 잡히게 앵글을 잡으라고 했는데도, 상당수 파일에 내 얼굴이 들어 있었다. 이걸 둘이 돌려 보며 또 뜨거운 밤을 보냈었는데.

어떻게 알았는지, B가 보낸 결혼 축하 메시지를 받으니 더 께름칙하다. 나를 풀 숏으로 잡은 사진도 한 장 첨부했던데, 못 보던 사진이다. 다행히 옷은 입고 있다. 그래도 불안하다. 나랑 헤어지면서 다 없앤 게 아니란 말인가?

쿨한 사람인 줄은 알지만 혹시 내 동영상을 파일 공유 사이트 같은 데 올리기라도 하면 큰일 아닌가! 혹시 실수로 유출될 위험도 있고. 지금이라도 B에게 전화해야 할까, 아니면 그냥 B의 양심을 믿어야 할까?

이
경
제
헤어질 때를 염두에 두고 처신하라.
'님'과 '남'은 한끝 차이뿐

한창 사이가 좋을 때는 둘이서 여러 가지 이벤트를 많이 하지요. 연인끼리 커플링이나 커플티, 심지어 사랑의 증표로 몸에 타투(tattoo)를 하는 경우도 있습니다. 꿈결 같은 두 사람의 관계가 영원히 지속될 것처럼 말이죠.

그런데 이런 생각을 해봅시다. 당신이 친구들과 사업을 벌였는데 잘 안 됐다고 칩시다. 일정하게 지분을 출자해서 동업자들과 사업을 하다가 파산했으면, 채무를 정리하고 남은 자산은 투자한 지분만큼 나누어 갖는 게 이치에 맞겠죠.

이혼할 때도 마찬가지입니다. 재산 형성에 부부의 공동 노력이 들어갔다고 하면 그에 따라서 부동산과 동산을 분배해야 합니다. 이혼의 원인을 제공한 유책 배우자가 지급해야 할 위자료나, 자녀가 있을 경우 양육비 같은 건 별도로 하고라도 말입니다.

이 이야기를 왜 하느냐 하면, 회자정리(會者定離)라고 모든 관계에는 끝이 있게 마련이니 헤어질 때를 염두에 두고 처신해야 한다는 것이죠. 특히 나 요즘 같은 정보화 시대에 두 사람이 공유한 것이 디지털 자료라면 무한 복제가 가능합니다. 바이러스 전파되듯이 삽시간에 퍼져나간다는 얘기죠. 따라서 디지털 시대, 모바일 시대에 맞는 연애 윤리 같은 게 필요하다고 봅니다.

옛 애인과 헤어지고 새로운 애인을 만났어요. 당신이라면 옛 애인에게 받았던 연애편지와 선물을 간직하겠습니까, 돌려주거나 없애겠습니까? 헤어질 때는 분명한 원칙을 세워서 정리해야 합니다. 이혼하거나 사업에 실패했을 때 잔여 재산을 분배하는 것처럼 말입니다.

다 된 밥에 재 뿌리는 식으로 은밀한 프라이버시를 동네방네 떠벌리는 사람이라면 그런 부류의 사람과 사귄 당신의 안목을 탓해야겠지요. 덜떨어진 인간을 좋아했으니 그 책임은 온전히 본인의 몫입니다.

'님'과 '남'은 한 획 차이입니다. 아무리 죽고 못 사는 불꽃 같은 사랑일지라도 등 돌리고 나면 '남'입니다. 웬만하면 그런 일 벌어지지 않게 미리 조심하자는 것밖에 달리 할 말이 없습니다. 그 사람한테 연락해서 다 없애달라고 요구하는 것? 미리미리 정리하는 게 최선이었겠지만 가능성은 반반입니다. 자칫하면 긁어 부스럼이 될 수도 있지요. 만약 문제가 생긴다면 변호사와 상의하는 게 좋을 것 같습니다.

**양
재
진**
허심탄회하게 부탁하는 것 외에
달리 뾰족한 방법이 없을 듯

예전에 비슷한 사례의 여성을 상담한 적이 있었습니다. 이혼 후 혼자만
의 생활을 즐길 때 한 남자를 만났고 뜨거운 사랑을 했습니다. 그리고 그
사랑의 증거들을 사진과 동영상으로 남겼는데, 그 흔적들 때문에 이별도
못 하고 그 남자에게 끌려다니는 상황이었어요. 그녀가 이별을 요구할 때
마다 사진과 동영상을 공개하겠다는 협박과 함께 사진 몇 장이 메시지로
날아오기도 했죠. 결국 경찰에 신고를 하고 형사 사건으로 마무리되었지
만, 그녀는 그 사건으로 인해 너무나 큰 정신적인 트라우마를 받았습니다.

당신이 B와 어떻게 결별했는지는 모르겠지만, B에게 연락해서 사진
과 동영상의 삭제를 요청하는 것이 당신을 지키는 길이라고 생각합니
다. 결혼 사실을 알고 있으니 정중하게 사진과 동영상의 삭제를 요구
하고, 둘의 행복하고 아름다웠던 추억은 마음속으로만 간직하자고 요

청하시기 바랍니다. 그리고 B가 어떤 말을 할지 모르니 녹취를 하는 것도 만약을 위해 도움이 될 것입니다. 법은 생각보다 가까이에 있습니다. 무엇보다도 결혼할 남자가 당신의 옛날 사진이나 동영상의 존재를 알게 되더라도 그것들을 당신의 지나간 과거로 인정하고 묻어두는 사람이었으면 좋겠습니다. 원만하게 깔끔하게 해결되기를 바랍니다.

Work banishes those three great evils:
boredom, vice, and poverty.
"일은 세 가지 악덕을 몰아낸다. 권태, 타락, 빈곤이 그것이다."

_ 볼테르(Voltaire), 프랑스 사상가, 작가

일과 직장

2015년 6월을 기점으로 대한민국에서 여성 인구의 비율이 더 높아졌다. 본격적인 '여초 사회'가 시작된 것이다. 그만큼 여성의 사회 진출도 다양해졌다. 불과 수십 년 전만 해도 여성들은 엄두도 못 냈던 공군 전투기 조종사 같은 분야에서도 맹활약 중이다. 장래 희망을 묻는 말에 젊은 처자들이 '현모양처'라고 대답하던 시절에 비하면 뽕나무 밭이 바다로 변한 것이나 다름없다. 그러나 속사정을 자세히 들여다보면 아직도 갈 길은 까마득하다. 우리나라의 양성 평등, 남녀 간 임금 격차, 유리 천장 지수 등을 글로벌 스탠다드에 견주어보면 세계 하위권, 그것도 거의 바닥 수준이기 때문이다. 일자리의 질도 문제다. 대다수 여성의 고용 형태는 비정규직·일용직·임시직이다. 얄팍한 급여, 일상화된 성차별과 성희롱, 여기에 아이라도 있으면 육아와 가사까지 도맡아 슈퍼우먼 노릇 하느라 젖 먹던 힘까지 쥐어짜 낼 수밖에 없다. 전문직 커리어우먼이라 해도 양상은 크게 다르지 않다. 요즘 남편들이 가사 활동을 많이 도와준다고는 하지만 그래 봤자 언 발에 오줌 누기밖에 안 된다. 이렇게 이 땅의 직장 여성들은 자신의 재능과 열정을 소진하며 살아간다. 자, 지금부터 일터와 가정 곳곳에 서린 그들의 애환과 고민에 귀 기울여보자.

Q. 속 끓이는 예스맨

저는 어렸을 때부터 남에게 싫은 소리를 못했어요. 뭔가 갈등이 생길 조짐이 보이면 알아서 뒤로 물러났지요. 늘 그래 왔습니다. 다른 사람한테 상처를 주느니 차라리 저 혼자 속으로 삭이고 말지, 하는 심정으로 사람들을 대했지요.

그러다 보니 저를 특별히 미워하는 사람은 없었던 것 같아요. 지금까지 어떤 사람하고도 척지고 지낸 적은 없지요. 다른 사람한테 미운털이 박히는 것, 어느 누군가 저를 싫어한다는 느낌을 스스로 못 견뎌 하는 것 같아요. 어떨 땐 제가 생각하기에도 술에 물 탄 듯, 이도 저도 아닌 뜨뜻미지근한 저의 처신이 답답하고 한심하다는 생각이 듭니다. 누가 부탁이라도 하면 내키지 않는데 거절도 못 하고, 거절하면 그 사람이 불편해할까 봐 혼자 끙끙 앓는답니다. 반대로, 제가 다른 사람한테 부탁해야 할 상황이 되면 거절당하는 게 두려워 부탁을 못 하고요. 그야말로 아무것도 아닌 걸 가지고 안달복달, 전전긍긍합니다.

이제 이런 상태에서 벗어나고 싶습니다.

이
경 나를 힘들게 하는 사람들을 지워야
제 그 자리에 좋은 사람들이 들어올 수 있다

이 문제는 정말 쉽지 않아요. 제 주변에도 '호구'라고 불리는 예스맨이 몇 명 있습니다. 이 사람들은 남들이 자기를 나쁘게 볼까 노심초사하기 때문에 '예스'라고 말하는 게 편한 거예요. 의외로 그런 사람들 참 많습니다. 그래서 오죽하면 『거절의 힘(The Power of NO)』이라는 책도 나오고, 『미움받을 용기』라는 책은 베스트셀러까지 됐겠어요. '노'라는 말이 입에서 잘 안 떨어지면 그 이유를 잘 분석해보세요. 왜 그럴까요? 바로 용기가 없는 거예요. 그리고 해본 적이 없는 거예요. 지금 당장 할 수 있는 가벼운 것부터 해보세요. 예를 들어, 누가 "커피 좀 끓여 오지?" 하고 시키면, "아, 제가 지금 좀 바쁩니다. 죄송합니다"라고 말하는 연습이 필요해요. 점차 난도를 높여가며 연습해야 합니다.

당신한테 자꾸 뭘 시키거나 요구하는 사람들은 정해져 있을 거예요. 나쁜 사람들입니다. 꼭 예스맨들만 찾아서 부려 먹으려는 사악한 사람들이 있어요. 대개 남한테 일 시키는 사람치고 좋은 놈이 없어요. 그런 사람과 최대한 멀리 떨어지는 게 좋습니다. 당신이 극복하지 못할 것 같으면 피하세요. 피하는 게 상책입니다. 직장 상사나 직장 동료일 경우에는 최대한 그 사람과 거리를 둘 궁리를 많이 하십시오.

좋은 사람 만나기에도 인생은 짧습니다. 하물며 싫은 사람과 부대끼며 인격을 수양하거나 도를 닦을 생각일랑 절대 하지 마세요.

사람은 가려서 사귀라는 말이 있어요. 그래야 자기가 행복하고 속이 편합니다. 나를 속 끓게 하는 사람, 열통 터지게 하는 사람이 문제라는 거지요.

저는 이때까지 많은 인간관계를 정리했습니다. 빈대 붙는 사람이나 귀찮은 사람, 불편한 사람들은 계속 관계를 정리해 왔어요. 그랬더니 지금 제 주변에는 좋은 사람들만 있더라고요. 꼭 기억하세요. 나쁜 사람이, 나를 힘들게 하는 사람이 나가야 그 자리를 좋은 사람이 차지할 수 있습니다.

제 휴대폰에는 350명 이상의 전화번호가 있습니다. 100명 정도는 제가 싫어하는 사람들의 번호예요. 왜냐고요? 전화가 오면 안 받으려고 저장해 놓은 거죠. 나를 불편하게 만드는 사람들을 절대 만나지 않는 것을 원칙으로 삼고 최대한 노력을 하세요. 제가 이런 말을 하면 이런 반응이 돌아옵니다. "어떻게 좋아하는 사람만 만나고 살 수 있어요?" 100퍼센트 좋아하는 사람들만 만날 수는 없겠지만 70퍼센트 이상은 좋아하는 사람을 만나고 살 수 있어요. 노력하세요. 인간관계도 노력이 매우 중요합니다. 좋은 사람 만나고 사귀려는 판단과 지혜, 정말 중요합니다.

양재진 착하지 않으면 사랑받지 못할 거라는 잘못된 생각부터 버리시라

주변에 종종 당신과 같은 부류의 사람들이 있어요. 남에게 싫은 소리 못하고, 거절도 잘 못 하고, 하고 싶은 말도 잘 못 하는 사람들. 그들은 주로 주변 사람들로부터 '착하다', '사람 좋다', '배려심 깊다'는 말을 듣지만 정작 당사자는 그런 자기 성격 때문에 답답해하고 속으로 삭이느라 화병까지 생깁니다.

이는 두 가지에서 기인합니다. 첫째, 성격의 차이 및 불안도와 긴장도의 차이입니다. 이들은 다른 사람들에 비해 세심하고 꼼꼼하며 예민하고 민감한 성격의 소유자입니다. 이런 성격은 타고난 기질과 어릴 적 양육 환경에 의해 결정되지요. 즉 기질은 부모로부터 물려받는 것이기에 이들의 부모 중 어느 한쪽, 혹은 둘 다 이들과 비슷한 성격을 지녔을 겁니다. 이렇게 성격이 결정적 요인으로 작용하는 불안도와 긴장도 역시 남들보다 훨씬 높아요. 자신을 감시하는 시스템인 불안도와 긴장도가 높다 보니 자신이 하는 말과 행동을 상대방이 어떻게 생각할지, 어떻게 받아들일지 항상 걱정이죠. 그래서 싫은 소리도 못 하고 거절도 못 하면서 뒤돌아서서 그런 자신의 모습을 자책하고 답답해하는 겁니다. 또한 이들은 지나칠 정도로 상대를 배려해요. 예를 들어, 다 같이 식사하고 나갈 때도 혹시 뭔가 놓고 가는 사람이 있을까 봐 테이블을 체크하며, 자신이 힘들 때도 남들 다 배웅하고 마지막으로 돌아가야 마음이 편한 사람입니다. 이들이 다른 이들을 챙기는 것은, 이들이 착해서나 배려심이 깊어서가 아니라 그렇게 하지 않으면 자기 마음이 불편하기 때문이에요.

둘째, 영·유아기의 양육 환경으로부터 기인합니다. 소위 '착한 아이 콤플렉스(good boy complex)'라는 말이 있지요? 타인으로부터 착한 아이라는 반응을 듣기 위해 내면의 욕구나 소망을 스스로 억압하는 말과 행동을 반복하는 심리적 경향을 뜻합니다. 이는 어린이의 기본적 욕구인 유아적 의존 욕구를 억압하거나, 버림받을지 모른다는 공포를 자극하는 환경에서 적응하기 위한 방어기제인 셈입니다. 즉, 부모의 기대에 부응하는 행동을 할 때만 '착한 아이'라고 생각하는 부모나 엄격한 집안 교육의 영향이 큽니다. 이런 환경은 의존 욕구를 억압하므로 결국 그 아이는 자기 내면의 욕구 또는 좋고 싫음의 목소리를 듣는 능력을 갖추지 못하게 됩니다. 이 상태를 극복하지 못하면 어른이 돼서도 여전히 착한 사람이어야 한다는 심리적 강박을 벗어날 수 없습니다.

타고난 기질 때문이건 부모의 양육 환경 때문이건, 먼저 당신이 어떤 성격을 가지고 있고 어떤 심리 상태를 지니고 있는지 자신을 돌아봐야 합니다. 나를 변화시키고 싶다면 이런 '자아 성찰'의 시간이 반드시 필요하고, 매 순간 조금씩이라도 꾸준히 변화하려는 노력이 뒤따라야 합니다. 정신건강의학의 대전제는 '사람은 안 변한다'입니다. 이 말은 사람이 진짜 변하지 않는다는 말이 아니라, 사람이 변한다는 건 그만큼 어렵다는 얘기입니다. 경험자로서 자신 있게 말할 수 있어요. 꾸준한 노력으로 변하지 않는 것은 없습니다.

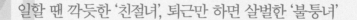

일할 땐 깍듯한 '친절녀', 퇴근만 하면 살벌한 '불퉁녀'

홈쇼핑 콜센터 상담원으로 6년째 근무 중이다. 회사에서는 반기마다 콜센터 전체 직원을 대상으로 콘테스트를 실시한다. 고객들의 클레임에 얼마나 친절히 답변하는가, 생떼 부리는 진상 고객에게 어떻게 대응하는가 등 사안별로 평가해서 우수 직원을 뽑아 포상한다. 인사고과와 매뉴얼에 반영되는 건 물론이고 부상도 짭짤하다.

나는 '다정상'과 '친절상'을 받은 바 있다. 이제 '봉사상'까지 거머쥐면 상담원 최초로 CS(고객만족) 분야 그랜드슬램 달성이다. 하지만 감정 노동, 이거 스트레스가 이만저만이 아니다.

그래서인지 회사에서 반경 5킬로미터만 벗어나면 나는 표변한다. '친절녀' 딱지는 떼버리고, '불퉁녀'로 변신하는 것이다. 어제도 한 건 했다. 퇴근길에 마트에 들렀는데, 진열대 가격과 영수증에 찍힌 가격이 2,700원이나 차이가 나는 게 아닌가!

재깍 죄송하다고만 했어도 그렇게까지 핏대 올리진 않았을 거다. 계산원의 퉁명스런 표정과 말투에 꼭지가 돌았다. 마트 점장이 헐레벌떡 달려와 고개를 숙이고서야 내 안의 헐크가 진정됐다.

두 얼굴의 여자, 나도 번번이 뒤늦게 후회한다. 그런데 그렇게라도 해야 숨통이 트이는 걸 어쩐란 말인가?

이경제 분노 조절이 안 되는 건
질병으로 인식하자

당신, 제가 보기엔 정신과 치료를 받아야 할 것 같습니다. 억누른 스트레스가 다른 한쪽으로 폭발하는 겁니다. 저도 무척 공감합니다.

저도 담배를 끊었을 때 금단증상으로 분노가 치미는 걸 겪었고, 스트레스가 심할 때는 스스로 통제가 안 될 만큼 분노에 휩싸이는 경우가 많았어요. 그럴 때마다 이렇게 제 감정을 조절하지 못하는 이유가 뭘까 생각해봤습니다. 그런 게 바로 '분노조절장애', 좀 더 정확하게는 '충동조절장애(impulse control disorders)' 같습니다. 정신과 치료받으시고, 일에서 받는 스트레스를 푸는 취미 생활을 같이하세요.

콜센터 직원 여러분들이 어떤 스트레스를 받는지 대충 짐작해요. 그런 식의 감정 노동, 엄청나게 힘들 거라고 생각합니다. 회사에서 우수 사원이 된 것은 무척 훌륭하고 멋진 일입니다만, 자기 몸과 마음이 피폐해지면 그게 다 무슨 의미가 있겠습니까? 동적인 취미든 정적인 취미든, 당신이 일할 때 힘들고 긴장이 거듭되어 생긴 스트레스를 풀어줄 수 있는 취미 생활을 반드시 해야 합니다.

굉장히 힘든 직무예요. 그걸 하면서 행복하다, 보람을 느낀다는 말 하기 쉽지 않습니다. 전화 거는 사람 중에 이상한 사람도 정말 많아요. 저도 한 의원을 하면서 전국의 별난 사람들 많이 봤습니다. 그 분노를 전적으로 이해합니다. 다만, 본인이 감당하기 힘든 지경에 이르렀어요. 일에 전념하느라 당신 자신을 사랑하지 않았어요. 참고 자신을 닦달하고 채근하기만 했지요.

저는 스트레스가 극심할 때 다른 일 다 때려치우고 만화를 봅니다. 땀을 흘리면서 운동도 하지요. 아무 생각 없이 땀을 흠뻑 흘리는 거 좋습니다. 그럴 때도 있어야지요. 자기가 번 돈에서 30퍼센트 정도는 자기 자신을 위해 쓸 자격이 있지 않을까요? 당신 자신만을 위해 어느 정도 호사를 누리는 경험을 해보십시오. 긍정적인 기분이 들 겁니다. 정신과에서 분노 조절 전문 처방을 받아보십시오. 병력에 남을까 걱정된다고요? '비보험'으로 신청하면 기록이 남지 않습니다.

양 재 진   자기 한계를 벗어난 노력이 불러온 스트레스 탓

감정 노동 강도가 큰 직업군의 하나가 콜센터 상담원이죠. 저도 이분들을 상대로 종종 강의도 하고 상담도 해왔습니다. 이들이 겪는 감정 노동의 실상은 우리의 상상을 뛰어넘어요. 억지와 생떼를 부리는 정도가 아니라, 폭언이나 욕설, 성희롱과 성적 폭언이 넘쳐난다고 합니다. 사람들이 먹고사는 게 힘들어지고 스트레스는 지나치게 쌓이는데 그것을 적절하게 해소하지 못하다 보니 얼굴이 안 보이는 콜센터 상담원들을 화풀이 대상으로 삼는 경우가 많아요. 또한 평소 자신은 항상 남들에게 무시당하고 고개 숙이고 당하고만 살고 있다는 피해 의식 때문에 익명성 속에 숨어 자신을 감추고 자신보다 약하다고 생각하는 그들을 대상으로 '갑질'을 하기도 합니다.

한 가지 짚고 싶은 건, 언제부턴가 우리 사회에 만연한 과잉 친절 역시 심각한 수준이라는 것입니다. "사랑합니다, 고객님!" 도대체 누굴 어떻게 사랑한다는 걸까요? 요즘 고급 레스토랑에서는 종업원들이 무릎 꿇고 주문을 받습니다. 눈높이를 맞춘다고 그런다지만 그렇게까지 할 필요가 있을까요? "고객님, 그 상품은 지금 없으십니다." 친절하다 못해 사람도 아닌 사물에까지 높임말을 붙이는 경우가 허다합니다. 그렇게 안 하면 큰일이라도 날 것처럼……. 서비스 정책이 잘못된 걸까요, 고객 응대 매뉴얼에 문제가 있는 걸까요? 이제 서비스직 종사자들의 과잉 친절을 당연하게 받아들이는 분위기가 돼버렸어요. 그러다 보니 과도한 친절을 베풀지 않으면 무시당했다고 노발대발합니다. 직원들에게 소리 지르고, 욕설하고 무릎을 꿇리는 등 소위 '진상 고객'들이 미성숙하고 비인간적인 '갑질'을 했던 많은 사건들이 있었습니다. 참으로 창피한 일이지요. 얼마 전 모 프랜차이즈 대표가 직영 가게들에 걸어놓은 문구가 화제가 되었습니다. '공정 서비스 권리 안내'라는 글이었는데, 이런 내용이었지요. "우리 직원이 고객에게 무례한 행동을 했다면 직원을 내보내겠습니다. 그러나 우리 직원에게 무례한 행동을 하시면 고객을 내보내겠습니다." 아주 당연한 말인데도 너무나 당연하게 지켜지지 않는 말이지요. '역지사지'라고 상대방의 입장에서 한 번만 더 생각해보는 것은 정말 중요합니다. 당신도 혹시 당한 만큼 되갚아주겠다는 심보는 아닌지요. 그것도 엉뚱한 상대에게. 한번 생각해 봤으면 합니다.

마지막으로 하나 더 말씀드리자면, 그동안 우수 사원으로 뽑히려고 애쓰면서 쌓인 스트레스가 얼마나 많았겠어요. 자기 한계를 벗어날 만큼 노력하다 보면 그에 상응하는 스트레스가 쌓일 수밖에 없습니다. 그 스트레스를 적절하게 해소할 장치가 있어야 하는데, 당신에겐 지금 그게 없어요. 결국 그 스트레스가 당신처럼 감정 노동을 하는 다른 직종 사람들을 겨냥해 터진 겁니다.

평소에 너무 잘하려고 무리하지 마세요. 당신이 할 수 있는 만큼만 남에게 친절하십시오. 당신이 할 수 있는 만큼만 노력하세요. 감당할 만한 수준으로 적당히 노력해야 반대급부로 오는 스트레스도 감당할 수 있는 겁니다. 그래야 비슷한 처지에 놓인 사람들에게 분노를 폭발시키는 일도 없겠죠. 너무 의욕이 넘치다 보니 자꾸 분란이 빚어지는 면도 있다고 봅니다.

어제 마트에서 당신 머릿속에는 이런 생각이 스쳐 갔을 겁니다. '나라면 저런 식으로 안 했을 텐데. 명색이 고객을 상대한다는 사람들이 저따위 태도가 뭐야!' 일종의 친절 강박증이 일상생활 구석구석까지 연장되어 작동하는 것 아닐까요. 그게 당신이 생각하는 만큼 충족되지 않거나 기준에 미달하면, 평소 억눌러 오던 업무 스트레스까지 분출되는 거예요. 괜히 애꿎은 사람만 재수 없게 덤터기 쓰는 셈이죠.

스트레스는 에너지 보존의 법칙을 따릅니다. 스트레스는 스스로 삭인다고 없어지는 게 아니에요. 적절히 해소할 장치나 통로를 만들고, 시시때때로 배출하는 자기만의 노하우를 개발해야 합니다. 들어온 스트레스를 제때에 내보내지 못하니까 엉뚱한 데 쏟아붓고 있습니다. 당신 모습이 딱 그거예요. 강자에게 약하고 약자에게 강한…… 이제 그러지 말자고요. '갑질'한다고 용 되는 것도 아니잖아요.

칼퇴근보다 야근, 휴가보다 출근이 더 좋아

내 나이 서른둘, 광고회사 그래픽 디자이너야. 애인이 있었는데, 헤어지고 솔로 된 지는 이 년쯤 돼. 뭐, 별다른 취미도 없어.

'칼퇴?' 일 년에 한두 번 할까 말까 한 그거? 상당히 오랜만에 듣는 소리로군. 늘 일에 파묻혀 살지만 '칼퇴' 해봐야 어디 특별히 갈 데도 없어. 하던 대로 야근이나 하지, 뭐. 영화 「쇼생크 탈출」을 보면, 교도소 생활 수십 년 만에 가석방된 영감이 바깥세상에 전혀 적응을 못 하는 장면이 나오잖아. 그거 남의 일 같지 않더라고.

급하게 걸려 있는 일 없으면 간만에 책상 정리 좀 해야겠어. 클리너로 PC와 모니터도 싹싹 닦고, 이참에 회의실 테이블과 화이트보드까지……. 회사에 충성할 일 있냐고? 천만에, 그럴 리가 있나. 그냥 습관적으로 퇴근을 미루며 미적대는 거야. 정신없이 바쁜 일과 시간보다 이 시간대가 호젓하니 더 좋잖아.

난 일요일에도 특별한 일 없으면 회사에 나와. '추리닝' 걸치고, 탕수육에 딸려온 서비스 군만두 먹어가며 일하면 더 잘 되거든. 머리 좀 식히고 싶으면 영화 다운로드 받아 보면 되고.

휴가? 난 멍석 깔아줘도 놀 줄 모르는 사람이야. 놀면 뭐해? 한 푼이라도 벌어야지. 안 그래?

이 경 제   "All work and no play makes Jack a dull boy" 놀지 않고 일만 했다가는 바보 되기 십상이다

퇴근하고 재미있게 노는 게 없군요. 연애라도 좀 하셔야 될 텐데…… 애인도 없고, 취미도 없고, 무슨 낙으로 사세요?

저는 술을 참 좋아합니다. 지금까지 한 10톤은 마신 것 같아요. 86년에 대학 생활 시작했으니까, 그때부터 술을 마셨어요. 술 한잔 걸치면서 사람들과 만나 썰을 풀며 노는 걸 참 좋아했습니다. 그러던 제가 술을 좀 줄이게 된 계기가 있었어요. 건강을 위해 술을 좀 끊었던 시기가 있는데, 시간이 무척 안 가더라고요. 하루가 그렇게 긴 줄 몰랐습니다. 그때 술을 못 마시는 친한 후배들과 여러 가지 취미 활동을 했습니다. 스키도 배우고, 웨이크보드(Wake Board) 타는데 따라도 가보고……. 아무튼 술을 안 먹는 친구들은 취미가 다양하더라고요. 그때부터 제 취미 생활도 꽤 다양해졌어요.

당신도 마찬가지예요. 지금이라도, 일부러라도 뭔가 취미를 가져보세요. 누구나 어느 분야든 한 가지는 끌리는 게 있을 테니까요. 당신이 지금처럼 일 말고 할 게 없다는 건 슬픈 일이에요. 나중에 고독해지기 쉽습니다.

이제 나이가 서른둘이면 앞으로 60년은 더 살 텐데 앞으로 어떡하시려고요? 뭔가 당신이 행복한 시간, 당신이 행복한 공간, 당신이 행복한 순간을 의도적으로 만들어야 해요. 제일 쉬운 건 여행인데, 당신은 여행 가면 뭐해, 한 푼이라도 벌어야지, 그러고 있습니다. 그렇게 돈 벌어서 뭐 합니까? 돈은 쓰는 자의 것인데.

인생이 풍요로우려면 다양한 친구들을 사귀는 게 좋아요. 저는 한의사 친구들이 거의 없어요. 의사나 한의사들끼리 모이면 굉장히 지루합니다. 특히 의사들이 외과는 외과끼리, 피부과는 피부과끼리 모여 봐야 별로 새로운 게 없어요. 상당히 재미없습니다. 저는 패션 디자이너, 헤어 디자이너, 사업가, 야구감독 등 다양한 분야의 친구들을 알고 있습니다. 그 친구들 덕분에 제 인생이 무척 풍성해졌습니다. 패션쇼를 보면 이런 세계도 있구나, 야구 경기장에 가서 하루하루 피 말리는 승부에 올인하는 모습을 보면서 정말 승부사답구나……, 이렇게 친구들의 직업 세계를 조금씩 엿보면서 느끼는 경외감 같은 게 있습니다.

당신도 다양한 동호회라든지 여러 모임에 가입해보세요. 일단 시작하세요. 해보고 아니다 싶으면 탈퇴하면 되잖아요. 그건 그때 가서 다른 모임을 알아보면 되는 거고요. 당신조차 잘 몰랐던 당신의 에너지를 발견했으면 좋겠어요. 분명히 있을 거예요. 잘 찾아보세요. 일만 하다 보면 언젠가는 불행해집니다. 잘 놀 줄 알아야 일도 잘하는 법이에요. 당신의 메마른 영혼·육체·지성·감성을 촉촉이 적셔줄 시간과 공간이 분명히 있습니다.

양
재
진
"Übung macht den Meister"
(노는 것, 연애, 대인 관계도) 연습해야 잘할 수 있다

 이렇게 사는 게 괜찮다고 여기는 당신 같은 사람에게 왈가왈부할 수 없다고 생각합니다. 가치관과 생활 패턴은 사람마다 다를 테니까요. 당신의 생각 인정합니다. 다만, 우려되는 점 몇 가지만 말씀드릴게요.

 미혼 여성의 자아는 '여성으로서의 자아(1)', '사회적 존재로서의 자아(2)'로 나눌 수 있습니다. 사회적 존재로서의 자아는 다시 '직업인으로서의 자아(2-1)'와 그 밖의 '사회적 역할을 하는 자아(2-2)'로 나뉩니다. 그런데 당신은 (1)과 (2-2)가 거의 없다시피 합니다. 모든 게 (2-2)로 쏠려 있어요. 자아가 한쪽으로 치우친 불균형 상태라고 할 수 있죠.

 당신은 지금 상황을 별 문제 아니라고 생각하나요? 대수롭지 않다고 여긴다면 겉으로는 괜찮을 겁니다. 그러나 문제는, 위에서 말한 (2-1)이 삐끗하는 상황이 닥치면 나머지 자아가 받쳐주지 못해 와르르 무너질 수도 있

다는 점이에요.

연애 안 한 지는 이 년 됐고, 회사에서 일하는 시간이 좋다고요? 네 좋습니다. 연애를 꼭 하라는 건 아니에요. 지금 당장 급한 건 애인이 아닙니다. 친구가 됐든 애인이 됐든 다양한 관계를 만드는 것이 필요할 것 같네요. 즉, 다른 사람과의 연결·접속·교류……, 이런 게 필요하다는 얘기죠. 당신은 현재 상태로 만족하는 듯 보이지만, 5년, 10년이 지나도 그 상태가 만족스러울까요? 불현듯 외로움이 엄습해 오면 어쩌려고요? 그동안 해본 적 없는 대인 관계를 그때야 만들려고 하면 버거울 게 뻔해요.

연애나 대인 관계는 습관입니다. 어느 정도는 연습이 필요해요. 연습을 많이 해봐야 관계를 유지하는 법도 터득할 수 있는 거예요. 솔직히, 귀찮기도 하고 불편하니까 사람 안 만나려고 하는 거 아닌가요. 누구를 만나든 불편한 심정을 최소화하려면 연습해야 합니다. 습관처럼. 이 습관이 끊기면 나중에 다시 연결하는 것조차 힘들어요. 회사 동료들과의 관계가 어떤지 모르겠지만, 회사 밖의 사람들과 관계 맺는 연습을 해보세요.

당신은 생활의 모든 것을 일 중심으로 배치, 편성하는데, 구분 지을 필요가 있어 보입니다. 휴일에 회사에서 영화 보고 탕수육 시켜 먹는 거 회사 밖에서 하면 안 되나요? 일할 때는 쌈빡하게 하고, 놀 때는 일이야 어떻게 되든 말든 화끈하게 놀 수는 없을까요? 경계와 영역이 명확한 게 좋지 않나요? 일하는 건지, 즐기는 건지, 생활하는 건지 구분 없이 경계가 흐릿해지면 매너리즘에 빠지기 쉽습니다. 술에 물 탄 듯, 물에 술 탄 듯 살아가면 당신이 마시는 건 술도 아니고 물도 아니잖아요. 나중에 회사 그만두면 어떡하려고요. 놀 시간 있으면 한 푼이라도 더 벌겠다고요? 벌면 뭐합니까. 쓸 줄을 모르는데……. 당신은 어렸을 때부터 학창 시절을 거쳐 지금까지 앞만 보고 달려왔을 겁니다. 한눈팔지 못하게 경주마의 눈 옆에 가리개를 댄 것처럼, 하라는 공부만 하고 시키는 일만 하면서. 다른 것은 신경 쓸 겨를도 없었겠죠.

일단, 당신의 급선무는 일과 당신 사이에 거리를 두는 연습입니다. 그다음엔 사람들과 어울리는 법을 익히세요. 연습을 해야 만나야 하는 사람, 만나도 되는 사람, 만나면 안 되는 사람을 구별할 수 있습니다. 그 사람들과 어울리면서 취미 활동 등을 통해 시간 활용법을 배워야 합니다. 돈도 써본 사람이 잘 쓴다고 하지 않습니까. 마찬가지예요. 다른 사람들을 만나 친분을 맺고 공감하고 배려하는 것도 연습하면 더 잘할 수 있습니다. 지금 당장 계획을 세워보세요.

4년간의 재미없는 직장 생활을 근근이 버티며

부서를 옮긴 게 화근이었다. 연구개발팀에 계속 있어야 했는데. 개발팀에서 일 년쯤 지내다 보니 모든 게 만만해 보였다. 의욕은 하늘을 찌를 듯했고, 인센티브로 돈 좀 만지고 싶었다. 지금 와서 생각하면 그땐 내 눈에 뭔가 씌어도 단단히 씌었다.

한류 덕을 톡톡히 보는 화장품 회사에 다니고 있다. 영업·마케팅 업무는 밖에서 보던 것과 달리 나랑 안 맞았다. 날마다 실적 압박에 시달렸다. 마감 때마다 실적 부풀려서 '가라(가짜)' 데이터 작성하기에 바빴다. 현장에서 올라오는 매출 현황, 엉터리라는 걸 뻔히 알면서도 눙치고 넘어갔다.

때려치워야지 마음먹고도 어느덧 4년……. 출산휴가 석 달을 빼면 몸과 마음은 늘 파김치다. 그래도 어쩔 도리가 없다. 시어머니 병시중에, 이제 돌이 갓 지난 아들 기저귀 값이라도 벌려면 계속 버텨야 한다.

인사철만 되면 인력개발부에 보직 변경을 신청했지만, 번번이 기각이다. 업무에 재미를 못 느끼니 인간관계도 겉돈다. 국내 매출 1위인 수원 지사장과 저녁 약속을 잡아놨지만 참으로 귀찮다. 삶이 팍팍하다. 울며 겨자 먹기 식의 직장 생활, 계속해야 할까?

이 경 제 직장 생활에서 재미?
굳이 추구할 건 아니지

당신은 부서를 옮겨서 직장 생활을 굉장히 힘들어하고 있어요. 그래서 또 다른 부서로 가려고 하지만 보직 변경이 되지 않아 굉장히 지쳐 있습니다. 그러니까 당신이 하는 노동이 전혀 즐겁지가 않은 거예요. 그럴 수 있습니다. 저는 노동이 신성하다든가 천직이라든가 하는 표현을 별로 좋아하지 않습니다.

실제 있었던 일인데요, 대기업 디자이너로 근무하는 남자 후배가 있었습니다. 이 친구는 늘 직장이 못마땅했어요. 대기업이다 보니까 조직이 방대하고 아무래도 상명하복이라든가 여러 가지 성에 안 차는 게 있었겠죠. 불만이 많더라고요. 내심 비즈니스를 하고 싶어 했어요. 능력 있는 디자이너다 보니까 다른 데서 제안이 왔습니다. 그래서 회사에 휴직계를 내고 한 3개월 동안 프로젝트를 진행했습니다. 그런데 제가 보니까 투자가 원활하지 않은 회사더라고요. 그래서 지금 다니는 회사에 사표를 절대 내지 말라고 이 친구에게 여러 번 얘기했습니다. 결국 그 친구가 진행하던 프로젝트는 투자가 들어오지 않아 물거품이 되고 말았죠. 다시 회사로 복직했습니다. 지금은 굉장히 고마운 마음으로 다니고 있습니다. 3개월간의 외도 덕분에 이 친구는 자기가 다니는 회사가 얼마나 좋은 기업인지 알게 되었죠. 얼마 전에 만났는데 저한테 선물하면서 얘기하더라고요. 형님 말 안 듣고 사직서를 냈더라면 지금쯤 자기는 구직 활동을 하느라 힘들었을 거라고.

네, 맞습니다. 재미없지요. 뭐가 재미있겠습니까? 저도 한의원을 여태까지 한 23년 했지만 10년은 하기 싫어하고 지겨워했던 것 같아요. 근데 10년이 지나면 어떤 일이 벌어지느냐 하면, 더 이상 다른 일은 할 수가 없어요. 이것 말고 할 수 있는 게 없어요. 친한 고등학교 동창들도 각자 사회생활 10년 넘게 하다 만나면 대화에 통역이 필요합니다. IT 기업 다니는 친구, 방송국에서 일하는 친구, 금융계 친구, 한의원 하는 저, 이렇게 만나서 얘기하면 서로 무슨 말을 하는지 못 알아들어요. 이렇게 10년이라는 세월은 자기 분야에 전문성을 갖추고, 자기의 포지션을 확보하는 기간이 되는 것 같습니다.

여기서 따져봐야 할 게 있습니다. 젊은이들에게 적성을 찾으라고 얘기들하는데, 20대 초반에 적성을 찾으면 얼마나 찾을 수 있겠습니까? 실제 그 일을 10년에서 15년은 해봐야 자기 적성도 깨닫는 것이지요. 그래서 당신이 부서를 옮긴 것이 잘못이라고 생각진 않습니다. 꼭 직장 생활에만 원인이 있는 건 아닐 거예요. 지금 당신은 사는 게 재미없어 보이네요. 일단 여행을 한번 떠나보세요. 휴가 내고 여행 갈 수 있잖아요. 가까운 동아시아도 좋아요. 여행을 갔다 오고 자기를 충전하고 나서 다시 한 번 생각하는 게 좋을 거 같습니다.

**양
재
진**

'가라' 데이터 만드는 당신,
그러다가 삶이 껍데기(가라)만 남을지도 모른다!

뭔가 얻는 게 있으면 잃는 게 있고, 이득이 생긴다면 그만큼 책임도 뒤따르기 마련입니다. 세상만사가 그렇지요. 얻는 것, 보상 등 좋은 쪽만 생각하고 그에 수반되는 것들을 고려하지 않는다면, 어떤 선택 이후에 따라오는 부정적인 것들, 책임 때문에 힘들어져요. 직장 생활에서든 사람 관계에서든 똑같습니다. 그런데 우리는 흔히 눈에 보이는 좋은 것만 생각하고 그쪽으로 갑니다.

당신은 화장품 회사 연구개발팀에 있다가 자신감도 생기고 인센티브도 더 받고 싶어서 영업·마케팅부로 옮겼어요. 연구개발팀에서 계속 근무했다면 인센티브가 없었겠지만 대인 관계 스트레스는 지금보다 적었을 겁니다. 제품 개발에 집중하면 되고 그 안에서 안정적으로, 맘 편하게 일할 수 있었겠죠. 그렇지만 부서를 옮기고 보니 사람 상대하는 일이 점차 힘들어지고 실적에 대한 부담이 어깨를 짓누릅니다. 급기야 허위 데이터까지 만들어 실적 현황을 부풀리면서 고통의 악순환에 빠져듭니다. 그만두고 싶은 생각도 들지만 여기저기 돈 들어갈 곳을 생각하면 그런 결정을 내리기도 쉽지 않습니다.

왜 이렇게 됐을까요? 자신을 한번 돌아보십시오. 당신은 연구개발팀에서 잘 지내면서도 다른 것에 욕심을 냈어요. 무엇을 바란 것일까요? 돈, 실적, 일 잘한다는 평판, 승진 같은 것이겠죠. 자신의 능력이나 적성을 생각하지 않고 남들의 욕망에 당신을 맞춘 겁니다.

사람이 지쳤으면 당연히 한숨 돌릴 시간과 공간이 필요합니다. 그런데 조사에 따르면, 우리나라 맞벌이 여성은 남성보다 4.7배 더 많은 가사 노동을 한다고 하죠. 회사에서 뼈 빠지게 일하고 나서, 집에 와서도 또 일에 매달리니 에너지가 소진될 수밖에 없어요. 그러니 생활에 활력이 생길 리가 있나요. 그런데도 우리나라의 30~40대 워킹우먼들은 가정과 직장에서 모두 혼신의 힘을 다하는 '슈퍼우먼 신드롬'에 시달리는 것 같아요. 남편과 똑같이 돈을 벌고 사회생활을 하면서도 좋은 아내, 좋은 엄마, 좋은 며느리 역할까지 해야 한다는 무언의 압박을 받습니다. 당신도 시어머니 병시중을 걱정하고 있잖아요. 며느리의 도리를 다해야 한다는 부담감이 늘 가슴 한쪽에 자리 잡고 있는 거예요.

어렵더라도 남편과 상의해서 집안일을 나누어 맡는 시스템을 만들어야 합니다. 모든 것이 겉돈다는 느낌은 당신에게 중요한 신호를 보내고 있는 겁니다. 지금까지의 인생에 제동을 걸고 냉정히 평가한 다음 재정비를 하라는 신호지요.

당신이 만들고 있는 '가라' 데이터……, 조심해야 합니다. 자칫하면 당신의 삶이 떳떳하지 못한 '가라'가 될 수 있어요. 당신 인생, 여기서 잠시 멈출 필요가 있습니다. 회사를 그만두건, 정신 차리고 다시 시작하건 당신에게는 새로운 호흡이 필요합니다. 냉정히 자신을 돌아보십시오. 그리고 당신과 삶을 함께하는 남편, 친구, 가까운 동료와 상의하고 새로운 선택을 할 힘을 확보하십시오.

일하는 엄마의 죄책감

아침마다 한바탕 전쟁이다. 세 살배기 아이를 깨워 어르고 달래면서 씻기고, 먹이고, 옷 입혀, 아침 8시부터 문을 여는 어린이집에 맡긴 다음 회사로 달음질친다. 불광동에서 테헤란로까지 한 시간 안에 끊어야 한다.

아이는 헤어질 때마다 울고불고 난리다. 매번 눈물의 이별이요, 마치 드라마 한 장면 찍는 것 같다. 짠하다. 6개월이 지났는데 아이의 분리불안은 더 심해지는 것 같다. 필사적으로 내 목에 매달리는 아이의 보송보송한 팔을 억지로 떼어낼 때는 통곡이라도 하고 싶다.

'회사 당장 때려치우든지 해야지 지금 뭐하는 짓인가?'

아이는 어린이집 종일반에서 지낸다. 퇴근 때는 출근의 역순으로 전쟁이 벌어진다. 내가 늦어지는 만큼 아이가 보육교사에게 눈총을 받고 있을지도 모른다. 어떤 때는 아이가 담임교사한테서 안 떨어지려 한다. 하루 만에 서먹해졌는지 모르는 사람 쳐다보듯 할 때도 있다.

나도 힘들고, 애도 힘들다. 워킹맘 이 짓거리 계속해야 할까?

190

이
경
제

워킹맘과 워킹대디는 같은 부모

워킹맘으로 일한다는 것으로 죄책감을 느끼지 마세요. 사회로 나가 돈을 벌고, 먹고살기 위해 일을 한다는 건 정말 훌륭하고 대단하다고 생각합니다. 그런데 이렇게 생각하는 엄마들도 있더군요. "몇 푼 되지도 않는 돈, 아이 양육비에 쓰고 나면 남는 것도 없어. 이럴 바엔 일 그만두고 육아에 전념하는 게 낫겠어." 제발 그러지 마십시오.

일하는 게 당신의 적성에 맞고 소명 의식이 있다면 일을 계속하는 게 맞습니다. 그 돈을 전부 육아에 쓰면 어떻습니까. 우리나라는 보육 환경이라든가 아이를 봐주는 시설이나 기관이 잘 되어 있는 편이 아닙니다. 회사에서도 워킹맘을 위한 배려는 거의 없어요. 우리나라에서 맞벌이하는 여성의 고충은 제가 익히 들어 잘 압니다.

애가 좀 자라면 훨씬 낫지요. 한 3년만 바짝 고생하세요. 그러면 워킹맘으로 떳떳하게 자녀 앞에 설 수 있습니다. 애들이요? 일곱 살 전의 일은 별로 기억 못 해요. 기억한들 별로 중요하지도 않아요. 밥 먹이고 키워주면 엄마로서 이미 최선을 다하고 있는 거예요. 뭘 더 잘하려고 합니까? 워킹맘으로 사는 게 보기 좋습니다. 애 키운다고 경력이 단절되면 나중에 다시 연결하기도 수월치 않아요.

이제 90세, 100세를 사는 시대가 되었습니다. 직업을 서너 가지는 가져야 할 판이에요. 앞으로의 생계를 위해서라도 일해야 하지 않을까요. 아이는 몇 년쯤 지나면 알아서 쑥쑥 잘 커요. 그때쯤이면 부모랑 놀려고 하지도 않습니다. 앞으로 50년, 60년을 대비하기 위해 지금 하는 일도 잘하고 새로운 직업에 대한 관심도 열어두면 좋겠습니다.

양재진

온종일 아이와 같이 지내봤자
헛심 쓰는 시간이 더 많다

'엄마가 아이를 돌보는 시간이 아이에게 미치는 영향의 상관관계' 워킹 맘이 많은 미국에서 이런 주제를 가지고 꾸준히 연구해왔습니다. 연구 결과의 핵심만 뽑으면 이래요. "같이 있는 시간의 양보다도 친밀감의 강도가 더 중요하다" 얼마나 밀도 있게 놀아주느냐가 중요하다는 얘기입니다. 짧은 시간이라 해도 아이와 오가는 정서적 교류, 커뮤니케이션의 질, 최선을 다하려는 마음가짐과 태도가 중요하지 온종일 같이 지낸다고 더 좋은 건 아니에요.

워킹맘들은 대체로 하루에 두 시간에서 네 시간 정도를 아이와 보냅니다. 온종일 아이와 같이 보내는 엄마라도 밀도 있게 아이와 교류하는 시간은 두세 시간을 넘지 않습니다. 그러니 죄책감 느낄 필요 없어요. 아이와 지내는 시간만이라도 정성을 쏟으면 충분합니다.

지금은 부족한 엄마처럼 느낄 수도 있습니다. 하지만 아이가 초등학교 고학년쯤 되면 또래 집단과 어울리며 자기만의 배타적인 시간을 가지려고 할 거예요. 그리고 그 정도 나이면 가정주부 엄마보다 일하는 엄마를 더 자랑스럽게 여깁니다. '빈 둥지 증후군(empty nest syndrome)'이라고 하죠? 가정주부 중에 아이가 커가면서 빈자리를 느끼고 자신의 사회적 자아가 없다는 걸 힘들게 여기는 사람이 의외로 많습니다. 워킹맘인 당신은 그때쯤에 많은 보상을 얻을 거예요. 아이에게 존중과 인정을 받고, 자기 생활이 있기 때문에 아이가 떨어져 나가도 버틸 수 있으니까요.

그런데 당신 질문에서 전혀 거론되지 않은 사람이 있군요. 남편 말이에요. 아이를 아침에 어린이집이나 유치원에 데려다 주고 저녁에 데려오는 것도 당신 혼자서 하나요? 아이 양육은 부부의 공동 책임입니다. 이 점을 남편에게 분명히 짚고 넘어가야 합니다. 요즘 애 맡기고 데려오는 것 정도는 요일 정해서 번갈아 하는 부부 많아요. 회식, 야근 있을 때면 상대방의 편의를 봐주잖아요. 그런 생활 태도를 갖추어야지 혼자서는 절대 못 견딥니다. 남편에게 요구할 건 요구하고, 부탁할 건 부탁하고, 해야 할 일을 나누세요. 꼭 그래야 합니다.

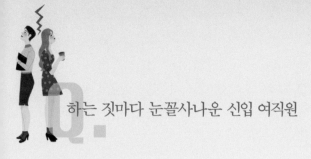

하는 짓마다 눈꼴사나운 신입 여직원

"○○○씨, FGI 결과보고서 언제 볼 수 있어? 내일 아침까지 인트라넷에 첨부 파일로 올려놔. 알겠지?" 퇴근 채비를 하며 업무 지시를 하는 내 말에 빛과 같은 속도의 반응이 돌아온다.

"오늘 저녁은 안 돼요. 중요한 소개팅이 있거든요."

어쭈, 이것 봐라. 한 음절, 한 음절 당당하게 대답한다. 그냥 '약속'도 아니고 '소개팅'이란다. 인턴 땐 고분고분 지내더니, 정직원 발령받고 한 달, 슬슬 기어오르기 시작한다. 우리 땐 까라면 그냥 깠는데, 이거야 원.

그런데 애는 남자 직원들한테 헤픈 웃음 흘려가며 툭하면 애교질이다. 어떻게 하는 짓마다 불여우일까. 눈꼴시다. 싱그러운 미소, 화사한 옷맵시, 하이톤 목소리……. 남자들은 좋겠다. 영계 한 마리 납시었으니 분위기도 산뜻해지고 말이다.

뭘 해도 내가 늘 중심이라고 자부해왔는데, 정신 차려보니 어느새 가장자리로 밀려나 있다. 전셋값 감당 못 해 강남 한복판 아파트에서 변두리 빌라로 이사해야 하는 심정이 이럴까!

조만간 군기 좀 잡을까 보다. 신입사원한테 직장 생활 하는 법 좀 가르치겠다는데, 내가 속 좁은 건가?

이
경
제

군기 잡기 전에
자신을 먼저 확립하시라

'군기'라고 했나요? 군기를 잡으려면 군기 잡는 정확한 이유를 대야 합니다. 감정적으로 반응하지 마십시오. 후배 여직원이 당신을 꼴사나운 상사로 보기 십상입니다. 이 문제는 객관적으로 파악하는 과정이 필요합니다. 요즘은 회사에서 중간 관리자 노릇 하기 참 힘들어요. 지금 20대는 정말 말을 안 듣죠. 저도 한의원 직원을 뽑으려고 하면, 20대는 면접에 오지 않습니다. 세상이 그렇게 돌아가는 걸 어쩌겠어요. 받아들이세요, 그런 세상이에요.

당신이 살았던 시절의 이데올로기가 옳다고 생각하지 마십시오. 물론 신입 여직원이 다 옳은 것도 아니에요. 그냥 각자의 입장이 있는 겁니다. 입장이 다르다는 것을 인정해야 해요. 역지사지(易地思之)란 이럴 때 발휘해야죠. 그 여직원은 그런 식으로 살아온 인생이에요. 인생 가치관의 충돌인데, 세대 간의 갈등에 대해 저는 이렇게 생각합니다. 나이 좀 많다고 아랫사람에게 간섭할 권리가 있다는 생각은 바뀌어야 해요. 제가 그렇게 오래 살지는 않았지만, 이날 이때까지 저는 한 번도 남을 설득하려 든 적이 없고, 한 번도 남을 가르치려 든 적도 없습니다. 어떤 사안이나 일에 대해서 그냥 제 견해를 이야기할 뿐이지, 저는 남을 바꾸고 싶지도 않고 바꾸려고 해본 적도 없습니다. 환자를 진찰할 때도 마찬가지입니다. 침이 아파서 맞기 싫다고 하면 "그럼 맞지 마세요" 합니다. 한약이 먹기 싫다고 하면 먹지 말라고 합니다. 사람의 자유의지에 거스르는 일은 한 번이라도 해본 적도, 강요한 적도 없습니다.

과연 당신이 그 여직원의 행동을 객관적인 입장에서 보는 것인지, 아니면 당신의 취향에 거슬리기 때문에 길들이려는 차원에서 잔뜩 벼르고 있는 건 아닌지 생각해보기 바랍니다. 제가 보기엔 두 가지가 섞여 있는 것 같습니다.

군기를 잡더라도 남의 일에 지나치게 간섭하려는 경향이 있는지, 나이 들어가면서 생기는 상실감을 젊은 직원을 괴롭힘으로써 보상받으려 하는 건 아닌지 등 여러 요인을 체크한 다음에 잡는 게 좋겠습니다.

양
재
진

고루한 사고방식의 '끝판왕'이 되지 않으려면
군기 잡으려는 생각을 버리시라

'세대 전쟁'을 자초하고 있군요. 돌아가는 모양새를 보건대, 당신이 후배 여직원한테 싸움을 걸고 있는 형국입니다. 곰곰이 생각해보세요. 지금 40대 이상 세대와 20~30대가 조직 내 인간관계를 바라보는 관점은 상당히 다르잖아요. 그럴 수밖에 없겠죠. 40대 이상 세대는 회사 조직을 상하 수직적인 위계 관계로 이해합니다. 따라서 후배 직원들을 함께 일하는 동료라기보다 아랫사람, 부하쯤으로 여깁니다. 이것은 우리 사회에 깊이 뿌리내린, 군대 문화에서 기인한, 압축 고도성장에 필요했던 방식의 조직 문화입니다.

상하 수직 관계는 위에서 하달한 명령을 바로 이행할 것을 요구하므로 신속한 목표 달성에는 효과적입니다. 그러나 그 과정에서 다른 의견 또는 힘없는 사람의 목소리는 짓밟히고 희생됩니다. 몇 년 전까지만 해도 이런 문화가 가정·학교·직장 등 모든 조직에 퍼져 있었죠. 한마디로 "까라면

까야 하는" 문화예요. 과거에는 윗사람이 말할 때 아랫사람이 똑바로 쳐다보기만 해도 혼이 났어요. 자기 의견을 말하면 말대꾸한다고 욕을 먹는 억압적인 문화였습니다.

이제 이런 문화는 통하지 않습니다. 특히나 젊은 세대에게는 더욱더……. 지금 20대와 30대 초반은 어떤 사람들일까요? 외동아이이거나 많아야 두 명 정도의 자녀만 있는 가정에서 금이야 옥이야 대접받으며 자란 세대입니다. 부모, 특히 엄마의 온갖 사랑과 관심을 독차지하며 자랐어요. 또한 학교에서도 체벌 금지 움직임이 확산되는 분위기에서 성장했어요. 조직 내 억압을 훨씬 덜 받고 자란 사람들입니다.

젊은 세대는 조직의 가치에 자기를 맞추기보다 자신의 가치, 자아실현을 더 중시합니다. 즉, 회사라는 조직은 자신의 가치를 인정받거나 자아실현을 위한 수단이나 도구, 혹은 거쳐 가는 과정으로 생각합니다. 이런 세대에게 구시대의 가치관을 요구하는 것은 갈등을 낳을 수밖에 없어요. 요즘 젊은 직장인들은 회사에 얽매이려 하지 않습니다. 돈은 자기를 위해 번다고 생각하며, 퇴근 이후는 온전히 자기 시간이라고 여기죠. 이런 사람들에게 내일까지 완성해 놓으라고 퇴근 시간에 일거리를 던지면 갈등이 안 생기는 게 이상한 일이죠.

윗사람인 당신이 명령만 하면 아랫사람이 들으리라고 기대하나요? 당신은 지금 당신이 잘못 배운 조직 문화를 강요하고 있어요. 당신에게 익숙한 상명하복식의 관계는 성숙한 문화가 아니라는 것을 알아야 합니다. 세대의 가치관 차이를 이해하고 인정해야 합니다.

나이 들면 잃는 게 많습니다. 젊음, 아름다움 같은 것이죠. 그러나 얻는 것도 있습니다. 연륜·지혜·성숙함 등이 바로 그런 것입니다. 오랫동안 직장 생활을 하면서 쌓은 경험은 무엇과도 바꿀 수 없는 당신의 장점입니다. 젊은 후배 직원을 질투할 게 아니라 그 장점을 활용할 생각을 하세요. 자신이 잃은 것만을 아쉬워하고 젊은 여직원을 시샘하는 것이라면 당신은 그동안 헛경험만 쌓은 거예요. 헛똑똑이로 살아온 셈입니다.

그 신입 직원은 발랄함은 있을지언정 주변과 어우러지는 힘은 부족할 겁니다. 신입 직원은 경험이 부족해 주변 동료, 상사에게 의지해야 하지만, 당신은 동료와 부하 직원이 의지하는 버팀목이 될 수 있습니다. 그 후배는 업무를 리드할 수 없겠지만 당신은 리더가 될 수 있습니다. 그런 당신의 장점을 키워나갈 생각을 하세요. 당신의 경험·직급·연륜에서 우러나오는 어울림의 힘을 발휘하란 말입니다.

마지막으로 하나만 더. 군기 잡는다는 생각은 버리세요. 독재 시대의 그림자가 어른거리는 그런 용어를 사용하는 자체가 당신을 더욱 치졸하고 초라하게 만들 뿐입니다. 지금은 군기로 통하는 세상이 아니잖아요.

Q. 말 많고 탈 많은 회식 술자리

출판사에 다니는 5년 차 디자이너입니다. 술을 못 하는 편이지만 그래도 어쩌겠어요. 회식 때마다 분위기 맞춰준다고 소주 석 잔 정도는 마십니다. 제 딴에는 정말 최선을 다하는 거예요.

2차로 노래방이나 단란주점에 가면 더 가관이에요. 폭탄주에다가 성희롱에 가까운 음담패설은 기본이고, 「가요무대」에나 나옴직한 흘러간 옛 노래가 주야장천 이어지는가 하면, 누군가 발라드라도 부를라치면 꼭 꼰대들이 나서서 싫다는 사람 억지로 끌고 나가 블루스를 당기려고 한다니까요. 게슴츠레한 눈길도 볼썽사납지만 손놀림 역시 개차반이에요. 조금이라도 틈을 보이면 여기저기 마구 더듬을 기세예요. 주위에서 말리기는커녕 히죽거리며 분위기 띄우는 대리, 과장급 선배들도 영 못마땅해요.

이건 직원들 스트레스를 풀어주겠다는 건지, 자기네들 스트레스를 풀고 싶다는 건지……. 아무리 단합이 중요하다지만 이건 좀 아니잖아요. 요즘 같은 시대에 분위기 파악 못 하는 우리 회사 회식 문화, 구리다 못해 한참을 덜떨어진 거 아닌가요? 다른 건 다 괜찮은데 회식 때문에 회사 다니기 싫어질 정도니 어떡해야 하나요?

이 경 제 회식이란, 한 조직에서 권력의 위계와 기강을 은연중에 일깨워주는 자리

이런 문화, 이제 바꿔야 해요. 저희 한의원은 회식이 없습니다. 고기 먹고 싶다고 하면 고기 먹는 비용을 직원들에게 지원해줍니다. 회식을 왜 꼭 해야 하나요? 저는 21세기에 없어져야 할 문화 중의 하나가 회식이라고 생각해요.

저는 대학에 다닐 때 이런 문화를 많이 목격했어요. 굉장히 싫어했습니다. 경멸했지요. 선배들이나 교수들이 여대생들을 술집, 요정의 기생 대하듯 하는 모습도 봤어요. 요즘 뉴스에도 많이 나오죠. 세상 많이 좋아졌다고 해도 이런 사고방식을 가진 남자들 아직 많아요. 성희롱에 가까운 수작을 하는 사람들이야 그럴 마음이 아니었다고 발뺌하겠지만, 당신이 성희롱 같은 불편함을 느꼈으면 그게 바로 성희롱이라는 얘기죠.

저는 모임 자체를 싫어합니다. 동문회도 안 나가고, 이런 획일적인 문화 아주 경멸합니다. 그렇다고 회식 때문에 고민하는 당신에게 회사를 그만 두라고 권할 수도 없고……. 제 사촌 동생은 비슷한 이유로 회사를 그만두 었습니다. "내 기수 아래로 다 나와" 그러면서 백댄스를 강요하는 선배를 보고 그날로 때려치웠지요. 이런 집단 문화, 바뀌어야 합니다. 이젠 신입 사원들이 참으려 하지 않을 거예요. 새로운 사람들이 들고일어날 거예요.

회식 자리에서 술 먹기가 힘겨우면, 약을 먹고 있다고 둘러대십시오. "지금 내과에서 처방해준 약을 먹고 있으니 술 먹으면 안 된다"고 얘기하 세요. .

요즘은 술 먹는 대신 볼링을 한다든지, 연극이나 영화 관람 같은 문 화 행사를 한다던데, 마음 맞는 동료들과 상의해서 그런 쪽으로 회식 을 유도해보세요. 5년 차 짬밥이면 미들필더 노릇 할 때도 됐잖아요. 관행이란 게 하루아침에 바뀌지는 않겠지만.

say

**양
재
진**   가만있으면 제 버릇 개 못 준다.
맞짱 뜰 각오로 거사를 준비하시라

요즘이 어떤 세상인데…… 원하지 않는 사람 억지로 끌고 나가 블루스 추고 몸을 더듬으려 한다고요? 이건 성희롱 정도가 아니라 성추행이에요. 범죄 행위죠. 100퍼센트 걸립니다.

당신은 왜 신고하지 않나요? 직장 상사인데 어떡하느냐고요? 만약 그런 생각으로 아무것도 못 하겠다면 그냥 꾹 참으며 사세요. 행동하지 않으면 바뀌는 건 아무것도 없습니다. 회사에서 왕따를 당하건, 회사를 그만둬야 하는 사태가 오건 간에 냉정한 마음으로 고소해야 합니다. 그리고 범죄 사실을 신고하고 스스로를 지키려는 정당한 노력에 대해 불이익을 주는 회사라면 당장 그만두고 다른 곳을 알아보는 것이 더 나을 것입니다. 경제적인 부분을 해결하기 위한 곳일 뿐 아니라 자아실현의 장이기도 한 회사가 부당하고 부정한 것을 옹호하거나 지지하는 곳이 되어서는 안 됩니다.

회식 때문에 회사 다니기 싫을 정도라고 했죠? 그 말은 이런 논리하고 똑같은 거예요. "이 남자 다 괜찮아. 술만 안 마신다면." 생각해보세요. 술 먹고 폭언을 내뱉고 폭력을 행사하는 사람한테 "술만 안 마시면 이 남자 참 괜찮아"라고 하는 것과 "회식만 이렇게 안 하면 이 회사 괜찮아" 하는 것이 뭐가 다른지……. 수많은 다른 장점이 있더라도 내가 참고 견딜 수 없는 단점이 하나라도 존재한다면 그 사람이나 그 회사와는 관계를 정리하고 멀리하는 것이 좋습니다.

성추행으로 고소하세요. 그런 덜떨어진 인간들이 발붙이지 못하는 문화를 만들어나가야 합니다. 만약 회사에서 은근슬쩍 없었던 일로 덮으려 하고, '네가 문제다'라는 식으로 몰아간다면, 당신은 그런 회사에 다닐 수 있겠어요? 다니고 싶겠어요? 다닐 필요도 없는 회사입니다. 다 때려치우고 본때라도 보여야죠. 누가 대신해주리라 기대하지 마세요. 당신이 나서서 당당히 고소하라고 응원해주고 싶습니다.

물론, 성추행을 당하는 상황에서 그 즉시 거부하지 못한 자신이 한심하다거나 무기력하게 느껴질 수도 있습니다. 그 순간에는 누구라도 당황할 수밖에 없었을 겁니다. 다수가 묵인하고 즐기는 분위기에서 강력히 거부하거나 정색하며 나서는 것은 어려운 일입니다. 또한 약자인 당신이 직장 상사를 고소할 경우 불이익을 받지 않을까, 직장을 잃지는 않을까 하며 불안해하는 것도 충분히 이해합니다. 하지만 용기를 내서 떳떳하게 맞서는 게 맞습니다. 그게 옳은 길이에요. 고소하십시오. 세상을 바꾸려면 행동해야 합니다.

TAKE_5

가족이 웬수?

Families, I hate you! Shut-in homes, closed doors,
jealous possessions of happiness
"가족이여, 나는 그대를 증오한다! 집 안에 틀어박혀 문을
꼭 처닫고 자기들끼리만 행복을 독차지하려는 꼴이라니."

_ 앙드레 지드(André Gide), 프랑스 소설가

가족

'가족'이라는 말처럼 양가감정을 불러일으키는 단어가 또 있을까? 든든하
다·편안하다·안온하다·정겹다·곰살궂다 따위의 긍정적인 느낌이 한 축
이라면, 서운하다·들볶다·떨떠름하다·먹먹하다·앵돌아서다·지겹다 등
속의 부정적인 소회가 다른 축을 차지한다. 말하자면, 가족이란 친애하
는 원수이자, 의뭉스러운 피붙이인 동시에, 살가운 앙숙이기도 하다. 웃
고 있어도 왠지 코끝이 찡해지고, 다시는 안 볼 듯이 으르렁대다가도 오
랜만에 만나면 언제 그랬냐는 듯 헤벌쭉 대며 뒤엉키는 '웃픈' 관계가 바
로 가족이다. 그런 가족도 시대의 변화 앞에 새로운 모습을 띤다. 결혼을
통해 구성된 가족의 자기 파괴, 즉 이혼은 예삿일이 되었다. 긍정적으로
작용했든 부정적으로 옭아맸든, 우리가 끈끈한 '유대감'이라고 일컬었던
것이 세월의 흐름에 마모되고 점착도는 현저히 떨어졌다. 농경시대의 대
가족과 산업화 시대의 핵가족을 거쳐 이제 가족 구성원은 점점 개별화,
파편화되어 가고 있다. 기러기 가족을 비롯해 독신 가족, 한 부모 가족,
다문화 가족, 조손 가족, 동성 가족 등 그 형태와 종류도 다양해졌다. 이
렇듯 전통적인 가족의 모습이 해체되어 가는 시대에 가족이 지니는 의미
는 무엇일까? 그것의 대안은 과연 있으려나?

벗어나고파, 엄마에게서

온라인 쇼핑몰 업체에서 패션 MD를 담당하는 직장생활 4년 차 대리다. 6년 전 아버지를 떠나보내고 홀로 된 엄마와 같이 살고 있다.

엄마의 치맛바람은 초딩 때부터 유명했다. 중고딩 때는 대입 전문가를 자처하며 학원 뺑뺑이 운전기사 노릇 하면서 나를 뒷바라지했고, 결국 재수까지 시켜 나를 명문대에 집어넣었다. 이제 날 놓아주려나 했는데 웬걸, 강의 시간표까지 감 놔라 배 놔라 했다. 전형적인 '헬리콥터맘'이다. 언제나 내 주위를 배회한다. 그게 삶의 낙인 것 같다.

취업 과정에 하나하나 관여한 것은 물론, 남자친구까지도 점지하려고 한다. 누구는 인물이 모자라 안 된다느니, 누구는 장래성이 없다느니, 누구는 그쪽 집안 종교가 맘에 안 든다느니, 누구는 기어코 생년월일과 태어난 시각까지 알아내고는 중년 운에 역마살이 끼었다느니 태클을 걸며, 일일이 품평회 하듯 촉을 드리운다.

그뿐 아니라 화장, 옷차림 같은 시시콜콜한 것까지 잔소리, 잔소리, 또 잔소리…… 딸과 관련된 모든 것을 챙겨야 직성이 풀리나? 도대체 내 나이가 몇인데, 낼모레면 꺾어진 환갑이잖아!

누가 제발 우리 엄마 좀 말려줬으면 좋겠다. 애인이라도 소개해드릴까? 그러면 좀 나아지려나?

이경제 자유를 만끽하고 싶다면, 단호한 결별이 필요하다

먼저, 짚고 넘어갈 것 한 가지. 어머니한테 아직도 경제적인 지원을 받고 있나요? 그렇다면 어머니에게도 자녀의 삶에 간섭할 수 있는 일정한 지분이 있다고 봅니다. 만약에 경제적으로 독립했는데도 사사건건 간섭을 한다면 멀리 이사 가십시오. 어머니가 알지 못하게 현관문 패스워드를 바꿔버리세요. 살다 보면 단호한 결별이 필요할 때도 있습니다.

전화하지 마십시오. 그리고 당신도 어느 순간에 어머니로부터 독립하겠다는 것을 단호하게 말씀드려야 합니다. 아직 어머니와 같이 산다고 했죠? 경제적으로 의존한다면 미주알고주알 참견 좀 들어야 해요.

이런 경우도 있을 겁니다. 어머니가 연로해서 경제적 능력이 없는데, 당신이 돌봐야 하기 때문에 같이 사는 경우죠. 어머니에게 경제적인 능력이 없으면 잔소리하면 안 되죠. 오히려 고마워해야 하고 딸의 잔소리를 들어야 합니다. 돈을 주는 쪽이 '갑'이니까요.

"왜 그렇게 엄마는 사사건건 간섭이세요?"라고 직설적으로 얘기하는 게 좋습니다. 상처를 주는 게 낫습니다. 상처를 주지 않으면 상대방은 바뀌지 않습니다. 상처는 자극이고, 그래야 알아차립니다. 집착과 간섭을 사랑이라는 말로 포장하지 않았으면 좋겠어요. "엄마, 이러지 마세요"라고 정확히 얘기하십시오. 누울 자리를 보고 다리를 뻗는다고, 딸의 태도가 우유부단하니까 어머니도 그렇게 행동하는 거예요. 단호하게 '노'라고 하는 것이 필요합니다. 그러면 돼요. 해보세요. 작은 것부터 시작하세요.

"넌 여자가 왜 이렇게 늦니?" 하고 어머니가 꾸짖었다고 합시다. 그러면 "저, 안전한 데서 친구들과 만나고 왔으니까 늦는 거에 대해서 더 이상 얘기하지 않았으면 좋겠어요"라고 얘기하고, "저는 성인이니까 엄마한테 이런 얘기를 더 이상 들을 필요는 없는 것 같네요. 법적으로도 그렇고 제 개인적인 감정으로도 그래요" 하면서 독립을 선언하십시오.

만약 어머니가 "너 그러면 내 딸 아니야. 앞으로 다시는 너 안 보련다" 하시면 안 보면 됩니다. 인생은 때로 이런 단호함이 필요해요. 항상 아쉬운 쪽이 다시 연락하게 돼 있습니다. 혹시 어머니와 인연이 끊기는 걸 걱정해서 계속 매여 산다면 어머니를 죄인으로 만드는 것이고 본인도 불행해질 뿐입니다.

단절, 지금은 그것이 필요할 때입니다. 무슨 거창한 것 생각하지 말고 당신이 불편하게 여기는 것부터 시작해보세요. 어머니가 참견하는 것을 하나하나 걷어나가다 보면 당신이 어머니와의 관계를 어떻게 풀어나갈 것인가, 그 윤곽이 잡힐 겁니다.

양재진 일단, 당신 모습이 어머니 눈에 안 띄어야 한다.
웬만하면 짐 싸들고 나가라

어머니가 그렇게 행동하는 데는 여러 가지 이유가 있을 거예요. 자식을 통해 자신이 못다 이룬 꿈을 대신 이루어 대리만족을 하려는 보상 심리 때문일 수도 있습니다. 자식에게 헌신하는 희생적인 어머니의 아이콘이 되어서 삶의 명분을 그런 활동에서 찾고 싶어 그런 것일 수도 있고, 아니면 배우자에게서 받지 못하는 사랑과 관심의 대체물로서 자식과의 관계가 필요한 것인지도 모릅니다.

이유가 무엇이든 인생에서 어머니 자신과 배우자의 자리는 온데간데없이 사라지고 말았습니다. 모든 것을 자식에게 쏟아붓는다고 하지만 아이에게나 있을 법한 분리불안 증상을 오히려 어머니가 느끼며 한시도 자식한테서 떨어지지 않으려고 합니다. 게다가 자식과 관련된 모든 일에 자신이 관여하고 통제해야 직성이 풀리는 어머니상입니다.

가족이
웬수?

이런 상황을 타개하려면 당신이 바뀌는 수밖에 없어요. 어머니 덕분에 지금까지 살아온 당신이 어머니와의 관계 속에서 먼저 변해야 합니다. 자식으로서의 도리는 하되 어머니에게 독립을 선포하고, 당신은 당신 나름의 인생을, 어머니는 어머니의 인생을 독자적으로 살아갈 수 있도록 변해야 합니다.

'말이야 쉽지'라고 생각하겠죠. 맞습니다. 말만큼 쉬운 건 절대 아니에요. 직장 생활 4년 차라고 했으니 경제적 능력이 어느 정도 있을 거예요. 부모로부터 독립한다는 것은 신체적인 독립, 경제적인 독립, 정신적인 독립, 이렇게 크게 세 가지의 독립이 있습니다. 가장 중요한 것은 경제적인 독립이에요. 경제적으로 독립해야 신체적인 독립도, 정신적인 독립도 가능합니다. 신체적인 독립이란 어머니의 배 속에서 있다가 출산을 통해 어머니로부터 분리되는 것이라고 말하는 사람들도 있지만, 저는 부모의 집을 벗어나 혼자서 살아가는 것을 진정한 '신체적인 독립'이라고 생각해요. 그리고 이런 신체적인 독립을 위해서는 경제적인 독립이 우선되어야 하는 것이고요. 정신적인 독립 또한 경제적인 독립이 우선해야 가능합니다. 경제적으로 부모에게 의지하면서 진정한 독립을 주장할 수는 없겠죠.

과거에는 20대의 꿈이 집에서 나와 혼자 사는 것이었는데 요즘은 아니더라고요. 언제부터인가 20대들은 독립을 싫어하게 됐어요. 집에 있으면 밥도 주고, 청소나 빨래 같은 집안일도 안 하면서 편하게 지낼 수 있는데 귀찮고 힘들게 왜 독립을 하냐고 생각하는 것 같아요. 부모 역시 이렇게 험악한 세상에 혼자 지내도록 놔둘 수는 없다며 자식의 독립을 반대합니다. 이렇게 양쪽의 이해관계가 맞물리면서 이른바 '캥거루족'이 만들어지는 거예요. 그러다가 자식이 30대에 접어들기 시작하면 부모의 기존 입장에 변화가 생기기 시작하죠. 생각해보세요. 30대를 훌쩍 넘기고 40대가 됐는데도 아직까지 제 낯가림도 못 하는 자식의 모습에 얼마나 복장이 터지겠어요. 결국은 부모의 불안과 욕심 때문에 스스로의 인생을 독립적으로 살 준비가 전혀 되어 있지 않은 자식에게 분노와 푸념을 쏟아내고, 자식은 자식대로 당연히 그렇게 살아왔는데 갑자기 나가라는 부모가 이해가 안 되기에 반항합니다. 가르친 적이 없으니 배운 것도 없을 수밖에요. 부모의 품을 벗어나 따로 살아야, 즉 신체적으로 독립해야 정신적인 독립이 가능한데, 신체적인 독립은 경제적 독립이 선행되어야 합니다.

그럼 얼마가 있어야 경제적 독립이 가능하느냐고요? 그런 기준이 있을 리가 나요. 당장 전월세 비용으로 몇천만 원만 있으면 좋겠다고 생각하겠지만 20대나 30대 초반에 그만한 경제력을 갖추긴 쉽지 않겠죠. 당장 원룸이나 고시텔에서 지낼 정도의 능력만 된다면 바로 독립을 시도해야 합니다. 그 나이 때는 그런 경험도 도움이 되고, 또 필요하기도 합니다.

'나'라는 자아 정체성을 확립해나가는 시기, 자신의 삶과 세상에 대한 가치판단의 기준을 만들어가는 시기인 20~30대에는 적절한 결핍과 좌절이 필요하다고 봅니다. 그것을 '좋은 스트레스(eustress)'로서 잘 활용해야 한다는 것이죠. 마치 면역력을 높이려고 예방주사를 맞는 것처럼, 엉덩이 주사를 맞기 전에 손으로 한 대 맞는 것처럼……

20년에서 30년을 오로지 자식만 바라보며 살아온 어머니에게 어머니 자신의 삶을 찾아주고 싶다면, 어머니의 통제와 간섭에서 벗어나 당신만의 고유한 삶을 살아가고 싶다면, 당신이 먼저 변해야 합니다. 어머니에게 독립을 선언하십시오. 고생스러워도 경제적·신체적·정신적 독립을 기획하고 이루어야 합니다. 청춘독립만세!

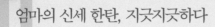

엄마의 신세 한탄, 지긋지긋하다

또 시작이다. 이래서야 집에 안부 전화 걸기도 겁난다. 벌써 십수 년째 들어온 레퍼토리다. 양 끝에 도돌이표가 달린 무한 반복의 신세 한탄!

전화를 걸어도, 오랜만에 마주 앉아도 틈만 나면 장광설이다. 내용이 조금씩 변주되기는 해도 기·승·전·'탄식'으로 이어지는 기본 얼개는 똑같다. 엄마는 항상 처음 하는 이야기인 양 열을 올린다. 어떤 주제, 어떤 경우라도 당신의 넋두리로 귀결시키는 솜씨가 절묘할 뿐이다.

끊어질 듯하면서도 절대 끊어지지 않고 엿가락처럼 이어진다. 안쓰러운 마음에 귀를 기울이는 시늉이라도 할라치면 한도 끝도 없다. 이걸 듣느니 차라리 판소리 심청가 완창을 듣는 게 더 나을 것이다.

엄마 신세타령의 주요 내용은 아버지에 대한 불평불만이다. 젊어서 부엌데기처럼 구박받았던 일, 술집 아가씨와 바람피웠던 일, 사업 부도내고 아버지가 잠적한 뒤 빚쟁이한테 시달린 일, 사업 자금 융통한답시고 외삼촌 돈 떼어먹은 일……

몰라도 될, 아니, 알아봤자 득 될 게 없는, 아니, 아니…… 차라리 모르는 게 더 나을 내용이 담긴 엄마의 하소연. 어떡해야 좋을까?

한 남자와 같이 한집에 산다는 게 이 모양 이 꼬락서니라면 나는 그따위 결혼 사양하고 만다. 누가 우리 엄마 좀 말리도!

이경제

먹물을 가까이하면 검은 물이 들게 마련이다

엄마를 당분간 피하는 게 좋습니다. 얘기하십시오. 듣고 싶지 않다고. 바쁘다고 전화를 끊으면 됩니다. 끊기가 어려워요? 이렇게 끊으세요. "엄마, 배터리가 떨어져가요. 이만 끊을게요."

바텐더 신드롬이라고 들어봤나요? 바텐더가 손님들의 고민을 듣다 보면 감정이입이 돼서 그것 때문에 괴로워한다는 거예요. '감정이입 피로 증후군'이라고도 합니다. 정신과 의사들이나 저처럼 건강을 담당하는 전문가들은 이런 증상을 조심해야 합니다. 온종일 아픈 사람들 얘기 듣다 보면 우리도 그것이 인생의 전부인 것처럼 빠져들게 돼요. 이럴 때일수록 빨리 분위기를 전환해야 합니다.

엄마와 같은 인생을 살면 안 되죠. 불행한 인생 살지 마세요. 결혼하면 불행하게 될 거라고 생각하면, 결혼 안 하면 됩니다. 그래도 결혼이 하고 싶다면, 결혼 전반에 대해 많이 연구해야 합니다. 엄마만 신세 한탄을 반복하는 게 아니라, 나이가 들면 그 모습을 반복하는 자신의 모습을 발견할 수도 있습니다.

저는 친구들을 사귀는 데 몇 가지 원칙이 있습니다. 허구한 날 빈대붙는 친구들, 어두운 친구들, 박복한 친구들은 만나지 않습니다. 왜냐하면 전염되거든요. 고급 샤넬 향수를 뿌렸어도 생선을 가까이하면 생선 비린내가 샤넬 향수를 이깁니다. 그러니까 밝은 사람과 어두운 사람이 있으면 어두운 사람이 밝은 사람도 어둡게 만들어버려요. 흰옷에 한 번 먹물이 튀면 그건 더 이상 흰옷이 아니잖아요. 신세 한탄을 늘어놓는 사람이나 부정적인 마인드를 가진 사람은 피하는 게 좋습니다.

엄마가 말을 듣지 않는다고요? 내버려두십시오. 말을 들으려고 하지 않는 사람한테는 아무것도 할 수가 없습니다. 가득 찬 그릇에는 다른 게 들어갈 여지가 없지요. 엄마 인생에 너무 관여하지 마십시오. 엄마는 그렇게 살아오셨고 앞으로도 그렇게 사실 거니까 당신이 행복해지는 것에만 신경 쓰세요. 엄마가 신세 한탄한다고 당신도 신세 한탄하지 마십시오. 엄마 인생은 엄마 것이고, 당신은 당신 인생을 살면 됩니다.

**양
재
진**

가족이라고 해서 모든 허물을 속절없이
다 받아주는 게 능사는 아니다

어머니는 과거 후진적인 남성 우월주의 사회에서 수없이 되풀이되면서
일어났던, 불합리하고 부조리하고 불공정한 사건들을 겪으며 살아왔을 겁
니다. 차별과 멸시, 수치심과 분노가 가슴 깊숙이 박혀서 아무리 빼내려고
해도 쉽사리 뽑혀 나오지 않는 '한'을 가슴에 품은 채 살아왔습니다.

정도의 차이는 있겠지만, 우리 어머니들이 겪어 온 삶은 이와 비슷합니
다. 그 서러움과 아픔과 회한의 세월 덕분에 당신을 포함해 후세대가 존재
하는 것 아니겠습니까. 당연히 감사하고 죄송한 마음을 가져야 한다고 생
각합니다. 어떻게 보면 인간에 대한 예의라고도 할 수 있어요. 하지만 딱
거기까지예요.

조금 냉정하게 말해, 그런 아버지를 선택한 것은 어머니 자신입니다. 그
런 삶에서 탈출하지 않고 버티며 살아온 것도 어머니의 선택이었어요. 당

시의 시대 상황이 지금과 달랐기에 어쩔 수 없었을 거라고요? 하지만 사람이 살아가는 데 '어쩔 수 없는' 일은 존재하지 않습니다. '어쩔 수 없다'는 말은 당시 자신의 선택에 대한 합리화일 뿐이에요. 그 당시에도 자신의 선택으로 다른 삶을 살아온 분들도 있습니다. 훨씬 더 많은 차별과 멸시와 손가락질을 받았을지언정 '아니다' 싶은 것을 떨쳐내고 자신이 걷고자 하는 길을 선택하고 살아온 사람들도 많았어요.

당신 어머니처럼 누군가(주로 자식, 그중에서도 딸)에게 끊임없이 넋두리와 탄식을 늘어놓는 까닭은 자신의 삶을 알아주고 인정해달라는 마음이거나, 환자 역할(Patient role)을 하듯이 그 상황에서 빠져나오기 싫은 마음 때문일 수도 있어요. 마치 무용담이라도 펼쳐놓듯이 고생과 희생으로 점철된 자신의 인생 전반을 자식으로부터 인정받고 싶은 거예요. 그것들을 빼놓고 나면 어머니의 삶에는 아무것도 남아 있지 않거든요. 그렇기 때문에라도 그것들을 놓지 못하는 겁니다. 또는 자신이 병에 걸린 환자로서 주변 사람들로부터 받는 관심과 걱정을 누리면서 무의식적으로 호전되기를 거부하는 환자 역할을 하는 것일 수도 있습니다. 자식들의 걱정과 안쓰러움, 공감과 죄책감을 자신에 대한 관심과 애정으로 받아들이며 그것을 누리기 위해 과거의 그 상황에서 빠져나오지 못하는 것이죠.

이유가 무엇이든 어머니를 그 상황에서 빠져나오게 하려면, 또 그렇게 함으로써 당신이 그 스트레스에서 벗어나려면 몇 가지 노력을 병행해야 합니다.

첫째, 어머니와 당신 사이의 거리를 조절하십시오. 당신은 항상 어머니의 넋두리와 탄식에 엄청난 스트레스를 받는다면서도 매번 안부 전화를 하는 것 같군요. 어머니와 나누는 통화 횟수와 시간을 당신 스스로 조절해야 합니다. 어머니를 만나는 것도 마찬가지예요. 어머니가 이야기하고 있는데 어떻게 먼저 끊느냐고요? 서운해하거나 화내지 않겠느냐고요? 어머니 입장에서는 당연히 서운하거나 화가 나겠죠. 하지만 어머니는 앞으로도 넋두리를 그만두지 않을 거예요. 당분간은 어머니가 서운해 하더라도, 당신이 먼저 접촉 빈도와 지속 시간을 조절하는 게 맞습니다. 어머니와 거리를 조절하는 데 필요하다면 일정 기간 연락을 하지 않고 지내는 것도 방법이 될 수 있습니다.

둘째, 어머니가 그 상황에서 빠져나올 수 있도록 넋두리와 탄식의 쳇바퀴를 대신할 만한 뭔가를 만들어주십시오. 어머니가 남은 인생에서 자기 스스로, 그리고 주변 사람들로부터 인정받을 수 있는 뭔가를 찾아서 해나갈 수 있도록 도와드려야 합니다. 여행·취미·봉사·친구·종교 등 무엇이든 상관없어요. 과거가 아니라 어머니의 현재 모습에 관심과 애정을 표현해보세요. 어머니는 지금 자신의 모든 것들을 과거의 어떤 상황 탓과 호시탐탐 연결 지으려 하겠지만, 이야기의 주제를 현재로만 국한해 대화를 이어나가는 연습을 하는 것이 좋습니다. 쉽지는 않을 거예요. 하지만 지금 현재 어머니와의 관계가 매우 힘들다면 당신이 주도적 변화를 이끌어야 합니다.

우리 사회에서 절대적으로 터부시되는 것이 있어요. 가족 간의 관계를 건드리면 사람들은 예민하게 반응합니다. 아무리 합리적인 방법을 제시해도 "그래도 가족인데 어떻게……"라는 말과 함께 대체로 부정적인 반응들을 보이곤 합니다. 특히 부모와 자식 간의 관계는 천륜이라고 해서 신성불가침의 영역으로 바라보는 경우가 많아요.

하지만 저는 많은 사람과 상담하고 진료하면서 이런 생각이 끊임없이 떠오릅니다. '가족이라고 해서 꼭 함께 살아야 할까?', '가족은 절대로 끊어낼 수 없는 존재인가?' 인생에 정답이 있겠습니까만, 어떤 것을 절대로 안 된다고 생각하면서 살다 보면 절대로 안 되는 그것 때문에 힘들어질 때가 너무 많아요. 절대로 안 되는 것도 당연히 그럴 수도 있다고 여지를 두면서 살아갔으면 합니다.

많이 힘들 땐 잠시 혼자서 지내보세요. 우선 당신이 흔들리지 않아야 가족과의 관계도 흔들리지 않습니다.

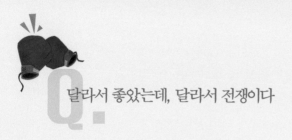

Q. 달라서 좋았는데, 달라서 전쟁이다

살다 보니 남편과 맞는 게 하나도 없다. 유명 앵커가 진행하는 뉴스 탐사 보도 좀 보려고 하면, 남편은 연예인들 우르르 몰려나와 수다나 늘어놓는, 이른바 예능 프로그램으로 채널을 돌려버린다. 어쩌다가 일찍 들어온 날은 프로야구 보느라 소파를 점거하고 농성 태세에 돌입한다. 얼마 안 지나서 코를 골아대는 건 당연한 순서이다.

남편은 설거지는커녕 음식물 쓰레기 한 번 버린 적 없다. 라면 외에 자기 손으로 직접 만든 음식이 있던가? 하여튼 뭔가 아귀가 안 맞아 돌아간다. 예컨대 이런 식이다. 호박잎 찌고 강된장 보글보글 끓여놓으면, 치킨과 피자 콤보 세트를 한 보따리 사 들고 헤벌쭉 거리며 현관문을 들어선다. 미리 전화라도 해주지! 물론 애들은 환호성을 질렀지만 말이다. 이러다 보니 남편이 수건 걸어놓는 것 하며 치약 짜놓은 모양까지 맘에 안 든다. 서로의 취향이 하늘과 땅 차이라는 건 두말하면 입만 아프다.

집안의 온갖 대소사부터 양말, 팬티 벗어 세탁실 바구니에 넣는 것에 이르기까지 사사건건 아웅다웅이요, 시도 때도 없이 티격태격이다.

어쩜 달라도 이렇게 다를까? 연애할 때는 그 다른 점이 무척 매력적이라고 생각했는데…….

이
경
제

자기 자신조차 제대로 알지 못하는,
아이러니한 존재가 바로 인간이다

저는 사상체질(四象體質)을 20년 넘게 연구했습니다. 조선 후기 이제마 선생은 사람 체질을 네 가지로 분류했지요. 간단히 소개하면 '소음인(少陰人)'은 소화 계통이 약하고 생식 계통이 강하며 내성적·사색적인 체질, '소양인(少陽人)'은 소화 계통이 강하고 생식 계통이 약하며 감정적이고 끈기가 부족한 체질, '태음인(太陰人)'은 폐가 작고 간이 큰 형(型)으로, 하체가 튼튼하며 성질은 꾸준하고 참을성이 있지만 욕심이 많은 체질, '태양인'(太陽人)은 폐가 크고 간이 작은 형으로 상체가 튼튼하며, 성질은 활달하고 적극적이지만 조급하고 독선적이며 분노가 있는 체질이라고 할 수 있습니다. 부부는 체질이 반대인 경우가 많습니다. 소음인인 경우에 소양인과 결혼하거나, 태음인이 태양인과 맺어지는 것처럼 반대 체질끼리 결혼을 많이 합니다.

남녀가 결혼하면 문제가 생깁니다. 문제가 없으면 그게 이상한 거예요.

체질은 크게 상관없는 것 같아요. 어차피 이래도 전쟁, 저래도 전쟁입니다.

리모컨은 누가 쥐고 있나요? TV 채널 가지고 싸운다면 TV를 한 대 더 사세요. 남편의 치약 짜는 방법이 맘에 들지 않는다면 치약 따로 쓰세요. 저도 아내 행동이 맘에 안 들 때가 많은데 다 포기합니다. 제가 하는 것이 아내의 마음에 들지 않는 것처럼, 아내가 하는 것이 다 제 맘에 드는 건 아닙니다. 포기하는 게 제일 좋습니다. 남편의 성격이 무뚝뚝한 게 좋아서 결혼했다면 책임져야죠. 당신이 택한 거니까요. 자기 눈, 자기가 찌른다는 얘기가 있습니다. 눈에 콩깍지 씌었던 게 걷히고 나면 다르게 보이기 시작하지요. 그래서 사랑했던 이유가 헤어지는 이유로 변합니다. 결혼했던 이유는 결국 이혼하는 이유가 됩니다.

여기서 중요한 건, 남편이 바뀐 게 아니라 당신이 바뀐 거예요. 당신의 사랑이 식은 것일 수도 있습니다. 남편은, 그동안 당신이 남편에게서 보고 싶은 것만 추려서 창조해낸 가공의 인물이었던 거죠. 그럼 일부러 호감을 찾아야 할까요? 저는 그렇게 생각하지 않습니다. 당신이 행복한 방향으로 고민해 보세요. 싫어하는 상대방에게서 일부러라도 좋은 것을 찾아라, 이런 말 하고 싶지 않습니다.

남편한테서 뭔가를 찾으려고 하지 마세요. 당신이 느끼는 행복을 찾으세요. 남편이 바뀌어서 당신이 행복해지기를 기대하지 마십시오. 사람이란 자기 자신조차 바꾸기가 어렵습니다. 그런데 남을 바꾼다고요? 이건 자연현상을 바꿀 수 없는 것과 똑같습니다. 비가 옵니다. 우산을 쓰면 비는 막을 수 있어요. 그러나 비를 못 오게 할 수는 없습니다. 해가 뜬다. 이것 역시 마찬가지입니다. 우산을 쓰든 양산을 쓰든 이건 사람이 할 수 있는 일입니다. 남편은 자연현상, 그중에서도 천재지변과 같다고 생각하는 게 낫습니다.

**양
재
진**　그 사람의 타고난 본성인데 어떡하나?

그 사람을 대하는 내 마음을 바꾸는 게 낫지

　사람은 원래 자신에게 결핍된 부분을 지닌 상대에게 끌린다고 합니다. 그래서 서로 다른 성향의 짝을 만나는 경우가 꽤 많아요. 문제는 당신처럼 서로 다른 성향에 이끌려 만나고 같이 살면서 그 다른 성향 때문에 지지고 볶기 일쑤라는 거예요.

　예컨대, 꼼꼼하고 세심한 사람은 털털하고 낙천적인 사람에게 끌리고, 반대의 경우도 마찬가지겠죠. 하지만 세상 모든 것에는 동전의 양면처럼 서로 다른 면이 존재하는데 어떤 관점으로 바라보느냐, 어떤 방향에서 바라보느냐에 따라 장점이 될 수도 있고 단점이 될 수도 있습니다. 꼼꼼하고 세심한 장점을 가진 사람을 다른 측면에서 보면 예민하고 깐깐하며 까칠하다고 여길 수도 있어요. 털털하고 낙천적인 사람은 답답하고 속이 터질 만큼 둔감한 사람일 수도 있다는 얘기예요. 그 장점이 달리 보이면, 다시 말해 단점으로 비치기 시작하면 아연실색하기도 합니다.

많은 분들이 배우자에 대한 불만을 얘기하면서 결혼 전엔 몰랐다, 결혼 전엔 안 그랬다는 말을 많이 하죠. 진짜 결혼 전에는 몰랐을까요? 정말 결혼 전에는 안 그랬을까요? 결혼을 하고 나니 사람이 달라져버린 것일까요? 분명히 배우자는 결혼 전에도 비슷한 모습을 보였을 거예요. 아무리 조심한다고 해도 본성은 언제 어디서든 드러나기 마련이니까요. 그러나 많은 사람들은 상대방의 그런 모습을 보고도 못 본 척하거나 인정하지 않거나, 앞으로 상대방의 그런 모습을 변화시킬 수 있다고 착각하곤 합니다.

당신 남편도 결혼 전에 집안일은 손끝 하나 대지 않았을 테고, 양말과 속옷도 빨래 바구니에 제대로 넣지 않았을 게 분명합니다. 밥을 먼저 먹었다든가 먹을 것을 사서 가니까 저녁밥 하지 말라고 미리 알려줄 정도로 상대방을 많이 배려하는 사람이 아니었을 거예요. 만약 결혼 전에 남자친구네 집에 놀러 갔는데 집이 지저분하고 정리가 안 되어 있으면 그 상태가 남자친구의 특성을 잘 말해주는 것이겠죠. 아마 당신은 이렇게 생각했을 겁니다. '남자가 이 나이에 혼자 사니까 집안 꼴이 이 모양이구나. 나랑 결혼하면 달라질 거야.' 그러고 나서 결혼 후에 남편에게 왜 이렇게 지저분하고 정리를 못 하냐고 타박을 줍니다.

사사건건 맞지 않고 항상 티격태격하는 그 사람은 온전히 당신의 의지로 당신이 선택한 사람이에요. 자기 선택에 따른 책임은 온전히 자기가 지는 것이죠. 그 책임이란 그 사람과의 결혼 생활을 원활하게 이끌어가는 것일 수도 있고, 그 사람을 놔주고 둘 다 편안하게 사는 것일 수도 있겠죠. 사람이란 정말 변하기 힘든 존재잖아요. 별것도 아닌, 자기 마음 하나 바꾸는 것도 얼마나 힘든 일인데 어떻게 상대방을 자기 마음대로 바꿀 수 있겠어요? 배우자를 바꾸려고 노력하느니 차라리 그 배우자를 부정적으로 바라보는 당신 마음을 바꾸려고 노력하는 것이 훨씬 효율적이지 않을까요?

Q. 섹스리스 부부

40대 중반에 접어든 주부다. 작년부터 지금까지 2년 가까이 한 번도 안 했다. 남편과의 섹스 말이다. 재작년엔 내 생일과 결혼기념일 이렇게 두 번 선심 쓰듯 한 것이 전부다.

우리 둘 사이가 나쁜 것도 아니다. 이러쿵저러쿵 베갯머리 대화도 속닥속닥 잘 이루어지는 편이다. 남편의 발기부전 증상 같은 건 없다. 아직 씩씩하고 튼실하다.

나도 무심했던 측면이 있다. 갱년기가 온 뒤 늘 피곤하고 매사에 활기를 잃어서 그랬을 것이다. 그래도 너무 안 했다. 어떻게 하면 다시 뜨거운 밤을 맞을 수 있을까?

짜릿한 희열감까지는 아니더라도, 은근하고 소박한 기대감이라도 북돋우려면 뭐부터 시작해야 할까?

이경제

가끔씩 아이 걱정일랑 접어두고
단둘이 오붓한 시공간을 즐겨라

우리나라는 정말 섹스리스 부부가 많습니다. 성 기능상의 문제가 아니라면, 그 이유에 집안 분위기와 주택 구조도 한몫하는 것 같아요. 미국을 예로 들어볼까요. 집이 이층집이면 대개 1층에 부부가 있고 2층에 아이들 방이 있습니다. 부부 침실에 아이들이 잘 안 들어와요. 같이 자는 건 아예 기대도 안 해요. 부모와 자녀의 생활공간이 철저히 분리되어 있습니다.

우리는 일단 출산을 하면 엄마와 아이가 같이 잡니다. 그런 환경에서 남편이 오늘 밤 섹스를 하자는 말을 꺼내기가 참…… 민망하지요. 우리나라의 양육 환경 자체가 섹스리스를 만드는 데 일조한다는 거죠. 섹스는 부부 금슬에 중요합니다. 금슬이 좋은 부부는 섹스를 자주 하는 편이에요.

여자는 출산 이후에 여자이기보다는 엄마이기를 택하는 경향이 있는 것 같습니다. 남편이 요구했을 때 모욕을 주는 경우도 많습니다.

"아, 피곤한데 왜 그래?", "애도 있는데 왜 그래?" 아내들이 많이 하는 말이지요. 제 생각에는 섹스리스 부부가 되는 주된 이유는 아내 쪽에서 제공한다고 봐요. 사정이 이런데도 여성 잡지에서는 침실 분위기를 바꿔라, 야한 나이트가운을 입어라 따위의 이상한 소리를 하는데 이제 그만했으면 좋겠습니다.

둘이서 여행을 가세요. 무조건 아이는 떼어놓고 가야 합니다. 단둘이 여행을 가서 젊었을 때 데이트했던 기억, 둘만의 시간과 공간을 갖는 것이 좋겠군요. 틈날 때마다 둘만의 데이트도 많이 하세요. 영화·전시회·콘서트·뮤지컬……. 아이는 믿을 만한 사람에게 맡기고 둘만의 시간을 갖는 것이 중요하지요. 외국 영화에 보면 그런 장면 있잖아요. 부부가 외출하면서 아이들한테 이렇게 말하지요. "오늘 엄마 아빠 데이트 하니까 너희끼리 집에서 잘 놀고 있어" 아니면 "베이비시터 아줌마 말 잘 들어야 해"

우리는 왜 아이를 항상 데리고 다녀야 한다고 생각할까요? 부부가 먼저 있은 다음에, 부모 자식이 있는 겁니다. 여성들은 주로 엄마 입장만 강조하는 것 같아요. 100세 시대는 부부 금슬이 더 중요한 시대입니다.

**양
재
진**

부부 사이에 섹스와 관련된
대화 나누기를 결코 부끄러워하지 마라

'섹스리스'에 대한 정의는 조금씩 다르지만, 대개 한 달 이상 성적인 접촉이나 성행위가 없는 경우, 또는 일 년 동안 10회 미만의 성적인 접촉이 이루어지는 경우를 말해요. 연인 관계, 특히 부부의 섹스는 성적 욕구보다는 둘 사이에 오가는 커뮤니케이션의 일환이라고 봐야 합니다. 따라서 성 기능에 이상이 없는데도 섹스리스 상태라면 둘 사이의 관계에 문제가 생겼다는 신호입니다. 물론 나이가 들어가면서 신체 노화에 의해 성욕과 성 기능이 떨어질 수도 있고, 결혼 생활이 길어지면서 상대방에 대한 성적 관심이나 호기심이 감소할 수도 있고, 현대 사회의 지나친 스트레스 탓에 성욕이 감퇴할 수도 있겠죠. 하지만 근본적으로는 부부 사이의 불화나 심적 갈등, 배우자에 대한 분노 등의 부정적인 감정이 섹스리스로 이어질 수밖에 없습니다.

다행히 당신은 남편과의 관계에 큰 문제는 없어 보이네요. 그러나 특별히 문제가 없다는 것은 사실, 부부간의 매너리즘이나 권태기일 수도 있다는 얘기예요. 저는 무척 싫어하는 말인데, 부부간의 섹스에 대해 많은 사람들이 즐겨 사용하는 말이 있어요. "가족끼리 왜 그래." 또는 "가족끼리 그러는 거 아니야." 저는 이런 생각과 말이 부부 사이의 스킨십과 섹스를 어색하게 만들고 불편하게 만든다고 봅니다.

결혼 생활이 오래되면 당연히 상대에 대한 성적 호기심이나 관심은 줄어들겠죠. 그동안 살아오면서 보아온 배우자의 소탈한 모습들 또는 배우자에게 느꼈던 부정적인 감정들이 성적 욕구를 방해할 수도 있습니다. 거기다 40대로 넘어가면서 노화가 시작되어 성적 욕구 자체가 줄어들기 시작하고, 50대로 접어들면 호르몬의 감소로 인해 성욕 감퇴는 더 심해집니다. 그러다 보면 부부간에 섹스를 안 하는 게 더 자연스러워져요.

먼저 대화를 통해 배우자에 대한 이해와 배려가 선행되어야 합니다. 상대방에게 이해받고 존중받으며 사랑받고 있다는 마음으로부터 남녀 관계가 다시 시작되는 거예요. 스킨십도 습관이에요. 스킨십은 습관처럼 자연스러워야 한다는 얘기죠. 가벼운 터치, 가벼운 키스, 포옹 등의 스킨십이 생활 속에 녹아들어야 합니다. 이런 행동들이 오히려 어색하거나 부끄럽다는 생각에 아무런 스킨십도 없이 바로 섹스로 직행하려는 행위는 상대에게 존중받지 못하거나 배려받지 못한다는 느낌, 불쾌감까지 줄 수 있어요. 너무 어색하다면 가벼운 알코올의 힘을 빌리는 것도 괜찮아요. 성욕을 일으키는 호르몬의 분비를 도와주니까요.

섹스 상대를 바꿀 수 없다면 환경을 바꾸는 노력은 할 수 있겠죠.

침실의 조명을 간접 조명으로 바꾸면 새로운 분위기를 연출할 수 있고, 시트와 이불을 바꾸면 호텔에 온 듯한 착각도 불러일으킬 수 있습니다. 아니면 실제로 한 달에 한 번쯤은 호텔이나 깔끔한 모텔을 이용하는 것도 좋습니다. 적절한 역할극 같은 놀이도 섹스에 도움이 될 거예요. 21세기를 살아가는 성인이라면, 더구나 부부 사이라면 성적 욕구나 성적 환상을 가지고 서로 이야기하는 것을 부끄러워하지 않아야 합니다.

섹스를 안 하고 살아도 되지 않냐고요? 앞에서도 얘기했지만 섹스는 몸으로 나누는 대화예요. 부부 관계의 중요한 일부분이죠. 살아가면서 늘 대화는 나누고 살아야 하지 않겠어요?

Q. 아이를 갖고 싶지 않아요

모든 여자에게 모성 본능이 있다고 하면 그건 거짓말일 게다. 나는 애를 낳아 기르는 건 한 번도 생각하지 않았다. 한때 잠시나마 입양을 고려했던 적은 있었다. 아니면, 내 아이가 어디서 십 년쯤 훌쩍 자란 다음에 만나는 방법 없을까, 하고 상상을 펼치기도 했다.

그렇다고 내가 엄마 노릇 하기에 결격 사유가 있는 건 아니다. 나, 사지 멀쩡하고 머리 돌아가는 거 지극히 정상인 사람이다.

애를 낳고 길러봐야 진짜 어른이 된다는 말도 있지만, 가부장제 사회가 빚은 모성 신화일 뿐이라고 가볍게 치부해버린다. 애가 있어야 부부간의 권태기도 극복하고 생활에 새로운 활기를 얻는다는…… 맞는 말이겠지만 애가 없어도 충분히 그럴 수 있다는 걸 반증하고 싶다.

별 이유 다 대지만, 속내를 들여다보면 애 낳고 기르기 귀찮아서다. 손주 하나 안겨달라는 시부모의 무수한 회유와 압박도 출산·육아 '귀차니즘'을 굴복시키지 못했다.

결혼하기 싫어도 애는 낳고 싶다는 여자는 봤어도, 결혼하고 나서도 애를 낳기 싫어하는 여자, 물론 있겠지. 그런데 그렇게 많지는 않을 것이다. 내가 좀 유별난 건가?

여자들이 모두 아이를
갖고 싶어한다는 것은 사회적 강요

지인 중에 아이가 없는 부부들이 꽤 있습니다. 결혼 만족도, 꽤 높습니다. 왜냐하면 부부의 성향 자체가 아이를 별로 좋아하지 않는다는 거죠. 왜 아이를 다 좋아해야 하나요? 저도 아이를 그다지 좋아하지 않습니다.

자식을 두지 않은 부부는 같이 골프도 치고, 여행도 가고, 아이 양육에 들어갈 돈으로 본인들의 취미 활동도 즐기면서 행복하게 잘 삽니다. 그럼 된 거예요. 편견 갖지 마세요. 결혼하면 반드시 아이가 있어야만 한다는 그런 편견이 어디서 나오는지 모르겠어요.

집안의 대가 끊긴다고요? 그건 그 집안 문제지요. 대가 이어지든 말든 본인들은 상관없다고 생각하면 되는 것 아니겠습니까? 아이를 갖고 싶지 않은 마음도 충분히 있을 수 있다고 생각합니다.

21세기에는 다양한 형태의 가족이 나타날 것 같아요. 아직 우리나라에서는 요원한 얘기겠지만 미국처럼 동성 결혼이 합법화된다면 동성 부부를 보게 될지도 몰라요. 본인들이 행복하다고 여기면 그 행복의 느낌을 믿으세요. 나이 들면 어떡하느냐고요? 자식들이 부모를 부양하거나 수발들려고 사는 사람인가요? 나이 들어서 자식들이 섭섭하게 하는 경우가 더 많습니다. 늙고 병들면 서로 의지하며 살아가면 되지요. 배우자와 사별했을 경우에는 간병인이 있으면 됩니다.

지금 행복하세요? 그럼 된 겁니다.

양
재 아이를 낳고 안 낳고는
진 전적으로 부부의 고유 권한

여성의 권익이 신장하고 사회에서 요구하는 여성의 역할이 임신·출산·육아·집안일에서 사회 진출로 바뀌면서 모성애를 바라보는 시각도 변하고 있습니다. 부성애는 경험과 교육에 따라 후천적으로 형성되지만 모성애는 선천적으로 타고난다는 견해에는 남성 우월주의의 가부장적인 시각이 깃들어 있어요. 요즘은 모성애 역시 부성애처럼 후천적으로 만들어진다는 의견이 힘을 얻고 있습니다.

이런 현실을 뒤따라가지 못하는 남성들의 의식이 문제죠. 남성들은 이런 급격한 변화에 대비해 교육을 받지도 못했고 적응할 준비도 안 되어 있어요. 똑같이 밖에서 경제활동을 하면서도 집에 돌아오면 집안일과 육아는 여전히 여성이 주도적으로 해야 하고, 남편은 도와주는 것으로 인식되어 있습니다. 다행히 요즘 20~30대의 젊은 부부들은 변화를 자연스럽게 받아들이며 서로 노력하고 있는데, 좀 더 윗세대들은 아직 변화를 받아들이지 못하고 있어요. 이런 환경 속에서 임신과 출산을 원하지 않는 여성이 늘어가는 것이 이상한 현상일까요? 임신과 출산, 육아가 여성의 사회 활동에 미치는 영향은 엄청납니다. 법적으로는 출산휴가와 육아 휴가가 보장되어 있지만 실제로 출산과 육아 때문에 경력이 단절된 여성의 수가 상당히 많아요. 경력 단절을 피하려는 노력이 저출산의 주요 원인으로까지 거론되기도 하잖아요. 여성이 자신의 사회적인 성공·승진·성취를 위해 임신 대신 일을 선택하는 것을 비난할 수 없다고 봅니다. 가정과 아이보다 자신과 일을 더 중요하게 여긴다는 삐딱한 시선으로 바라보기 전에 그들의 입장에서 생각해봐야 합니다.

인생에 모범 답안이 있을까요? 몇 살이 되면 결혼을 해야 하고, 결혼하고 몇 년이 지나면 아이를 낳아야 하고……. 저에게도 툭하면 질문 세례가 쏟아집니다. "왜 결혼 안 하세요?" 결혼하려야 할 수 없는 신체적인 하자나 어떤 다른 문제가 있는지 물어보고, 지나치게 눈이 높아서 장가 못 가는 것은 아닌지 물어보고, 혹시 동성애 취향 아니냐고 묻기도 하고, 몰래 결혼했다가 이혼한 것은 아닌지 물어보기도 합니다. 만약 제가 결혼을 한 상태라면 사람들은 또 이렇게 물어보겠죠. "애는 왜 안 낳으세요?" 만약 아이를 갖고 싶은데도 임신이 되지 않아 고통받는 불임 부부에게 왜 아이를 낳지 않느냐고 묻는다면 얼마나 실례일까요? 상대방의 자세한 사정도 모른 채 관심과 걱정이라는 미명 아래 마구 던지는 사적인 질문은 언어폭력이나 마찬가지예요.

저는 그런 질문을 던지는 사람들에게 역으로 물어보고 싶어요. "왜 결혼하셨나요?" 혼자서 살다가 누군가를 만나서 결혼을 하고 같이 살기로 작정했다면 그것이야말로 인생에서 엄청난 패러다임 시프트 아닐까요? 그렇기 때문에 결혼을 안 하고 혼자 살아가는 이유보다 결혼을 한 이유가 중요하다고 생각합니다. 결혼은 할 수도 있고 안 할 수도 있어요. 아이도 낳을 수도 있고 안 낳을 수도 있고요. 인생에는 정답이 없습니다. 많은 사람이 결혼을 하고 아이를 낳았다고 해서 그것이 당연한 정답이라고 생각하지 않았으면 좋겠어요. 나와 다르다고 해서 틀린 것이 아닙니다. 사람마다 그에 걸맞은 삶의 다양성을 인정해야 하지 않을까요.

한 가정에서 아이를 낳고 안 낳고는 오롯이 그 부부가 결정할 문제예요. 당신 같은 경우 아마 결혼 전에 서로 합의를 했을 겁니다. 부부 이외에 어느 누구도 결정하거나 간섭할 문제가 아니죠. 아직도 아들은 내 소유이며 며느리도 내 '딸 같은' 아랫사람이라고 여기는 어르신들이 있지요. 그분들의 즐거움을 위해 아들 내외나 딸 내외가 아이를 낳아주는 건 아니잖아요. 제발 21세기를 살아가자고요.

Q. 이 한 몸 아이를 위해

우리는 찰떡궁합을 자랑하는 맞벌이 부부다. 딱 하나 남편과 의견 차이가 있다면, 그건 아이의 교육관이다.

올 아들 만 세 살. 아이를 위해서라면 난 뭐든지 할 준비가 돼 있다. 앞으로 내가 생각하는 아들의 학업 경로는 이렇다.

강남 소재 영어전문유치원? 국제중? 특목고? SKY 가운데 하나. 영어 발음, 특히 'l'과 'r' 발음을 잘 구사하기 위해서라면 아이의 설소대(舌小帶) 제거 수술도 각오하고 있다. 어차피 할 거면 어릴 때 하는 게 낫겠지? 혹시라도 이 경로가 여의치 않으면 조기 유학 쪽으로 방향을 튼다. 어릴 때 유학 가든, 대학 졸업하고 가든 외국 MBA 취득은 필수. 가랑이 찢어질지언정 힘닿는 데까지 해보련다.

남편은 한사코 말린다. 어릴 때 맘껏 뛰놀아야지 벌써 족쇄를 채우려 하냐며 내버려두잔다. 뭘 배우게 하고 싶으면 차라리 수영이나 태권도, 바둑을 가르치자고. 프로선수나 프로기사로 키울 생각은 눈곱만큼도 없으면서 말이다! 세상 물정 모르면 말이나 말든지…….

좀처럼 언성을 높이지 않던 우리 부부도 이 문제 가지고 숱하게 싸웠다. 아니, 남들은 그렇게 못 해서 안달인데, 여력이 된다면 그렇게 하는 게 당연하지 뭐가 문제인가? 이게 다 아이를 위해서 하는 건데도?

이경제 SKY가 그렇게 좋다면
본인이 가라

자녀 교육에 대한 가치관은 부부가 서로 다를 수 있습니다. 여성은 방패 이론을 내세웁니다. 모든 걸 잘 방어하려면 골고루 다 잘해야 한다고 생각합니다. 남성들은 창 이론을 지지합니다. 뭐든지 하나 특별히 잘하면 그걸로 밀고 나가도 된다고 생각합니다. 한쪽은 방어하기 위해서, 또 한쪽은 공격하기 위해서. 창과 방패처럼 자녀 교육관이 다릅니다.

질문하신 분은 정말 아이를 위해서라고 하는데, 이 아이가 학업을 마치고 사회생활을 할 때쯤이면 당신의 교육관이 얼마나 잘못되었는지 알게 될 겁니다. 제가 오랜 인생을 산 건 아니지만, 주변에 성공한 친구들이나 대단하다고 생각이 드는 사람들 중에 이런 식으로 살아온 경우는 없어요. 자기 견해가 강해서 오히려 부모와 의견이 충돌하거나, 대학 때부터 제멋대로 살아가는 사람들이 대체로 성공하고 잘나가는 것 같습니다.

이런 사람들은 어떤 것이 정말 좋으면 반대를 무릅쓰고 그 일을 합니다. 몸과 마음을 바쳐 자녀를 열심히 교육시키겠다는 당신의 의욕은 좋아요. 그런데 한번 따져볼까요? 당신은 학생 시절에 공부가 그렇게 미치도록 좋았나요? 아니면 그때 공부를 열심히 하지 않은 게 한이라도 됩니까? 그럼 당신이 공부하세요. 자녀는 다른 인생의 길을 걸을 수도 있습니다.

저는 6년제 한의과 대학도 나왔고 방송 활동도 20년 넘게 했습니다. 다양한 사람을 많이 만났습니다. 그중 교수도 있고 정치인도 있고 사업가도 있습니다. 그리고 연예인도 있지요. 연예인으로 성공한 친구 중에는 공부 열심히 한 사람을 본 적이 별로 없어요. 학교 다닐 때 늘 즐겁게 잘 놀고 아이들과 잘 지내는 이런 친구들이 나중에 성공하더라고요.

저는 딸들을 가르치면서 중학교, 고등학교 교과과정을 전반적으로 훑어보았는데, 그 교과과정은 살아가는 데 큰 도움은 안 될 것 같더군요. 다만 그 시기에 공부라는 훈련을 했던 것이 인생에 도움이 되기는 할 겁니다. 이를테면, 국어를 잘하기 위해서 책을 많이 읽고, 문장을 분석하고, 생각하는 데 투자한 시간이 살아가는 데 도움이 된다는 것이죠. 다른 과목도 마찬가지예요.

우리나라 교육과정 자체가 그렇게 썩 미덥지는 않지만, 공부하는 과정에서 인내심·집중력·성실성 등의 능력을 시험해볼 계기가 된다는 것에 의미가 있다고 봅니다.

아이가 어렸을 때부터 공부 기계로 만들고, 영어 발음 좋아지도록 당신이 노력하는 것이 아이 인생에 도움이 된다고 생각하는 근거는 대체 어디서부터 나오는 건지 몹시 궁금합니다. 많은 성공한 위인들의 어머니 이야기들을 보십시오. 과연 그런 식으로 가르쳤는지.

이른바 '스카이 대학'을 나오는 것은 별로 대단하지 않습니다. 제 주변에 스카이 대학 나온 많은 사람이 스스로 하는 이야기입니다. 세계 랭킹 100위 안에도 못 들어요. 좋은 대학을 나오고도 정작 성공하거나 행복한 사람은 그렇게 많지 않습니다. 그렇다고 지방 대학 나오면 행복하다는 뜻이 아닙니다. 아이를 위해 무조건 희생하겠다고요. 그 아이가 어머니의 희생과 헌신을 고맙게 생각할지, 부담으로 느낄지 좀 더 곰곰이 생각해봤으면 좋겠습니다.

엄마도 세 가지 등급이 있다고 합니다. 하급 엄마는 자기는 공부하지 않으면서 애만 들입다 공부시킵니다. 중급 엄마는 애를 공부시키면서 자기도 공부해요. 대다수 보통 엄마들이 이렇게 하지요. 최고수 엄마는, 애한테 공부하란 말 안 하고 자기가 공부한답니다. 자기 일에 충실한 엄마 모습을 보면서 아이들이 자연스럽게 따라 한다는 말일 겁니다.

자녀가 서울대 가길 바란다면, 당신이 서울대를 목표로 열심히 공부해 보면 어떨까 싶어요.

양
재
진

학벌이란, '구별짓기' 욕망을
실현 또는 연장하기 위한 구실일 뿐

아이가 대학교 졸업하기까지 대략 20년은 걸리겠군요. 자식이 대학 졸업하고 나면 당신의 '자식 뒷바라지 프로젝트'가 대단원의 막을 내릴까요? 그럴 리는 거의 없다고 봐야 합니다. 당신은 앞에서 본 '사사건건 간섭하는 엄마'의 모습을 이어가면서 결코 무대에서 내려오지 않으려고 할 거예요. 그럴 가능성이 상당히 높습니다. 어쩌면 당신의 참견과 잔소리는 날이 갈수록 심해질지도 모릅니다.

이렇게 자식의 성공을 위해 낮이나 밤이나 분투하는 당신의 에너지는 어디서 비롯되는 것일까요? 자식에게 투사(投射)한 당신 욕망의 실체는 과연 무엇일까요? 먼저 생각해볼 것이, 당신 자식을 보내고 싶은 명문학교의 기준이 뭐라고 생각하세요? 훌륭한 교수진? 진리와 정의를 탐구하는 교풍? 도서관 장서? 아닐 겁니다. 당신이 원하는 것은 세칭 일류대의 명성과 인맥입니다. 좀 더 깊이 들어가 보면, 그 명성과 인맥을 통해 끼리끼리 주고 받는 '불공정한 특혜'를 바라는 겁니다. 어떤 문제가 생기면 공식 절차를 거쳐 해결하려는 게 아니라, 우리 사회에 만연한 학연과 인맥을 동원한 '뒷문 해결'을 바라는 거예요. 그래야 대한민국에서 방귀깨나 뀌는 축에 든다고 생각하기 때문이죠. 사실 툭 까놓고 말해 그거 맞잖아요. 그 '이너 서클(inner circle)'로 이어지는 동아줄을 움켜쥐려는 당신의 욕망이 자녀 교육이라는 외형을 띠고 나타나는 거예요.

당신은 자식의 성적과 학벌, 직업과 결혼 상대가 자식의 성공 지표이고 자식의 성공이 곧 어머니로서 해야 할 소임이자 성적표라고 착각합니다. 그러다 보니 자식을 하나의 독립된 인격체로 보지 못하고 자신과 동일시하며, 자신의 소유물 또는 또 다른 자신이라고까지 여기게 되죠. 심지어 자식의 일거수일투족은 물론 자식의 생각까지도 통제하려고 해요. 자식이 어릴 때는 말할 것도 없고 자라서 성인이 돼도 당신의 생각은 변하지 않을 겁니다.

아마 당신의 행보는 이런 식으로 전개될 겁니다. 자식이 대학을 다니는 동안 성적을 관리하고 과제를 대신 해주며, 대학교를 졸업하면 폼 나는 직업을 골라 취직자리를 알아봐 줍니다. 행여 불합격되면 인사 담당자에게 항의 전화를 대행하기도 합니다. 마침내 자식이 번지르르한 자리를 꿰차면 업무, 대인 관계 등 일상생활 전반에 걸쳐 간섭하고 관리를 하겠죠. 자식이 결혼할 때가 되면 배우자를 골라주고 결혼 준비도 당신이 총괄하여 진행합니다. 결혼 후에는 임신할 날짜를 점지해주고 출산일을 받아주고, 출산 후에는 손주 양육에 이러쿵저러쿵 관여합니다.

대체 언제까지 이렇게 해야 할까요? 이렇게 사는 것이 정녕 당신과 자녀를 위한 것일까요? 당신은 장기적인 안목으로 자식 농사에 전념한다고 생각하겠지만, 제가 보기엔 잘못 투자하고 있습니다. 모든 것이 아이를 위한다고 하지만, 거기에는 당신의 그릇된 욕망이 똬리를 틀고 있습니다. 그 욕망이 무엇인지 직시하기를 진정으로 바랍니다.

의부증을 해결하기 위한 내 나름의 방법

바람피운 남편은 십중팔구 마누라를 의부증이라고 몰아세운다. 뭔가 켕기는 것을 덮으려고 그렇게 역정을 내는 것이다. 좋다! 그렇다면 의부증이 생길 가능성 자체를 원천봉쇄하면 어떨까? 내가 남편에게 취한 조치는 이렇다.

핸드폰 비밀번호 설정을 못 하게 했다. 가끔 통화 내역과 문자메시지를 검열한다. 남편은 예전에 한 번 전력이 있어서 찍소리도 못한다. 남편 월급은 내 통장으로 자동 이체되도록 설정해놨고, 용돈은 내가 직접 준다. 하루에 만 원꼴이다.

남편의 신용카드를 없애고 내 명의로 된 체크카드를 만들어줬다. 사용 내역은 인터넷뱅킹으로 조회한다. 남편? 당근 영수증 첨부해 월말에 결산한다. 일정 금액을 넘기면 반드시 소명해야 한다.

남자들의 흔한 수법, 상갓집 알리바이? 영상 통화로 확인하면 간단하다. 남편은 내 전화를 받으면 스마트폰으로 빈소 내부를 비추면서 한 바퀴 돌아야 한다. 일종의 인증 숏이다. 전화 안 받았다? 그럼, 남편은 죽은 목숨이다. 남편에게 못할 짓이라는 거 다 안다. 남편을 잠재적 바람둥이 취급하는 건 나도 조금 미안하다. 그래도 어쩌랴. 이게 다 남편을 사랑하기 때문인 것을.

이 경 제   의부증도 일종의 사랑.
결과만 좋다면 그렇게 해도 되겠지

의부증을 해결하는 게 아니라 의부증을 너무나 잘 실천하고 있습니다. 그냥 그렇게 살면 될 것 같은데요. 당신이 그렇게 해서 마음이 편안하고, 남편도 별문제 없다면 잘된 거죠. 남편이 한 번 책잡힐 일을 했어도 이건 너무 심한 처사네요. 아무튼 대단합니다. 저는 이런 환경을 지옥이라고 생각합니다.

당신의 이런 성격을 받아주는 것을 보면 남편이 아내를 진짜 사랑하는 것 같기도 합니다.

그래요, 이런 방식으로 남편이 행복하다면 이 또한 사랑인 것이고, 남편이 참고 참다가 어느 순간 폭발하고 만다면 그것은 잘못된 방법이겠지요. 집착을 사랑으로 착각하고 있는 거예요. 이런 경우는 부부의 사생활이라 제가 뭐라 이야기할 자격은 안 됩니다만, 정상적이지는 않고 상식이나 사회 통념으로 봐도 의부증이 100퍼센트 맞는 것 같습니다.

당신의 방법은 의부증을 해결하는 것이 아니라, 의부증을 잘 실천하는 방법입니다. 행운을 빌어요.

양
재
진

당신이 함께하고 싶은 사람은
반려자인가, 꼭두각시인가?

　당신에게 해주고 싶은 말은 딱 하나예요. 집착은 집착일 뿐 사랑이 아니라는 것. 당신 자신도 남편에게 못 할 짓이라는 것을 안다면 당장 그만두세요.

　사람이 가장 견디기 힘든 것 중 하나가 불확실성입니다. 배우자가 무슨 생각을 하는지, 자신에 대해서 어떤 마음을 가지고 있는지, 자기가 안 보는 곳에서 무슨 짓을 하고 다니는지, 혹시 외도하는 것은 아닌지……. 배우자의 속을 들여다볼 수 없기에 생기는 불확실성 때문에 불안은 더 커져만 가고, 이런 불안이 머릿속에서 소설을 써나가게 만드는 요인으로 작용합니다. 하지만 자신의 마음에 대해서도 확신하지 못하는 사람이 어떻게 다른 사람의 마음에 대해 확신을 가질 수 있겠어요? 핸드폰, 돈, 사회생활 등 배우자의 모든 것을 통제하면 과연 괜찮아질까요? 또 다른 걱정과 불안이 생기게 마련이에요. 바람을 피울 사람은 어떻게든 피웁니다.

가족이
웬수?

배우자가 아니라 당신 성격이 더 큰 문제 같습니다. 의처증이나 의부증에 시달리다가 병원을 찾은 사람들은 비슷한 얘기를 하죠. "사랑하기 때문에 으레 그러려니 하는 줄 알았어요." 의처증이나 의부증은 '편집성 인격 장애(paranoid personality disorder)'를 가진 사람에게서 흔히 나타납니다. 그런 사람들의 특징은 타인의 말과 행동에 의심과 불신이 많고 특히 배우자의 정절을 끊임없이 의심한다는 거예요. 따라서 배우자에게 시도 때도 없이 연락하고, 배우자의 모든 생활, 특히 대인 관계를 속속들이 알려고 하면서 통제하려고 하죠. 배우자 역시 처음에는 아내 또는 남편의 관심과 사랑이 지나쳐서 그렇다고 착각하지만 곧 답답함에 숨이 막혀오고 끊임없는 의심과 추궁에 공포를 느낍니다. 그 결과 상대로부터 벗어나려고 몸부림을 치고 결국은 탈출하거나 그 늪에서 벗어나지 못하고 포기한 채 우울증이나 불안장애에 시달리게 됩니다.

당신에게 묻고 싶습니다. 당신의 성향 때문에, 당신은 의심과 불안에 찌들어 지내고, 남편은 바짝바짝 말라가며 모든 것을 포기한 채 살아가는 쪽을 택하겠습니까, 전문가를 찾아가서 상담을 받고 둘 다 행복해지는 쪽을 택하렵니까? 그렇게 걱정이 된다면 외도를 할지도 모르는 사람과 불안해하면서 사는 것보다는 차라리 당당하게 혼자서 살아가거나 다른 사람을 만나는 것이 낫지 않을까요? 어떻게 생각하세요?

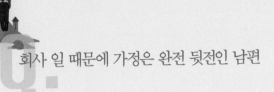

회사 일 때문에 가정은 완전 뒷전인 남편

4일짜리 황금연휴 전날, 남편은 또 보따리를 싸들고 퇴근했다. 일거리다. 남편은 연휴 내내 노트북만 붙들고 있다. 하루 저녁, 아이들 성화에 못이겨 스파게티 먹으러 잠깐 외출했을 뿐이다. 그것도 그냥 피자나 시켜 먹고 말자는 걸 아이들 시켜서 간신히 끌고 나갔다.

남편은 일하고 있는 중에는 말을 붙여도 대꾸도 안 한다. 간식 갖다 주는 것도 귀찮아하는 눈치다. 그래도 집에 있으니 좀 낫다. 툭하면 주말에도 회사에 나간다. 주중보다 수면 시간이 몇 시간 더 늘고 편한 옷차림으로 출근할 뿐이지 패턴은 똑같다. 아! 다른 때보다 조금 일찍 퇴근하기는하는구나. 이건 주말 부부도 아니고 월말 부부쯤 된다.

덕분에 집안일, 집안 행사, 애들 교육 문제는 내 독차지다. 급할 땐 벽에 망치질도 내가 한다. 남편은 일절 간섭하지 않는다.

이번 프로젝트 끝내면 가족 여행을 가잔다. 매번 그 소리다. 5년 동안 가족 여행 소리를 열 번도 더 들었지만 한 번도 간 적이 없다.

여보, 난 큰 걸 바라지 않아. 아무리 사소한 거라도 함께하는 걸 원하지, 당신이 돈 벌어오는 기계처럼 돼가는 거 정말 싫어. 무슨 놈의 회사가 사람을 이렇게 못살게 군담. 회사에 빼앗긴 내 남편 돌리도!

가족이
웬수?

이
경   대화가 필요해,
제   하지만 대화는 피로해

부부 상담이라는 게 있습니다. 가톨릭 성당이나 정신과에서 하는 것도 있고, 구청 주민복지과 같은 데서 운영하는 것도 있어요. 이런 부부 상담을 좀 받아보면 좋을 것 같습니다.

제 생각엔 남편이 집에 들어오기 싫어하는 것 같습니다. 회사 일에 몰두하면서 집은 피하는 것이라고 봅니다. 남편이 이렇게 회사 일을 열심히 한다는 건 참 대단한 겁니다. 이런 사람은 대한민국에도 필요한 사람일 테고 그 회사에서도 꽤나 중요한 인물이겠지요. 하지만 일중독(workaholism)일 가능성이 큽니다. 집에서까지 왜 그렇게 일해야 하는지 이해가 잘 안 가지요? 이때 남편한테 "당신은 도대체 왜 그러냐"며 잔소리나 질책을 하면 문제는 더 커집니다. 이때는 제삼자의 객관적인 시각이 필요합니다. 여러 기관에서 실시하는 부부 상담을 통해 서로가 역지사지(易地思之), 상대방의 입장이 되어 보면 좋겠습니다.

저 역시 20대에 결혼했고, 30대에 과도하게 일에 매달리기도 했고, 가족보다 외부 사람과의 만남을 더 중요하게 여기는 세월이 있었습니다. 근데 마흔을 넘기고 보니까 그동안 품었던 제 생각이 꼭 옳지만은 않다는 걸 깨닫게 되었습니다. 저도 아내도 결혼 생활이 다 처음이잖습니까? 그렇다 보니 여러 면에서 미숙했습니다. 아내는 제가 알아들을 만한 적절한 언어로 얘기하는 것이 서툴렀고, 저 역시 아내의 말을 귀담아듣는 데 많이 소홀했습니다.

당신도 비슷한 과정을 겪고 있는 것 같아요. 이런 경우는 반드시 부부 상담을 받길 바랍니다. 남편이 잘못됐다는 게 아니라, 남편이 자기가 하고 있는 일이 100퍼센트 옳다고 생각하는 것에 문제가 있겠지요. 서로가 생각하는 부분을 50퍼센트씩만 양보하면 좋은 해결책이 나올 거라고 봅니다. 많은 시간을 같이 보내는 게 아니라, 함께 있을 때 집중적으로 좋은 시간을 보내는 것이 중요합니다.

남편은 성장 과정에서 그런 것을 잘 모르고 살아왔을 가능성이 커 보입니다. 계속해서 성공가도를 걸어왔고, 엘리트 코스만을 밟아왔는지도 모르겠습니다. 그런 사람은 독선적인 성향이 좀 있어요. 남편 스스로 그런 것들을 하나씩 하나씩 알아가는 것이 굉장히 중요합니다. 약간 서툴더라도 답답해하지 말고 하나씩 행복해지는 습관, 가족끼리 같이 즐길 수 있는 프로그램을 연구해 보는 것이 어떨까요?

남편을 사랑한다면
남편이 들어올 자리를 만들어줘라

몇 해 전 대선 후보 경선에서 '저녁이 있는 삶'이라는 슬로건이 화제가 된 적이 있지요. 경선에서 패했지만 그 슬로건은 많은 공감을 얻은 잘 만든 슬로건이라는 평가를 받았어요. 한국인의 연간 노동 시간이 OECD 회원국 중에서 수위를 다투는 수준이라는 사실은 잘 알려져 있습니다. 밤늦도록 직장에 붙잡혀 있는 사람이 그만큼 많습니다. 특히 한국 남성은 직장 일은 많이 하고 집안일은 적게 합니다. 일과 학습에 쓰는 시간은 OECD 회원국 중 세 번째로 많고, 가사와 육아에 쓰는 시간은 가장 적어서 OECD 평균의 3분의 1밖에 안 된다는 통계도 있어요. 한마디로 '일 중심, 반(反) 가족친화' 생활 패턴이죠.

이렇게 우리는 장시간 노동을 강요받으며, 열심히 일하지 않으면 밀려난다는 압박을 받으며 살아갑니다. 그러나 환경 탓만 해야 할까요? 회사가 원하니까, 또는 다들 그렇게 사니까 하면서 자기 삶을 방치한 것은 아닐까요? 실제로 주위를 보면, 시간을 어떻게 쓸지 몰라서 일만 하며 사는 사람도 많습니다. 인간관계도 귀찮고 취미도 없고 꿈도 없으니까 주어진 일만 하는 거예요. 이런 사람들은 일할 때만 살아 있는 기분이 들고, 일하지 않을 때는 정신이 멍해진다더군요.

당신이 이런 남편 때문에 살맛이 안 난다면 남편과 진지하게 이야기해봐야 합니다. "우리가 평생 일만 하고 살 수 있겠는가? 언젠가 직장을 그만둬야 할 때가 올 텐데 그때 당신의 삶에는 뭐가 남겠느냐? 그때 가서 다른 것을 찾으려 하면 늦지 않겠느냐? 이제부터라도 가족과의 관계, 당신 자신의 삶, 친구와의 관계 등을 만들어가는 작업이 필요하지 않겠느냐"고 말이지요. 물론 대화를 시도한다고 늘 소통이 원활한 것은 아니며, 상대가 당신 말에 감화되어 순식간에 바뀌는 것도 아니에요. 그러나 가슴에서 우러나온 진지한 감정은 상대방에게 전달되기 마련입니다.

우리 사회가 장시간 노동을 요구하는 것도 사실이고, 남편 또한 일에 매몰되는 성향일 가능성이 높지만, 다른 이유도 찾아봐야 합니다. 남편은 가족들과 있을 때 즐거움을 못 느끼는 것처럼 보이며, 집안일에는 일절 간섭하지 않는다고 했습니다. 이럴 때 흔히 가족들은 아빠는 '일하는 사람'이라고 낙인을 찍으려 들죠. 혹시 당신은 남편이 일만 하는 모습에 실망해 남편이 들어갈 자리를 내주지 않은 건 아닐까요? 남편 중에는 가정에서 자기 자리가 없다고 느끼는 사람이 많습니다.

남편은 남편대로 자기가 할 줄 아는 일에 몰두한 것뿐이지만, 시간이 흐르면서 아내나 아이들이 남편의 자리, 아빠의 자리를 잊어버리고 나아가

가족이
웬수?

자리를 마련해주지 않게 된 것이죠. 당신이 그렇듯이 남편의 마음 한구석도 점점 공허해지고 있을지 모릅니다. 당장은 직장 일에 가장 큰 관심을 두는 듯 보여도 실제로는 뻥 뚫려 있는 거예요. 당신이 남편을 걱정한다면 남편의 자리를 더 많이 만들어주십시오.

물론 당신 또한 남편에게서 위로받고 싶을 겁니다. "회사에 빼앗긴 내 남편 돌리도!"라는 외침에서 남편과 함께 꾸민 따뜻한 보금자리를 지키려는 간절한 마음이 전해지네요. 그런 소망을 자주 얘기하면서 남편과 편안한 자리를 만들어가려는 노력이 필요할 것 같습니다.

관계가 가까울수록 대화에 짜증이 깃들기 쉽습니다. "당신은 우리한테 관심도 없지? 늘 회사 일이 먼저지?"라고 쏘아붙이는 식의 말투는 부부지간을 더 멀리 떨어뜨립니다. 남편은 이럴 때 아내의 힘든 마음을 전달받는 것이 아니라 아내가 나에게 시비를 건다고 느끼기 때문이지요. 멀리 내다보는 너그러운 태도로 남편과 더 많이 대화하는 게 좋겠습니다. 가정을 등한시하고 일만 하며 살 때 벌어질 만한 상황을 예를 들어 제시하고, 앞으로 만들어가고 싶은 가정생활의 모습을 이야기하면서 방향을 틀어 생각할 기회를 주십시오.

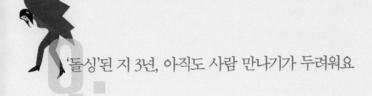

Q. '돌싱'된 지 3년, 아직도 사람 만나기가 두려워요

철없던 스물넷 시절, 일곱 살 위 남자와 덜컥 결혼했다가 5년 살고 갈라섰다. 이혼 소송은 내가 걸었다. 위자료 일부로 '개인 편의점'을 차려 알바도 안 쓰고 아등바등 살아간다. 다섯 살 아들내미는 아빠와 산다. 한 달에 한 번꼴로 스치듯 아이 얼굴만 보고 온다. 아이의 새엄마는 이혼의 빌미를 제공했던 여자다. 전남편이라는 인간은 나랑 살 때와는 달리 얼굴에 화색이 감돈다.

아들 녀석은 붕어빵 찍어놓은 듯 지 아비를 쏙 빼닮았다. 넉살 좋은 것도 부전자전인지 새엄마 품에 안겨 시시덕거리는 모습을 몇 번이나 봤다. 한때 내가 살던 집 길모퉁이에 몸을 숨긴 채 훔쳐봐야 했다. 속이 뒤집어졌다. 하긴, 애가 뭘 알겠나…….

세상은 잘 돌아가고 나만 제자리걸음이다. 친지의 권유로 맞선을 몇 번 보았으나 새로운 사람을 받아들일 준비가 안 됐다. 아니, 다시금 연애하고 가정을 꾸려나갈 자신이 없다. 사람 만나는 게 두렵기만 할 뿐이다. 삶이 왜 이리도 청승맞은지 남들 얘기로는 돌싱으로 3년쯤 지나면, 대부분 마음 다잡고 새 출발 한다던데……. 막막한 내 인생에도 햇살이 비치려나? 과연 쥐구멍에도 볕 들 날이 오긴 하려나?

가족이
웬수?

이경제

남 신경 쓰지 말고
자신의 길을 가시라

아들이 새엄마랑 아빠랑 잘 살면 됐네요. 뭐가 걱정인가요? 문제없잖아
요. 그쪽은 행복하게 잘 사니까 당신만 행복하면 되겠네요. 덜컥 결혼했다,
그렇게 얘기하지 마십시오. 도망가지 마십시오. 아직도 당신은 책임을 회
피하려는 비겁한 마음이 있네요. 인정하셔야 해요.

사람 만나는 게 무섭다? 당연하죠. 이혼을 결정하고, 아들과 떨어
져야 하는 아픔을 겪었는데 안 무섭다고 하면 어리석은 거죠. 그 무서
움을 지혜로 바꾸면 됩니다. 조심스럽고 신중하게 사람을 만나야 합
니다. 다시 결혼하고 싶나요? 서두르지 말고 가볍게 친구처럼 만나세
요. 저는 이게 중요한 것 같아요. 자꾸 결혼을 전제로 사람을 사귀려
고 하면 만날 사람이 없어요.

사람 만나는 게 두려운 것은 한 번 실패가 두 번 실패로 이어지면 어쩌

나 하는 불안 심리가 작용하는 거예요. 그러다 보니 대인 관계에 자신감이 없어지고 사람 만나는 걸 피하게 되는 겁니다. 그러니까 결혼을 안 하겠다는 심정으로 가볍게 만나세요. 친구와 함께 영화도 보고 데이트도 하고 즐겁게 지내보세요.

결혼이라는, 책임이 막중한 것을 전제로 하면, 만날 사람도 많지 않고, 만나더라도 한두 번 만나고는 불편해지기 쉽습니다. 그래서 '나는 결혼 안 하겠다' 그렇게 마음먹고 나서 사람을 사귀다 보면 오히려 결혼할 만한 좋은 사람을 만날 수도 있는 겁니다.

무엇보다도 우선 당신이 행복해야 해요. 당신 자신에게 물어보세요. 남자와 데이트하고 만나는 것이 행복한가요?

두려움을 이기는 법? 그런 건 없어요. 두려움은 그저 견디는 수밖에 없습니다. 여행을 다니세요. 남자친구를 사귀어 같이 여행을 가면 서로를 자연스럽게 알 수 있지요. 지금 현재 행복한 시간, 행복한 순간, 행복한 습관을 많이 만드세요. 당신에게 익숙한 공간을 벗어나는 것은 생각과 감정을 추스르는 데 도움이 됩니다.

**양
재
진**
남자 만나는 게 문제가 아니라
혼자서도 외롭지 않아야 한다

두 사람이 만나서 함께 사는데 어느 한쪽이 100퍼센트 잘못한 경우가 있을까요? 술버릇이 있는 사람, 도박에 중독된 사람, 폭력을 일삼는 사람, 외도를 반복하는 사람, 지나치게 사치스러운 사람, 분노조절장애가 있는 사람 등 심각한 문제를 지닌 사람과 함께 산다고 해도 말입니다. 그 사람을 선택한 잘못은 자기 자신에게도 있는 거예요. 정신적으로 건강하다는 것은 일을 할 수 있고 사랑을 할 수 있다는 겁니다. 따라서 어떤 일을 어떻게 하는지, 어떤 사람을 선택해서 만나는지 등 이런 것들은 그 사람에 대해 많은 정보를 알려줍니다. 즉 문제가 있는 상대를 선택해서 만난다면 자신에게도 문제가 있다는 얘기죠.

많은 사람이 "결혼 전에는 몰랐다", "결혼 전에는 안 그랬는데 변했다"고 얘기합니다. 하지만 절대 그렇지 않아요. 최소한 몇 개월이라도 만나봤다면 결혼 전에도 상대방은 분명히 그런 모습을 보였을 겁니다. 음주벽이 있는 사람은 지나치게 술을 자주 많이 마셨을 테고, 도박 중독인 사람은 시도 때도 없이 내기하는 모습을 보였겠지요. 또한 폭력적인 사람은 감정이 격해졌을 때 욕설을 하거나 물건을 집어던지거나 벽을 치는 등 거친 모습이 알게 모르게 드러냈을 거예요. 이렇게 결혼 전에, 그러니까 알콩달콩 연애 기간에 상대방의 성정(性情)을 미루어 짐작할 만한 힌트와 단서가 넘쳐흐릅니다.

그런데 상대방에 대한 좋은 감정 때문에, 그 당시의 관계가 중요해서, 또는 결혼할 사람이 필요했기에 그런 모습을 보고도 다른 식으로 받아들였을 가능성이 큽니다. 술을 자주 많이 마시는 사람을 보면서 대인 관계가 좋다거나 '남자가 사회생활 하려면 술 좀 마실 줄 알아야지'라고 생각했거나, 주먹을 휘두르는 사람을 보면서 남자답고 터프한 매력이 있다거나 '상남자'라고 생각했을지도 모릅니다. 바람기가 다분한 남자를 보면서 이 사람은 매력이 철철 넘칠 뿐 아무 잘못이 없는데 자꾸 다가오는 여자들이 문제라고 생각했을 거예요. 심지어 그런 매력적인 사람이 자기 애인이라며 뿌듯해 하거나 자랑스러워했을 수도 있어요.

부정적인 힌트 또는 경각심을 불러일으키는 각종 단서를 보고도 대개 못 본 척하거나, 결혼하면 자기가 고칠 수 있다거나 바뀔 거라고 착각합니다. 이런 생각으로 문제가 많은 상대방을 선택한 사람에게도 분명히 잘못이 있다는 것이죠. 그렇다면 상대방에게 특별한 문제가 없는데도 둘 사이에 갈등이 지속된다면 어떨까요? 그 갈등에 대한 자기 자신의 책임이 꽤나 되지 않을까요?

당신은 전남편의 외도 때문에 이혼한 것 같은데, 외도는 변명의 여지없이 외도를 한 가해자와 당한 피해자로 남게 됩니다. 하지만 당신을 위해 조금만 다르게 생각해봅시다. 5년 동안 부부 관계를 이어오던 중 전남편이 외도했다는 사실 이외에, 그 이면에 숨겨진 문제는 없었나요? 아이 없이 두 사람만의 시간을 보내는 동안 둘 사이에는 어떤 일들이 있었나요? 그 많은 일들 속에서 혹시 지속적인 갈등이 있었다면 거기에 당신 문제는, 당신의 책임은 얼마나 될까요?

이혼에 이르게 된 외도 문제를 일으킨 책임은 당연히 전남편에게 있습니다. 당신에게 문제가 있어서, 여성으로서 매력이 부족해서, 당신이 잘못해서가 아니라 그냥 운이 없어서, 재수가 없어서 그런 무책임하고 나쁜 놈을 만났다고 생각하고 훌훌 털어버리라고 할 수도 있습니다. 하지만 반복해서 당신의 책임을 거론하는 이유는 두 사람 사이의 갈등과 문제에서 당신에게도 최소한의 문제나 책임이 있다는 생각을 가지고 스스로를 돌아보는 것이 반드시 필요하기 때문이에요.

재혼한 부부들의 만족도를 조사한 게 있는데, 그 결과가 재미있습니다. 이혼의 귀책사유가 상대방에게 있다고 생각하는 사람은 만족도가 낮았고, 자기 책임으로 돌렸던 사람은 만족도가 높게 나왔어요. 즉, 자신을 돌아보고 자기 문제를 발견해서 고치려고 노력한 사람은 예전의 실패를 되풀이하지 않고 잘 살았다는 얘기죠. 그런 노력을 기울이지 않는 한, 누구를 만나더라도 같은 문제는 반복될 가능성이 큽니다.

그런데 당신은 아직도 전남편과의 관계에서 벗어나지 못한 채 상대방과 자신을 비교하며 힘들어하는군요. 이제 그 남자와 당신 사이에는 아들 외에는 아무런 연결 고리가 없어요. 친권은 포기했지만 필요할 때 아들에게 친엄마 역할을 하는 것 말고는. 이제 과거를 털어버리고 여자로서의 자신을 찾아가면 좋겠어요. 먼저 자신을 돌아보는 연습을 하고 현재의 자신을 객관적으로 바라보고 미래의 자신을 그려보십시오. 남자는 안 만나도 되고 나중에 만나도 됩니다. 지금은 무엇보다도 자신과의 대화가 필요합니다.

법륜 스님의 말씀 중에 좋아하는 글귀가 있습니다. "사람은 오롯이 혼자 설 수 있어야 혼자 있을 때 외롭지 않고, 둘이 있을 때 귀찮지 않다." 자기 자신을 사랑하는 연습, 오롯이 혼자 서는 연습이 필요한 때입니다.

TAKE _ 6

누가 나 좀 말려줘요

All sins are attempts to fill voids.

"모든 죄악은 공허함을 채우려는 시도에서 비롯된다."

_ 시몬 베유(Simon Weil), 프랑스 사상가

심리적·신체적 병리 증상

대한민국은 '중독사회'다. '중독'이라는 말이 상당히 남용되는 감은 있지만, 어쨌든 우리 사회가 심각한 중증을 앓고 있는 것만은 틀림없다. 알코올·마약·도박·게임 등 소위 4대 중독부터 스마트폰·쇼핑·카페인·성형·다이어트 기타 등등에 이르기까지 중독의 종류도 꽤 많다. 중독이란, 뇌의 쾌락중추 신경계가 특정 물질이나 행위에 지나치게 자극을 받으면서 쾌락 추구와 조절을 관장하는 기능이 균형을 상실했을 때 나타나는 질환이다. 2013년 기준으로 우리나라는 국민의 6.8퍼센트인 338만명이 중독 증상을 앓고 있다고 한다. 그런데 중독은 중독 자체로만 그치지 않는다. 갖가지 중독으로 병든 사회는 필연적으로 다른 사람을 밟고올라서야 하는 생존 법칙, 즉 경쟁의 내면화를 조장한다. 하물며 사회적 안전망이 취약한 데다 복지 수준마저 보잘것없는 사회에서는 각자도생의 무한 경쟁이 펼쳐질 수밖에 없다. 선행학습 중독, 공부 중독, 자기계발 중독, 일중독……. 결코 일개인의 일탈로만 치부할 수 없는 문제다. 이는 사회 구성원 모두가 집단강박증에 시달리고 있는 우리 시대의 자화상일 것이다. 이런 초라한 몰골은 어디서부터, 왜, 어떻게 연유되었을까? 그 해결 방안과 예방 대책은 무엇인가?

Q. 사고 또 사고…… 그칠 줄 모르는 쇼핑

월급날이 25일인데, 매달 초만 되면 통장 잔액이 바닥을 드러낸다. 지난달 사용한 카드 결제 대금 때문이다. 할부금이 몇 가지나 걸려 있는지도 모르겠다. 명세서를 보니 12개월짜리 고급 녹즙기도 있더라. 무슨 마음으로 질렀던 건지 기억도 가물가물하다. 무를 수도 없고 후회막급이다. 아직도 9개월이나 남았다.

그놈의 인터넷 쇼핑몰과 홈쇼핑이 원흉이다. 요즘엔 모바일 앱도 한몫 단단히 한다. 끊어야지, 끊어야지 하면서도, 틈만 나면 소파에 비스듬히 누워 '신상'을 쫓아 리모컨 버튼 누르기에 바쁘다. 충동구매도 많다. 요리라곤 참치 캔 들이부은 김치찌개 겨우 만드는 주제에 독일제 '헹켈' 식칼 세트는 왜 들여놨는지 모르겠다. 어떨 때는 '카톡'에 자랑질 좀 하고 싶다는 이유만으로 '명품'을 사기도 한다. 그러다 보니 반품이 일상이다. 일주일 평균 열 개 가운데 네 개꼴이다. 젠장, 반품도 일이다. 업체 상담원과 통화해 결제 취소 요청해야지, 박스 포장 다시 해야지, 경비실에 맡겨야지……. 그런데 결제 취소하고 반품 처리하고 나면 괜히 공돈 생긴 듯한 기분에 또다시 인터넷 쇼핑몰을 기웃거린다.

월세로 살면서 이게 뭐하는 짓인지 자괴감이 들 때가 한두 번이 아니다. 늘 후회로 가득한 인생, 뭔가 대책이 있어야 하지 않을까?

**이
경
제**　욕망의 근원을 보면
　　충동을 이해할 수 있다

알코올, 도박, 폭력, 쇼핑은 중독에 빠질 수가 있습니다. 지금 당신은 의
식으로는 하고 싶지 않은데 어떤 다른 요인 때문에 무의식이 움직이고 있
어요. 그 무의식이 요구하는 것이 무엇인지 구체적으로 파악한 다음에야
해결이 가능할 것 같습니다. 원인이 다른 곳에 있다는 것이죠. 쇼핑 자체에
원인이 있는 게 아니라, 당신 안의 어떤 충동이 쇼핑으로 표출되는 거예요.
　남편이 속 썩일 때 명품 백을 사면 스트레스가 풀린다는 아내들의 이야
기가 종종 있습니다. 일리 있는 얘기예요. 뭔가 보상이 필요한 겁니다. 당
신 같은 경우, 본인이 감당할 만한 경제 능력을 넘어서는 쇼핑이 습관화되
었는데 바람직하지 못한 모습입니다.

어떻게 보면 현명한 쇼핑은 본인의 경제적 능력 내에서 이루어지는
것이 아닌가 생각합니다. 1억을 버는 사람이 100만 원 쓰는 것은 현명

한 쇼핑이지만, 100만 원 버는 사람이 100만 원을 쓰는 것은 현명한 쇼핑이라고 할 수 없지요. 자기 내면의 불만 사항이 무엇인지 살펴봐야 합니다. 무엇이 불만인지 파악하면 거기에 답이 있을 겁니다. 쇼핑보다는 당신 안에 있는 욕구불만을 전문가와 상담해서 찾아내길 바랍니다.

양재진

당신에게 우울증, 불안증 등이 있는지
기저 질환 여부를 먼저 확인해보시라

요즘 많은 사람의 입길에 오르내리고 사회적인 문제로 대두되는 것 중하나가 '쇼핑 중독'입니다. 그런데 사람들은 뭔가 좀 지나친 현상이 있으면거기에다 '중독'이라는 말을 쉽게 갖다 붙이는데, 중독이라는 말은 엄격히가려가면서 써야 할 필요가 있어요.

일단 중독의 정의부터 내리겠습니다. 중독이라고 하면 다음과 같은 네가지 증상이 존재해야 합니다.

첫째로 '내성'이 생겨야 합니다. 내성이란 같은 자극으로 얻을 수 있는만족감이나 쾌감이 줄어들면서 더 큰 자극을 찾게 되는 것이죠. 둘째로'금단증상'이 나타나야 합니다. 금단증상이란 주어지는 자극이 줄어들거나 끊겼을 때, 뇌에서 그 자극을 요구하는 신호가 커지면서 불안하거나 흥분했을 때처럼 나타나는 증세를 말합니다. 셋째로 '직업적·사회적 기능의 손상'이 일어나야 합니다. 즉 끊임없는 자극의 추구로 인해 직업을 유지하는 데 문제가 생기거나, 사회생활을 하는 데 어려움을 겪게 된다는 뜻입니다. 넷째로 '대인 관계'에 문제가 생겨야 합니다. 자극을 추구하는 자신의 행위 때문에 주변 사람들과의 관계에서 갈등이 생기고 골이 깊어지거나 관계가 단절되기도 하지요. 이 네 가지가 존재할 때 우리는 중독이라고 진단을 내립니다.

사람들이 흔히 말하는 쇼핑 중독은, 사실 중독이라기보다 오히려 '충동조절장애'에 해당한다고 보는 것이 더 타당해요. 쇼핑 중독은 '강박적 구매'라고도 부르며, 쇼핑과 구매 과정에서 과도한 충동이나 집착이 작용해, 필요하지도 않은 물건을 분별없이 구매하거나, 자신이 감당할 수 있는 경제력보다 훨씬 더 비싼 물건을 구매하는 경우가 빈번히 나타나는 질환입니다. 단순히 쇼핑을 많이 하는 병이 아니라, 쇼핑의 충동을 스스로 조절하지 못해 자신이나 타인에게 해를 끼치는 병이라고 할 수 있지요. 서울대학교 병원에서 제공하는 의학 정보에 따르면, 쇼핑 중독 환자의 80~95퍼센트가 여성이고, 이들 중 강박 장애가 동반되는 경우가 12.5~30퍼센트입니다. 또한 우울증, 불안장애, 알코올 및 약물 남용이 뒤따를 수도 있다고 합니다.

쇼핑 중독의 가장 큰 특징은, 어떤 물건을 구매할 때, 그 물건을 소유하거나 사용하는 것이 목적이 아니라 구입하는 그 순간의 쾌감 자체가 주목적이라는 것입니다. 마치 도박 중독으로 흔히 일컬어지는 병적 도박(pathologic gambling) 환자들이 돈을 따는 것이 목적이 아니라 배팅을 하고 패를 쪼일 때의 쾌감 자체가 목적인 것처럼 말입니다. 쇼핑 중독 환자들의 집에 가보면 구입 후 사용하지 않은, 심지어 포장지도 안 뜯고 태그(tag)도 떼지 않은 물건들이 수두룩합니다. 수북이 쌓여 있는 물건들을 보며 느끼는 죄책감은 그 물건을 주변 사람들에게 나눠주거나 습관적으로 반품을 함으로써 자기 합리화를 통해 상쇄시키기도 하지요.

이런 증상이 있다고 호소하는 당신은 먼저 확인해야 할 게 있습니다. 당신에게 기저 질환이 있는지 따져보는 것이 중요합니다. 강박적 성향이나 우울증, 불안장애 등의 질환을 앓고 있는 사실을 몰라서 치료를 받지 않는 채 자기 마음 달래거나 허전함을 채우기 위해 쇼핑을 반복하는 것은 아닌지 살펴봐야 한다는 겁니다. 따라서 반드시 전문가의 도움을 구해 기저 질환 유무를 확인하고, 만약 기저 질환이 존재한다면 꼭 치료 받아야 합니다.

쇼핑을 유혹하는 자극으로부터 거리를 두는 게 그다음에 해야 할 일입니다. '쇼핑 자극'이 없으면 당연히 '쇼핑 반응'도 일어나지 않겠죠. 쉽게 말해 인터넷 쇼핑몰 사이트를 '즐겨찾기'에서 삭제하고 들어가지 말아야 하며, 홈쇼핑 채널도 아예 보지 말아야 합니다. 스스로 제어하기 힘들다면 당분간 인터넷과 케이블 TV를 끊는 방법을 추천합니다. 모바일 쇼핑 앱도 삭제해야겠죠? 도저히 안 될 때는 구매 시간을 늦추는 것도 좋은 방법이 될 수 있습니다. 쇼핑 중독은 즉각적이고 일시적이고 충동적인 반응이므로 시간이 지날수록 충동은 줄어들게 되어 있습니다. 예를 들어, 인터넷 쇼핑몰에서 사고 싶은 물건을 발견하면, '즉시 구매' 버튼을 클릭하지 말고 일단 '장바구니'에 넣어두세요. 계속 쇼핑하면서 장바구니에 잔뜩 담아놓으면 시간이 지나 제정신이 들면서 장바구니에 담긴 물건들에 대한 구매 욕구가 사그라지는 경우도 있어요. 또한 홈쇼핑에서 즐겨 사용하는 마케팅 기법에 놀아나지 말아야 합니다. 모든 홈쇼핑 방송에서 끊임없이 외치는 '한정 수량', '몇 분 안 남았습니다', '품절 임박' 등의 자극적인 멘트와 자막에 현혹되지 마세요. 장담컨대, 품절이라던 상품을 며칠 안에 반드시 또 보게 될 테니까요.

스스로 참거나 자제할 수 없으므로 병이나 질환이라고 부르는 겁니다. 전문가의 도움을 꼭 받아야 해요. 모든 중독 질환이 그렇듯이 병이 진행될수록 자신을 합리화하고 자신의 문제를 축소하고 부정하는 경향이 생겨납니다.

대부분의 중독 환자들이 치료 과정에서 느끼는 것이 있습니다. 당신이 쇼핑 중독에서 벗어나서 쇼핑과 반품으로 허비하는 시간이 사라진 자신의 삶을 맞이하게 되면, 하루가 무척 길다는 사실에 새삼스레 깜짝 놀라게 될 겁니다. 새로 얻은 그 시간을 온전히 당신을 위해, 당신의 행복을 위해 사용하기를 바랍니다.

밤마다 찾아오는 가짜 유혹

라디오 방송작가로 일하고 있다. 일의 특성상 새벽에 노트북 앞에 앉아 있는 경우가 많다. 마감에 쫓길 때는 밤샘 작업도 부지기수다. 웬만하면 아침 프로그램은 안 맡으려 하는데, 이제 겨우 '새끼 작가' 신세를 면한 주제에 아직은 일을 가려가면서 할 처지가 아니다.

대개 새벽 한 시쯤 야식을 먹는데, 이골이 났는지 밤참을 먹어줘야 글발이 술술 풀린다. 진작부터 식습관을 고쳐야겠다고 마음먹었다가도 스트레스 받으면 그냥 작심삼일이다. 야식을 거르면, 거르는 대로 주전부리만 찾게 되고, 엉덩이는 들썩들썩 안절부절못한다. 어떨 때는 모니터 속에서 깜빡이는 커서를 두 시간씩이나 멍하니 바라볼 때도 있다. 한마디로 야식을 먹지 않으면 일이 안된다.

덕분에 허리둘레는 32, 체질량지수는 28, 경도비만이란다. 총콜레스테롤 수치는 234㎎/㎗가 나왔다. 육식? 즐기지도 않는다. 술? 맥주 500㏄ 한 잔이면 나가떨어진다. 아무래도 한밤중에 먹는 우동, 칼국수, 떡볶이, 튀김 등 밀가루 음식 때문이 아닐까. 분식에 대한 절절한 애정 표현이 결국 '야식 중독'으로 이어진 것 같다. 건강에 쥐약이라는 걸 알면서도 끊지 못하는 유별난 분식 사랑, 무슨 방법이 없을까?

누가 나 좀
말려줘요

275

say

이 경 제   당신이 다스려야 할 것은
뇌의 배고픔

배고픈 것에는 두 가지가 있습니다. 먼저 실제로 배가 고픈 거예요. 배 속이 비어서 고픈 거죠. 다른 하나는 뇌가 배고픈 거예요. 이건 쾌락을 요구하는 겁니다. 밤마다 뭔가를 먹고 싶다면, 그건 배가 고픈 게 아니라 뇌가 습관적으로 거짓 정보를 보내는 거예요. 이런 유혹에 넘어가면 안 됩니다.

저도 음주와 야식을 꽤 좋아했던 사람입니다. 야식 습관을 극복하는 것은 간단해요. 이런 경우, 대개 탄수화물 중독인 경우가 많습니다. 이것은 탄수화물을 줄여가는 것 외에는 달리 방법이 없어요. 탄수화물을 아예 먹지 말라는 게 아니라 조금씩 줄여나가면 됩니다. 그러면 식욕의 3분의 1 정도는 줄일 수 있습니다. 탄수화물 섭취하는 날을 따로 정해보세요. 사흘참은 다음에 하루 먹는다든가 하는 식으로 말이죠. 빵, 면, 과자 먹는 날을 정하는 거죠.

야식과 분식의 유혹은 일찍 자면 해결됩니다. 그런데 꼭 밤에 일해야 한다면 밤에 먹는 먹거리에 대해서 고민을 해보세요. 물론, 안 먹는 게 제일 좋지요. 먹을 수밖에 없다면 브레인푸드도 좋고 선식도 좋습니다. 브레인푸드는 기억력, 집중력 등 두뇌의 기능 향상을 돕고 두뇌 활동의 주요 에너지원이 되는 식품을 말하죠. 그런데 먹더라도 허기를 면할 수 있는 정도만 먹어야 합니다. 자정부터 새벽 1시는 원래 출출한 시간이고, 그때 먹는 떡볶이와 순대는 정말 맛있죠! 입이 행복해지겠죠. 그런데 그런 쾌락은 한 달에 한두 번 정도로 자제하는 게 좋아요. 당신의 자제력이나 의지가 부족하다면 전문가의 도움을 받는 것도 한 방법입니다. 정신과 상담을 통해 식욕을 억제하는 방법을 찾든가 우울증에 좋은 신경안정제를 처방받는 게 좋겠습니다.

양
재   감정적 허기에 현혹되어 야식을 먹는 것은
진   뇌가 보내는 거짓 정보에 속는 것!

많은 사람이 야식 증후군, 가짜 식욕 등을 이야기하고 걱정합니다. 그럼에도 대한민국, 특히 대도시일수록 24시간 배달 문화로 대표되는 야식 시장은 날이 갈수록 성장하고 있습니다.

외국인들이 우리나라에 와서 제일 먼저 놀라는 것이 엄청나게 빠른 인터넷 속도와 바로 이 24시간 배달 문화라고 합니다. 인터넷과 모바일 앱을 이용해서 원하는 음식을 언제든지, 어느 곳에서든, 심지어 한강 둔치에서도 배달시켜 먹을 수 있다니······. 그런데 사람들은 왜 이렇게 야식을 선호하고 야식에 열광할까요?

먼저, 잘못된 기업 문화와 그로 인해 망가진 생활 습관 탓이 큽니다. 엄연히 출근 시간과 퇴근 시간이 정해져 있음에도, 야근을 장려하고 정시 퇴근을 암묵적으로 꺼리고, 상사가 퇴근하기 전에 먼저 퇴근하면 싸가지없다

는 소리를 듣는 기업 문화. 이는 과거 압축 고도성장 시기에 가장 효율적이 었던 상명하복의 조직 문화와 군사독재 시절의 잔재일 겁니다. 능력 및 능률, 창의력 대신 인맥과 연줄, 보여주기 식의 전시 행정, 상사의 지시에 고 분고분 따르는 것이 더 중요한 평가 요소로 작용해 왔으니까요.

허구한 날 야근이 잦다 보니 퇴근하고 집에 와서 씻고 나면 밤 9시, 10시 무렵인데, 문제는 그때쯤이면 출출해진다는 겁니다. 이른 출근으로 아침 식사는 거르고, 점심은 정오부터 오후 1시 사이에 하고, 저녁 식사는 오후 6시에서 7시 사이에 하는 경우가 대부분이잖아요. 이렇게 되면 사람의 뇌 는 아침을 걸렀기에 점심 식사를 아침 식사로, 저녁 식사를 점심 식사로, 그리고 퇴근하고 집에 도착할 때쯤이면 저녁 식사를 할 시간이라고 착각 하게 됩니다. 그리고 이런 사이클은 악순환을 불러오지요. 야식을 먹고 잤 으니 속이 더부룩해서 아침 식사를 거르기 쉬워요.

더구나 야식으로 즐겨 먹는 종류는 치킨·피자·족발 등 지방이 많은 음 식들이에요. 지방은 특히 소화에 많은 시간이 필요하기 때문에 아침에 일 어날 때까지 소화가 안 되기 마련입니다. 또한 당신이 즐겨 먹는다는 칼국 수·떡볶이·튀김 등의 분식은 주성분이 밀가루입니다. 밀가루는 장에서 비슷한 구조의 곰팡이로 인식되어 인체의 면역 시스템을 활성화시켜 장에 미세한 상처를 내고 결국 만성적인 염증을 일으키며, 결과적으로 음식물 의 소화를 방해한다고 알려져 있습니다.

그리고 무엇보다도 야식은 숙면을 방해하는 원인이 됩니다. 인간은 수면 을 통해 하루 내내 쉴 새 없이 사용한 뇌를 재충전시키고 다른 장기들도 모두 휴식을 취합니다. 그런데 야식을 먹어 위에 음식물이 차 있으면 위는 어쩔 수 없이 운동을 해야 하고, 그러면 뇌가 충분한 휴식을 취하는 데 방해될 수밖에 없어요.

야식을 먹는 것은 실제로 허기를 느끼는 게 아닌 가짜 식욕에 속는 것일 수도 있다는 점을 늘 명심해야 합니다. 그럼 가짜 식욕은 왜 생기는지 알아보겠습니다.

첫째, 불규칙한 식습관을 가진 사람은 하루에 두 끼를 먹든, 세 끼를 먹든 그 양에서 차이가 심하게 날 겁니다. 이렇게 끼니마다 먹는 양이 차이가 날수록, 가짜 허기와 식욕을 불러일으킵니다. 생명을 유지하려면 음식 섭취가 가장 큰 비중을 차지하는데, 음식 섭취가 불규칙하다면 인체에서는 더 많은 에너지를 저장하려는 경향이 있습니다.

둘째, 스트레스를 받거나 감정 상태가 우울해지면, 뇌의 시상하부에서 분비되는 신경전달물질 세로토닌(serotonin)의 분비가 줄어듭니다. 그런데 이때 음식을 섭취하면 세로토닌의 분비가 상승해 정상 수준으로 돌아가는데, 특히 인슐린의 분비를 더욱 유발하는, 다시 말해 혈당 수치를 더욱 높이려는 음식들을 더욱 찾게 됩니다.

셋째, 사람들은 다이어트를 할 때, 필요 이상으로 섭취를 줄이려 하고 소비는 늘리려고 합니다. 이 과정에서 가짜 허기와 식욕이 더욱 발생한다는 사실은 굳이 설명하지 않아도 알 겁니다. 굳이 다이어트를 하지 않아도, 체내에 저장되어 있는 에너지보다 소비되는 에너지가 많을수록 가짜 허기와 식욕이 유발되는 겁니다. 그런데 다이어트를 하고 있다면, 그 가능성이 더욱 커지겠지요. 단순히 에너지가 부족하기 때문일 수도 있지만, 급격하게 섭취를 제한했기 때문에 이런 일들이 벌어지는 겁니다.

넷째, 탄수화물 중독이란 가공·정제된 탄수화물, 특히 당질이 다량 함유된 음식을 억제하지 못하는 증상입니다. 한 번 탄수화물 중독에 걸리면 헤어나기가 좀처럼 쉽지 않아요. 탄수화물 중독은 인슐린과 밀접하게 연관되어, 특히 당분이 많은 음식을 자주 찾게 되지요. 이 또한 가짜 허기와 식욕이라고 할 수 있습니다. 탄수화물 중독을 겪고 있다면, 보통 빵이나 과자, 초콜릿 등과 같은 가공·정제된 특정 탄수화물 식품을 수시로 섭취하고 있을 가능성이 큽니다.

마지막으로, 알코올을 섭취하면, 체내로 흡수되어 간에서 해독 작용이 일어납니다. 평상시의 간은 필요에 따라 지속적으로 일종의 탄수화물 복합체인 글리코겐(glycogen)을 포도당으로 변화시켜, 체내의 혈당 수치를 일정 수준으로 유지하는 기능을 하지요. 하지만 알코올을 섭취하면, 알코올의 해독 작용을 우선적으로 수행합니다. 이러한 과정에서 저혈당에 빠지기 쉬워 가짜 허기 및 식욕을 불러일으킵니다. 이런 현상은 알코올의 섭취가 잦거나 많을수록 더 발생합니다.

밤마다 나를 자극하고 괴롭히는 식욕이 실은 가짜 식욕임을 명심하면서, 결국 나를 괴롭히는 것은 내가 만든 잘못된 습관이며 이를 고치려면 스스로 노력하는 수밖에 없다는 것을 주지하시길 바랍니다. 규칙적인 수면 습관과 식습관은 신체적인 건강뿐 아니라 정신적인 건강도 지켜줍니다. 이렇게 생활 습관을 바꿨는데도 밤마다 허전하고 공허한 느낌이 든다면 이는 감정적인 신호이므로, 무엇인가를 먹는 대신 나와 내 주변을 돌아보길 바랍니다. 감정적인 허기가 생긴 이유에 대해……

Q. 잠 한번 늘어지게 자봤으면

　베개를 베고 누우면 그때부터 말똥말똥해진다. 양을 천 마리쯤 세고 나면 머리가 지끈거리니 이리저리 몸을 안 뒤척일 수 없다. 말 그대로 매일 밤이 전전반측(輾轉反側)이다. 특별한 고민거리가 있는 것도 아니다. 와인 한 잔, 지루한 책이나 영화, 명상 음악, 수면유도제 다 소용없다. 푹 자겠노라 작정하고 잠자리에 들면 더 안 온다. 오히려 심장박동이 더 빨라진다. 깜박 잠들었다 싶으면 남편 코 고는 소리에 잠은 저만치 달아나버린다. 각방을 써도 효과가 없는 건 마찬가지다. 일 년 중 아침에 일어났을 때 잠 좀 잤구나, 하는 기분이 드는 날이 한 손으로 꼽을 정도다.

　수면의 질이 형편없으니 낮엔들 컨디션이 좋을 리 없다. 머릿속은 안개가 낀 것처럼 부옇고, 두통은 만성이 되었다. 기분이 늘 가라앉아 있으니 내 업무와 관계없는 사람이 다가오는 게 달갑지 않다. 그러다 보니 매사가 귀찮고 시니컬해진다. 웬만한 걸로는 눈도 끔뻑 안 한다.

　예전엔 그렇지 않았다. 누구에게나 사근사근 대하고 선후배와 조곤조곤 대화 나누기를 즐겼던 나였는데…… 잠 좀 못 자더니 점점 염세주의자 '차도녀'로 이미지가 굳어버린 것 같다. 수면 장애만 극복하면 다시 예전의 나로 돌아갈 수 있을 텐데.

이
경
제

감기, 몸살에 걸리면 병원을 찾듯이
마음에 탈이 나면 정신과 상담을 받는 게 당연

피로는 여러 요인 때문에 생깁니다. 수면 피로, 잠이 부족해서 오는 피로는 잠을 푹 자면 돼요. 그런데 깊은 잠을 못 자는 경우가 참 많습니다. 예를 들어, 자다가 두세 번씩 깨서 소변을 보러 간다든지 하는 수면 중 각성이라는 현상 때문이죠. 자다가 여러 번 깨는 거예요. 그리고 꿈을 자주 꾸거나 많이 꾸는 것 역시 깊은 수면이 아닙니다. 아침에 일어날 때 개운하게 못 일어난다면 얕은 수면이라고 봐도 되겠습니다. 반드시 정신과 전문의와 수면 문제 상담을 하는 게 좋을 것 같습니다.

저는 진료나 상담 치료를 하면서 많이 느낀 것이 있는데, 수면은 스트레스의 연장선이라고 생각합니다. 스트레스가 심하면 불면증으로 이어지는 사례가 압도적으로 많습니다. 그런 경우에 정신과 상담을 받아보라고 권유하면 다들 불쾌하게 여겨요. 미쳤다는 뜻이 아닙니다. 정신과에서 다루어야 할 분야라는 거지요. 수면 문제를 가지고 정신과 상담을 받는 것에 대해서 거부감이 안 드는 세상이 빨리 왔으면 좋겠네요.

상당히 많은 사람이 수면 부족으로 고통을 받고, 그로 인한 신체 증상들이 많이 나타납니다. 부디 정신과 상담을 받아보세요. 자꾸 혼자 이겨내려고 하지 마세요.

수면에 좋은 음식이 몇 가지 있습니다. 토란·상추·바나나 같은 음식도 있고, 한방에서는 산조인(酸棗仁)을 불면증이나 신경과민 치료에 많이 사용합니다. 산조인은 묏대추나무 열매의 씨를 말린 것으로, 원기를 돕고 땀을 흘리지 않게 하며 잠을 잘 자게 하는 효능이 있습니다. 산조인을 가볍게 볶은 다음 보리차처럼 끓여서 마시면 좋습니다. 산조인은 중추신경 계통의 흥분을 억제하고 심신을 안정시키는 데 뛰어난 효과가 있습니다.

낮에는 두뇌 활동이 명료하고 밤에는 푹 자는 것이 균형 잡힌 생활입니다.

**양
재
진**
수면 습관만 잘 지켜도
불면증은 호전될 수 있다

현대인의 병 중 가장 흔한 것 중 하나가 바로 불면증입니다. 불면증은 크게 특발성 불면증과 이차적인 불면증으로 나눌 수 있어요. 특발성 불면증은 말 그대로 특별한 원인이 없이 발생한 것이고, 이차적인 불면증은 기저 질환이나 불면을 유발하는 약물 등에 의해 야기되는 불면증이에요. 특발성 불면증이나 단기간의 스트레스에 의한 불면증은 수면 위생(수면 습관), 수면에 대한 교육, 스트레스 관리, 단기간의 수면촉진제 처방 등으로 치료할 수 있고, 이차적인 불면증은 기저 질환을 먼저 치료하는 것이 원칙입니다.

흔히 수면 습관이라고 부르는 수면 위생은 들어보면 뻔한 얘기 같지만 이 뻔한 것들을 지키는 불면증 환자가 별로 없다는 게 문제입니다. 불면증 때문에 힘들어한다면 꼭 다음 사항을 지키는 게 좋습니다.

첫째, 수면을 위한 환경을 갖추어야 합니다. 먼저 TV, 컴퓨터, 조명 등을 다 끄세요. 특히 요즘엔 스마트폰으로 인한 불면증이 급격히 늘고 있어요. 침대에 누운 채 잠들기 전까지 잠깐 스마트폰을 들여다보는 사람들이 많은데, 일단 어둠 속에서 빛나는 스마트폰의 액정 조명은 뇌를 자극해서 수면을 방해합니다. 또한 인터넷·게임·SNS 등도 모두 뇌를 자극하기 때문에 잠이 달아나버려요. 그뿐만 아니라 스마트폰을 가지고 놀아보면 알겠지만 시간이 엄청나게 빨리 지나갑니다. 10분밖에 지나지 않은 것 같지만 한두 시간이 훌쩍 지나가 버리고 잠을 잘 타이밍을 놓치는 경우가 많죠. 밤새 응급 전화를 받아야 하는 직업이 아니라면 잠자리에 누우면서 반드시 스마트폰을 꺼두십시오. 혹시 알람이 필요하다면 만 원이면 살 수 있는 시끄러운 따르릉 알람을 이용하세요.

둘째, 일정한 시간에 일어나고, 일정한 시간에 잠자리에 들고, 낮잠을 5분이라도 자서는 안 됩니다. 수면 습관에서 가장 중요한 것은 일어나는 시간과 잠드는 시간이에요. 해외에 나갔을 때 억지로 시차를 조정하듯이 망가져버린 수면 주기를 다시 세팅한다고 생각하면 됩니다. 이때 잠자리에 드는 시간과 일어나는 시간은 자기 스타일에 맞추세요. 한때 아침형 인간 열풍이 분 적이 있었죠? 일찍 일어나는 새가 먹이를 잡는다는 둥, 성공한 사람들은 모두 아침형 인간이었다는 둥 모든 사람이 아침형 인간이 되고자 온 나라가 난리를 떨었습니다. 하지만 결과는 어땠나요? 아침형 인간인 사람이 있는 반면, 새벽형이나 저녁형 인간인 사람도 있는데, 자기 수면 스타일이 어떤지 모르고 아침형 인간을 따라 했다가 오히려 하루를 망치는 사람들이 수두룩했습니다. 사람마다 조금씩 차이가 있겠지만, 일반적으로 하루에 약 6~8시간을 자게 되어 있습니다. 과거에는 4당 5락이라는 말도 있었고, 조금 자야 성공한다지만 극히 일부의 이야기지요. 대부분의 사람은 너무 조금 자면 건강에 좋지 않습니다. 그렇다고 또 너무 많이 자면 다음 날 수면에 좋지 않은 영향을 끼칩니다. 또한 낮잠은 그날 밤의 수면 시간을 미리 훔쳐 오는 것이기에 낮잠을 자면 그날 밤에 또 잠자기가 힘들어집니다.

셋째, 잠자기 두 시간 전에 미지근한 물로 가볍게 샤워를 하고, 따뜻한 우유를 한 잔 마시고, 규칙적으로 운동하되 운동은 잠들기 여섯 시간 전까지 마치도록 하고, 수면을 방해하는 물질, 즉 커피·홍차·콜라·술·담배 등은 피합니다. 이건 너무나 잘 아는 사실이지요.

넷째, 침대는 잠을 잘 때만 사용합니다. 간혹 침대에 누워서 책을 읽고 TV를 보고 컴퓨터를 하는 사람들이 있는데, 뇌에게 침대는 잠을 자는 곳이라는 인식을 심어줘야 합니다. 실제로 잘 자던 사람들이 병원에 입원하게 되면 불면증을 호소하는 경우가 종종 있어요. 이는 활동량이 줄었기 때문이기도 하지만, 병실 침대에 누워서 TV를 보고, 책을 읽고, 식사도 하고 모든 활동을 하면 뇌는 침대가 자는 곳인지 생활하는 곳인지 혼란스러워 하기 때문입니다.

다섯째, 불면증 환자가 잠을 못 이루는 가장 큰 이유는 '오늘도 못 자면 어떡하지?'라는 생각을 하면서 잠자리에 들고 자꾸 시계를 확인하기 때문입니다. 그런 생각과 행동은 불안은 일으키고 불안은 뇌를 각성 상태로 만들어버리죠.

여섯째, 잠자리에 들고 30분이 넘었는데도 잠이 오지 않을 때는 침대에서 나와 시, 에세이, 고전 등 비교적 재미없는 책을 읽어보세요. 뇌를 자극해서 수면을 방해하는 TV·인터넷·스마트폰은 금물이며 좋아하거나 흥미를 일으키는 종류의 책도 안 됩니다. 침대 근처에 재미없는 책 두세 권을 갖다놓으면 좋습니다. 책을 읽다가 졸리면 다시 침대로 들어가면 됩니다.

지금까지 얘기한 것들만 잘 지켜도 당신의 불면증은 한결 나아질 겁니다. 하지만 불면이 계속되면 기저 질환에 대한 진단이 필요하고, 단기간 수면촉진제를 처방받아서 복용하는 것이 도움이 됩니다. 그러니 꼭 정신건강의학과 전문의를 찾아가기를 바랍니다. 참! 수면촉진제는 강제로 잠을 청하기 위해 먹는 것이 아니에요. 잠자리에 드는 시간과 일어나는 시간을 일정하게 조정해서 망가진 수면 주기를 바로잡으려고 복용하는 겁니다. 최근에 수면제 중독이 급속도로 늘고 있어요. 수면제는 향정신성 의약품으로 현재 정신건강의학과에서 많이 사용하는 수면제는 안전하고 효과가 좋기는 합니다. 다만 장기적으로 복용하거나 임의로 과다 복용할 때는 내성과 의존증이 생길 수 있으므로 반드시 전문의의 처방을 받아서 복용해야합니다.

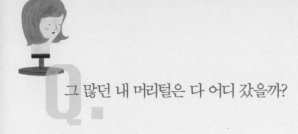

Q. 그 많던 내 머리털은 다 어디 갔을까?

40대 중반, 수험생 뒷바라지하는 엄마다. 빨리 둘째 놈이 대학에 들어가야 이 고생도 끝인데. 아들 녀석 생체 리듬에 맞추어 생활하다 보니, 그 녀석이 받는 학업 스트레스까지 고스란히 전달되는 것 같다.

어느 날 아침, 화장대 앞에 앉아 부스스한 얼굴 들여다보고 있자니, 그 날따라 왠지 머리 위쪽이 허전한 느낌이 들었다. 신문 보던 남편을 불러 뒤통수 쪽에 손거울을 비추라고 했다. 머리카락을 헤집으니 세상에…… 정수리부터 시작해 가르마를 따라 양옆으로 두피가 훤히 드러나 보이는 게 아닌가! 두둑과 두둑 사이에 난 밭고랑처럼 횅했다. 요즘 욕조 수챗구멍에 유난히 머리카락이 많다 싶더니 나 때문이었나 보다. 이대로 놔두었다간 누구라도 알아볼 것이다.

본격적인 치료는 둘째 녀석 입시 끝난 다음에 하더라도, 당장 탈모 진행 속도를 늦출 수 있는 방법이라도 찾아야 할 것 같다. 기능성 샴푸라도 구입해서 써야 하나? 물로만 머리를 감는 '노푸'는 어떨까? 한약 몇 첩 달여 먹고 감쪽같이 복구되는 방법 없나? 부분 가발을 써봐? 내년쯤 탈모 클리닉에 가면 십중팔구 모발 이식이나 두피 문신 같은 시술을 권할 텐데, 어떡하지? 비용도 비용이지만, 웬만하면 그 상태까지는 안 갔으면 좋겠는데…….

이경제

탈모를
우습게 보지 마라

여성 탈모는 출산 후에 많이 생깁니다. 출산 후 6개월가량 갑상샘 기능이 저하되기 때문에 이때 탈모, 우울증, 부종(浮腫) 등이 생기는 경우가 많습니다. 갑상샘 기능이 떨어졌을 때 대처 방법이 몇 가지 있는데요, 미역이나 다시마 같은 해조류를 섭취하는 것을 권유합니다.

저 역시 예전에 심한 다이어트 부작용으로 탈모를 경험해봐서 알아요. 탈모가 있는 경우는 반드시 발모 전용 샴푸나 탈모 앰플을 쓰는 게 좋습니다. 탈모 증상에 좋은 전용 제품을 사용하는 것이 무엇보다 중요합니다.

원형 탈모와 일반 탈모는 다릅니다. 원형 탈모는 500원짜리 동전 모양으로 동그랗게 탈모가 되는 건데, 이런 경우는 완치할 수 있어요. 저도 원형 탈모로 일 년쯤 고생한 경험이 있습니다. 양방에서 스테로이드 치료를 받는 것도 도움이 됩니다. 원형 탈모는 스트레스에서 오기 때문에 자기만의 행복을 느낄 수 있는 습관들을 만들어가는 것이 필요합니다.

일반 탈모는 경우에 따라 좀 다르지만, 여성 탈모의 경우는 앞에서 애기했듯이 갑상샘 기능 저하와 관련이 많습니다. 해조류나 신진대사를 돕는 생강차를 많이 먹는 것이 좋고, 건강보조제품으로 요오드를 하루 한 알씩 섭취하는 것도 도움이 됩니다. 소양인 체질은 경옥고(瓊玉膏)가 탈모에 도움이 되고요, 소음인 체질은 공진단(拱辰丹)도 효과가 있습니다. 이런 것들이 부담이 된다면, 요즘 유행하는 유근피(楡根皮), 어성초(魚腥草)를 복용해보세요. 물 1.2리터에 유근피와 어성초를 각각 15그램 넣고 끓여서 1리터가 되게 졸입니다. 하루 1리터의 차를 복용하면 됩니다.

완벽한 탈모 방지법은 없습니다. 유근피, 어성초도 잘 받는 사람이 있고 받지 않는 사람이 있으니까, 발모 전용 샴푸를 쓸 때도 반드시 자기 체질에 맞는지 따져봐야 합니다. 저는 발모 전용 샴푸 대여섯 가지를 번갈아 사용하고 있어요. 한 가지를 계속 쓰는 것보다 번갈아가며 쓰는 게 더 효과적입니다.

여성 탈모, 스트레스 많이 받지요. 여자는 대머리가 없다는 말은 이제 옛말이 된 것 같습니다. 원형 탈모는 반드시 치료가 되고 일반 탈모는 자신에게 맞는 치료 방법을 골라 최대한 힘쓰는 것이 도움이 됩니다.

**양
재
진**　수험생 뒷바라지라 해도
느긋하게 여유로운 마음으로……

탈모는 남성의 대명사였지만 최근 스트레스에 의한 원형 탈모 외에도 여성형 탈모가 급격히 늘어나고 있습니다. 남성형 탈모는 남성호르몬에 의한 것이고 원형 탈모는 스트레스에 의한 것으로 알려졌지요. 하지만 원형 탈모와 스트레스의 인과관계가 명확히 규명되지 않았습니다. 따라서 원형 탈모를 자가면역질환의 일종으로 보는 시각도 많지만, 사실, 아직 명확한 원인은 밝혀져 있지 않습니다.

여성형 탈모 또한 원인이 분명히 밝혀지지는 않았지만 다양한 원인이 있으리라고 생각해요. 일단, 유전인 경우가 많습니다. 가족 중 탈모 증상이 있는 경우 유전되는 확률은 약 50퍼센트 내외이며, 모계에서 유전되는 양상이 더 흔합니다. 하지만 최근에는 사회생활·가정·육아에서 오는 스트레스와 지나친 다이어트로 인한 영양 불균형, 내분비 이상, 약물 오남용 등으로 탈모가 생기는 경우가 점차 늘어나는 추세지요.

남성호르몬이 여성의 탈모를 일으키기도 합니다. 일반적으로 남성도 어느 정도의 여성호르몬을 가지고 있고, 여성도 일정량의 남성호르몬을 가지고 있어요. 여성의 몸에서 남성호르몬의 비율이 높아지거나, 남성호르몬으로 변환되는 양이 증가하거나 혹은 이를 받아들이는 수용체의 민감도가 증가해도 탈모가 발생합니다. 또한 모발을 자라게 하는 여성호르몬의 감소도 원인일 수 있습니다. 대표적 여성호르몬인 에스트로겐은 모발의 수량을 증가시키는 작용을 하는데, 출산 또는 폐경 후 평소 유지되었던 에스트로겐의 농도가 낮아지면서 모발의 퇴행기와 휴지기가 한꺼번에 와서 탈모가 진행되기도 합니다.

호르몬 이외에도 과도한 스트레스, 다이어트와 같은 영양 결핍, 파마나 염색, 자외선 노출에 의한 모낭의 손상, 그리고 머리를 세게 묶는 습관 등 여러 가지 이유로 여성형 탈모가 발생한다고 알려져 있어요.

남성형 탈모는 이마가 M자로 벗겨지거나 머리털이 전반적으로 빠지는 대머리가 많은 반면, 여성형 탈모는 앞이마가 벗겨지거나 대머리가 되는 경우가 없습니다. 대신 머리의 앞쪽 헤어라인은 유지된 채 정수리 부분의 머리가 빠지게 되며 옆머리 부위에서 탈모가 일어나기도 하나, 뒤통수 모발은 대개 굵고 건강한 상태 그대로 유지하는 경우가 많습니다. 유전적인 요인의 여성형 탈모는 빠르면 25세부터, 흔히 30세부터 나타나기 시작하여 모발이 가늘고 짧아지면서 가르마 부위가 엷어집니다. 또한 출산 후 2~5개월쯤 되는 시기에 나타나는 산후 탈모는 대부분 회복이 가능하지만 관리 소홀과 스트레스 등으로 영구적으로 탈모 증세를 보이는 경우도 있지요.

당신의 경우, 40대 중반에 탈모가 발생한 것으로 보아 유전이나 여성호르몬의 감소로 인해 발생한 것 같지는 않고, 아이의 입시라는 명백한 스트레스 요인이 존재하므로 스트레스성 탈모일 가능성이 큽니다. 그런데 여성의 탈모는 그 자체로 더 큰 스트레스를 불러오기 때문에 탈모를 더 가중시킬 수도 있고, 관리를 잘 하지 않으면 영구적인 탈모 증세를 보일 수도 있습니다. 먼저 피부과를 찾아 원인에 대한 검사와 평가를 해보고 전문의의 도움을 받기를 바랍니다.

한 가지 덧붙일게요. 엄마이다 보니 아이의 입시에 부담을 느낄 수밖에 없고 아이의 생활 방식에 맞추게 될 겁니다. 그런데 분명한 것은, 아이의 성적이 엄마의 성적이 아니라는 것과, 엄마가 스트레스를 받는다고 아이의 성적이 오를 리 없다는 것이죠. 입시 때문에 극도의 스트레스를 받고 있는 아이에게 필요한 것은 같이 불안해하고 같이 스트레스를 받는 엄마가 아니라 여유롭고 안정적인, 그래서 아이가 기댈 수 있고 의지할 수 있는 엄마입니다.

어차피 스트레스는 피할 수 없으므로 당신이 그것을 어떻게 받아들이느냐에 따라 약이 될 수도 있고 독이 될 수도 있겠지요. 당신이 조바심을 낸다고 안 될 일이 되지도, 될 일이 안 되는 것도 아니죠. 당신이 어떤 마음을 먹고 어떻게 하는 것이 진정으로 아이에게 도움이 될지, 특히 당신 자신에게 도움이 될지 생각해봤으면 합니다.

Q. 술에 빠져 사는 여자

20대 때 애인과 헤어지고 임신중절수술까지 한 솔로 4년 차입니다. 그 뒤로 술과 친해지게 되었습니다. 외롭다는 핑계였지요. 이 세상에 나 혼자뿐인 것 같았습니다.

처음에는 이게 무슨 청승인가 싶었는데, 혼자 홀짝이는 것도 거듭하다 보니 제법 쏠쏠한 재미가 있었습니다. 아니, 억지로 재미를 붙인 건지도 모르겠습니다. 그다음부터 맛있는 음식만 보면 전부 안줏거리로 보입니다. 이건 와인 한 잔에 곁들이면 좋을 테고, 저건 사케, 어떤 건 보드카……. 맥주 한 캔 가볍게 들이키던 것이 이제는 술의 종류를 불문하는 애주가, 필름 끊어지는 것도 마다하지 않는 폭음가가 되어버린 겁니다.

어느 날, 잠에서 깨니 내 방도 아니고 거실 소파였지요. 온몸이 후줄근하게 젖어 있었고 어떻게 집에 왔는지 전혀 기억이 없었습니다. 옷은 토사물로 범벅인 데다가 소변까지 지린 상태였습니다.

자동차 안은 더 엉망이었습니다. 이런 지경에 운전까지 했나 봅니다. 아무 기억도 안 났습니다. 정말 심각합니다. 무슨 일 나기 전에 정신을 차려야겠습니다. 어떻게, 뭐부터 시작해야 할까요?

알코올의존증은 질병,
전문 치료를 받아야 낫는다

제 아내도 술을 참 좋아했는데요, 요즘은 거의 안 마십니다. 술에 빠지게 되는 근본 동기가 있는 것 같아요. 남편에 대한 실망감이라든가 상실감, 이런 것들 때문에 술을 찾게 되니까 자신이 행복해지거나 좋은 취미가 생기면 음주 욕구가 많이 없어집니다.

저도 대학 때부터 술을 참 좋아했어요. 요즘은 술 마시는 게 별로 재미없어서 그런지 자연스럽게 술이 멀어지더라고요. 금주하겠다고 맹세를 한 적도 없는데 그냥 술이 당기지 않습니다.

질문하신 분의 증상이 그 정도면 흔히 알코올중독이라고 하는 알코올의존증이 맞습니다. 심각하군요. 집중적인 치료를 받는 게 좋을 것 같네요. 알코올에 의존할 수밖에 없는 당신 자신을 자책하지 않았으면 좋겠어요. 이제 그것을 분명히 깨닫고 벗어나려는 의지가 있다면 반드시 치

료할 수 있습니다. 다만, 당신 혼자서 자기 의지로 극복하겠다는 생각
은 안 했으면 좋겠어요. 반드시 중독성 질환 분야 전문가의 도움을 받
으세요. 진심으로 행운을 빌어요.

양 재 진

알코올뿐 아니라 모든 의존 증상은 단칼에 끊는 것이 최선이다

우리나라는 그동안 술에 대해서 너무나 관대했어요. 최근 들어서야 '알코올의존증(alcohol dependence)'을 병으로 취급하고, 술주정(주취 폭력)을 범죄나 사회 문제로 인식하기 시작한 것도 얼마 되지 않았습니다. 그저 술을 좋아하다 보니 좀 과했을 뿐이라고 생각했죠. 심지어 인면수심의 파렴치범도 취중이었다는 이유로 감형해주곤 했습니다. 드라마나 영화를 보면, 고급 클럽에서 마시는 와인이나 위스키는 사회경제적 성공의 상징이 되었고, 포장마차의 소주는 서민의 애환을 달래는 벗인 양 그려집니다. 이제 이런 문화를 바꿔야 합니다. 만취 상태로 비틀거리며 구토하는 게 얼마나 창피한 짓인지, 주량을 자랑하는 것이 얼마나 무식한 짓인지, 만취 상태의 가정 폭력이 얼마나 큰 범죄인지, 음주운전이 얼마나 많은 사람의 인생을 망가뜨리는지 알아야 합니다.

당신은 전형적인 알코올의존증을 보이고 있습니다. 우리가 흔히 말하는 '알코올중독'은 사회적으로 잘못 사용되는 용어고, 의학계에서 쓰는 정식 명칭은 알코올의존증 또는 '알코올 의존성 증후군'이에요. 알코올의존증이란, 알코올을 지속적이고 과도하게 섭취해서 뇌에 손상이 일어난 결과, 술을 조절해서 마실 수 있는 능력을 상실한 질환을 말합니다. 여러 가지 복합적인 원인 때문에 발생하는데, 알코올의존증 환자의 40~70퍼센트 정도가 가족력이 있습니다. 알코올의존증을 지닌 부모 밑에서 자라면 음주에 대한 역치가 높아져서 술 마시는 것에 관대해지고, 그런 부모의 그 모습을 싫어하면서 닮아 가는 경우가 많아요. 따라서 유전과 환경을 가장 중요한 원인으로 보고 있어요.

성격이 내성적인 사람들은 알코올의 힘으로 불안도와 긴장도가 낮아지는 경험을 하면서 알코올의 효과를 학습하게 됩니다. 그러다 점차 음주의 패턴이 강화되면서 음주의 횟수와 양이 증가합니다. 정신건강의학과에는 이런 말이 있을 정도니까요. "알코올로 불안을 녹인다!"

여성은 알코올 분해 효소가 남성의 절반 정도밖에 되지 않고, 체성분 중 수분이 남성보다 적습니다. 따라서 수용성인 알코올을 흡수했을 때 여성의 혈중 알코올농도가 훨씬 빠르게 증가합니다. 즉 같은 양의 술을 마시면 남성보다 여성이 더 빨리 취하고 더 늦게 깨기 때문에 알코올로 인한 신체적인 손상이 더 심하다는 얘기죠.

알코올 탓에 뇌가 손상되면 다음과 같은 네 가지 증상이 나타납니다.

첫째, 내성. 진통제를 한 알씩 먹다가 약발이 떨어지면 두 알을 먹어야 하는 것과 같은 이치예요. 원래 마시던 술의 양으로 기분이 좋아지는 정도와 지속 기간이 점점 감소하여 결국 더 많은 양의 술을 마시게 됩니다. 즉, 뇌에서 요구하는 알코올의 양이 증가하면서 환자가 술을 더 자주, 더 많이 마시게 되는 것이죠.

둘째, 금단증상. 뇌에서 요구하는 알코올의 양은 계속 증가하는데, 술을 그만큼 마시지 못하면, 뇌가 스스로 흥분하면서 불안 증상들이 나타납니다. 금단증상은 크게 세 가지로 나눌 수 있어요.

1. 신체적인 금단증상. 술을 마시지 않으면 잠을 이루지 못하고, 잠자거나 식사할 때 식은땀을 흘리고, 손으로 어떤 작업을 할 때 손이 떨리는 증세를 보이다가 심해지면 가만히 있어도 손을 떨게 됩니다.

2. 정신병적인 금단증상. 정신병에서 볼 수 있는 증상들이 나타납니다. 환시·환청·환촉(幻觸) 현상이 대표적이죠. 누군가 자기를 감시하고 해치려고 하는 피해망상, 배우자의 정절을 의심하는 질투망상으로 발현될 수도 있습니다.

3. 알코올 금단 간질(epilepsy). 열성경련을 포함해서 어려서부터 간질을 한 번도 하지 않았던 사람이 갑자기 간질을 하는 경우도 있습니다. 금단증상이 나타났다는 것은 이미 알코올에 의해 뇌가 손상되기 시작했다는 신호입니다.

셋째, 직업적·사회적 기능의 손상. 직업적 기능의 손상은 음주 때문에 일하는 데 문제가 생겨서 결국 경제활동을 못 하게 되는 것을 말합니다. 예를 들어, 과음해서 지각과 결근을 밥 먹듯이 하거나 취한 채 일을 하다가 사고를 일으키는 경우죠. 사회적 기능의 손상은 음주로 인해 성인으로서 해야 되고 할 수 있는 일들을 못 하는 것인데, 이를테면 주취 폭력이나 만취 상태로 아무 곳에서 자다가 동사나 객사할 뻔하거나 습관적으로 음주운전을 하는 것 등이 여기에 해당합니다.

넷째, 대인 관계의 손상. 특히 술 때문에 가족들과 갈등이 지속되고 결국 관계가 깨져버립니다. 주변 사람들과의 관계도 마찬가지예요. 어느 순간 돌아보면 주위에 아무도 없거나 처지가 비슷한 알코올의존증 친구밖에 없게 되죠. 또한 알코올 탓에 뇌가 손상되어 기억력을 포함한 인지 기능의 장애가 생기는 것은 물론 성격과 사고방식까지 변하게 됩니다.

알코올 의존증의 치료는 '단주(斷酒)', 즉 술을 끊는 것 외에는 다른 방법이 없습니다. 이미 술을 조절해서 마실 만한 능력을 상실했고 손상된 뇌의 신경세포는 재생이 안 되기에 술의 양을 줄이는 '절주(節酒)'는 의미가 없어요. 몇 년간 단주를 잘하던 환자도 몇 차례 술을 입에 대는 바람에 과거 알코올 의존증 그 상태 그대로 돌아간 경우를 너무 많이 봐왔기 때문이죠.

알코올의존증을 제대로 치료할 수 있는 병원에 찾아가는 게 시급합니다. 금단증상을 막고 알코올 갈망을 조절해주는 약물치료, 주치의와 상담, 중독 전문가들이 진행하는 여러 가지 치료 프로그램, 어려움을 함께 겪고 있는 다른 환자들과의 집단치료 등을 통해 단주를 시작해야 할 때입니다.

그리고 그동안 술과 함께했던 수많은 시간을 대신할 수 있는, 알코올 대신 스트레스를 해소할 만한 뭔가를 찾아보세요. 어떤 것이든 상관없어요. 당신의 취향에 맞추어 즐길 거리를 찾아야 합니다.

주변 사람들에게 적극적으로 도움을 청하는 것이 좋습니다. 창피해하지 말고, 술과 관련해서 문제가 있다는 것을 터놓고 이야기하세요. 단주를 계속 이어갈 수 있도록 도와달라고 하십시오. 지금부터 어떤 결정을 내리고 어떻게 살아가는가에 따라 남은 인생이 달라집니다. 알코올의존증은 정말 무서운 병이에요. 잘 치료받기를 바랍니다.

Q. 내 새끼인데도 끔찍하게 싫어요

첫째 딸 네 살, 둘째 딸 7개월, 육아휴직 중이다.

큰애가 어린이집에서 돌아와 아이 둘이서 한꺼번에 엉겨 붙으면 이만저만 고역이 아니다. 한 녀석이 보채기 시작하면, 덩달아 다른 녀석도 징징거린다. 스테레오 사운드로 칭얼대는 소리에 내 신경은 극도로 날카로워진다.

특히 큰애는 엄마 품에 있는 동생이 부러운지, 걸핏하면 안아달라고 징징대고, 안아주면 또 내려달라고 짱알거린다. 내려놓으면 잠시 딴전 피우는 척하다 또 내 허벅지에 껌딱지처럼 들러붙는다.

그럴 때면 순간 내 안에서 주체하지 못할 뭔가가 솟구치는 것 같다. 그냥 아이 둘 다 베란다 밖으로 던지거나, 베개 같은 걸로 얼굴을 눌러버리고 싶다. 퍼뜩 정신을 수습하고는 자책감에 휩싸인다.

큰애 때는 비교적 순탄하게 거쳐 갔던 것 같은데, 작은애 낳고부터는 왜 이렇게 짜증이 나고 지긋지긋한지 모르겠다. 이대로 있다가는 큰일 저지를지도 모른다. 정신과 상담이라도 받아야 할까?

**이
경
제**　아이 하나를 키우는 데는
온 동네 사람이 필요하다

정신과 상담도 해야 하지만 한의원 치료도 필요할 것 같습니다. 일단 당신은 몸과 마음이 힘든 상태예요. 아이들이 싫게 느껴지는 건 당신의 심신이 힘들어서 그래요. 너무 자책하지 마세요. 당신의 심성이 나쁜 게 아니라 많이 힘들어서 그런 거예요. 둘째 아이를 낳은 후부터 산후우울증이 시작된 것으로 보입니다.

이 문제는 먼저 남편과 진지하게 얘기하세요. 남자들은 "지금 내 상황이 이렇다"고 허심탄회하게 얘기하면 귀담아듣는데, "당신 때문에, 혹은 당신이 안 도와줘서 힘들다"고 질책하듯이 말하면 귀를 닫아버립니다. 정신과 상담도 받고, 한의원에서 원기를 회복하는 치료를 병행하면 좋을 것 같습니다. 그리고 육아 방법에 대해 전문가의 의견에 귀를 기울이는 것도 좋습니다.

얘기를 들어보니, 아이가 칭얼대는 것을 컨트롤하지 못하고 있어요. 아이한테 당신이 휘둘리는 형국입니다. 이럴 때는 단호함이 좀 필요해요. 보통 착한 엄마, 착한 아빠들에게 이런 문제가 많이 생겨요. 다소 엄한 아빠, 엄한 엄마가 되는 것이 중요합니다.

출산과 육아 스트레스, 정말 대단하죠. 저는 우리나라 여성만 그런 줄 알았더니 전 세계 여성들이 공통적으로 겪는 현상이더라고요. 그러니 이런 문제는 당신에게 휴식이 필요하다는 점으로 이해하세요. 아이가 끊임없이 칭얼댈 때는 무조건 오냐, 오냐 받아주지 말고, 때에 따라 엄정한 훈육이 필요하기도 합니다.

기억하세요. 당신이 아이들한테 사랑이 없거나 부족한 것이 아니라 지금 우울증 상태라서 너무 힘들어 그렇다는 것을. 그 분야의 전문 치료를 받아야 합니다.

**양
재
진**

당신의 우울감은 지극히 당연한 것.
모성애는 본능이 아니다

산후우울증으로 고통받는 여성들이 점점 늘어납니다. 심각한 우울증으로 진행되지는 않더라도 출산 여성의 60퍼센트가 '산후우울감(maternity blue)'을 호소한다는 보고가 있습니다. 임신과 출산을 거치면서 일어나는 신체 및 생활 방식의 변화로 우울감·짜증·불안 등을 겪는 증상이죠. 아이 둘을 동시에 키워야 하는 상황이라면 엄마의 부담감은 훨씬 클 거예요. 남성들이나 이런 상황을 겪어보지 않은 여성은 상상할 수 없을 정도예요. 당신이 받는 스트레스, 지극히 당연합니다.

우울증이라고 하면 흔히 기분이 가라앉는 것만 생각하는데 짜증이 상당히 많이 포함됩니다. 양육과 가사를 동시에 감당하느라 힘들어 죽을 지경인데, 동시에 떼를 쓰는 두 아이를 달래야 한다면 얼마나 짜증스러울까요? 산후우울감이 심각한 우울증으로 이어지지 않으려면 온 가족이 힘써야 합니다. 만약 우울감이 계속된다면 전문 기관에서 산후우울증 진단 검사를 거쳐 정확한 평가를 받는 것이 필요합니다.

큰아이의 행동도 눈여겨봐야 합니다. 정신분석학에서는 동생이 태어났을 때, 큰아이의 행동에 변화가 나타나는 것을 '형제간 경쟁(sibling rivalry)'으로 해석합니다. 예를 들어 대소변 잘 가리던 아이가 동생이 태어난 뒤 야뇨증에 걸린다든가, 평상시 안 하던 이상한 행동을 한다든가, 갓난아기 같은 퇴행적 행동을 하기도 합니다. 너무 걱정하지는 마세요. 아이의 이런 행동은 정상적인 반응이에요. 동생에게 엄마를 빼앗길지 모른다는 불안감 또는 이미 빼앗겼다는 배신감에서 엄마를 되찾아오려는 행동이죠. 엄마는 큰아이의 이런 행동이 귀찮고 힘들게 느껴지겠지만, 아이로서는 자기 권리를 찾고 엄마의 사랑과 관심을 받고 싶은 정당한 행동입니다. 동생이 태어났을 때 큰아이의 행동 변화를 이해한다면, 적절한 대처법도 찾을 수 있을 겁니다.

당신은 지금 몹시 힘들어하고 있어요. 양육에 힘이 부칠 때면 아이들이 없었으면 하고 생각하면서 죄책감에 시달리기도 합니다. 부성애는 경험에 의해 만들어지지만 모성애는 타고난다고 하죠. 과거에는 그런 생각이 지배적이었습니다. 엄마가 아이를 극진히 키우는 것은 당연한 일이고 엄마의 희생은 숭고하다는 식으로 포장했어요. 그러나 요즘엔 이런 생각이 남성 우월주의 시각에서 나온 것이며, 모성애 역시 경험과 학습에 의해 습득된다는 생각이 힘을 더 받고 있습니다.

여성들이 양육 부담에서 벗어나 자기 삶을 가꾸고 싶은 욕구는 정당한 거예요. 그런데도 많은 엄마가 죄책감에 시달립니다. 아기를 잘 돌보지 못

한다는 죄책감, 아이를 키우는 것이 힘들다고 느낄 때, 또는 아이와 거리를 두고 싶은 마음이 생길 때마다 과연 엄마 자격이 있는가 하는 죄책감이 들지요. 당신도 그런 죄책감을 느끼고 있어요. 어렵겠지만 그런 죄책감을 내려놓고, 당신이 쉴 틈을 만들어야 합니다.

당신의 고민에는 남편 이야기가 빠져 있군요. 그만큼 남편이 양육을 함께하지 않는다는 방증으로 보입니다. 아직 어린아이를 둘 이상 키울 때는 반드시 남편의 도움이 필요합니다. 갓난아기를 돌보는 일은 남편에게 어려울 수 있어요. 그러나 큰아이가 네 살이므로 큰아이를 돌보는 일에 아빠가 좀 더 신경 쓰는 게 좋겠네요. 여자아이가 대여섯 살쯤 되면 아빠에게 관심을 기울며 친밀감을 많이 느낄 나이예요. 이때 아빠가 딸의 양육에 힘쓴다면 아빠와의 관계가 좋아질뿐더러, 장래에 딸이 남성들과 맺는 관계에서 '긍정적 강화(positive reinforcement)'로 작용할 수 있습니다. 아이들 키우는 일을 혼자 도맡아 하지 말고, 남편에게 도움을 요청하십시오.

임신에서 출산, 양육으로 이어지는 경험은 여성들에게 많은 스트레스를 안깁니다. 신체의 변화와 고통, 환경의 급격한 변화, 양육이라는 무거운 책임은 여성들에게 매우 큰 부담으로 작용하지요. 또 짧은 터울로 아이들을 연달아 낳을 때는 인간 여성이 아니라 동물 암컷이 된 것 같은 느낌마저 듭니다. 그런 과정에서 느끼는 당신의 우울감은 정당합니다. 당신이 나약한 사람이거나 나쁜 엄마라서 그런 게 아닙니다. 그러니 힘든 것을 혼자서 삼키려고 하지 마십시오. 주위 사람들에게 자신의 감정을 알리고 조언을 받아야 합니다.

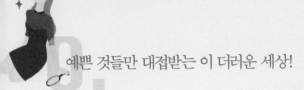

예쁜 것들만 대접받는 이 더러운 세상!

막내딸이 다니는 유치원에서 재롱 잔치가 열린단다. 벌써 걱정이다. 또 얼마나 스트레스 받을는지……. 아파트 옆 동에 사는 예림이는 우리 딸내 미와 '절친'이다. 문제는 예림이 엄마다. 좀 부담스럽다. 나를 언니라고 부르 며 살갑게 굴 때면 동생처럼 정이 가는 것도 사실이다. 예림이 엄마는 정말 멋쟁이다. 그게 문제다. 젊은 데다 모델처럼 늘씬하고 이목구비는 시원시원 하다. 그런 몸매엔 보자기만 둘러도 명품 스카프처럼 뽀대가 난다. 내 딴 에 아무리 치장한들 그녀 옆에 서는 순간 후줄근한 아줌마가 되어버린다.

유치원 원장이고 헤어 디자이너고 판매원이고 간에 다들 그녀한테만 알 랑거린다. 사람들에 둘러싸여 환한 미소를 발산하는 그녀가 휘영청 보름 달이라면 나는 반딧불이 축에도 못 든다. 가뜩이나 외모 콤플렉스에 시달 리던 난 점점 주눅이 들 수밖에 없다. 가는 곳마다 예림이네 모녀가 우선 이고, 우리 모녀는 뒷전이다. 늘 찬밥 취급받는다는 느낌을 떨칠 수가 없 다. 이러다가 날 닮아 못난 우리 딸내미까지 자격지심이 생길까 걱정이다.

내가 과민한 건가? 아니면 아예 함께 다니지 말까? 그녀가 성격만 못 됐어도 안 보면 그만이다. 하지만 더할 나위 없이 반듯하고, 본받을 게 많 은 사람이다. 아유, 골치 아파. 애들 재롱 잔치 때는 또 얼마나 내 속이 탈 까…….

이경제 외모가 아름다운 것은 재능으로 인정하자

저도 물어보겠습니다. 겉으로 보기에 양재진이 멋있습니까, 이경제가 멋있습니까? 열에 일곱은 양재진이 멋있다고 할 겁니다. 왜 열에 일곱뿐이냐고요? 제가 멋있다고 할 사람도 열 명 중에 세 명은 되지 않을까요? 저는 그렇게 생각하며 살아갑니다.

제가 봐도 양재진은 멋있습니다. 날씬하죠, 얼굴 샤프하죠, 스타일 세련됐죠, 여자들한테 아주 먹히는 외모입니다. 그에 비하면 저는 날씬하지도 샤프하지도 않게 생겼죠. 하지만 양재진한테 질투 안 납니다. 양재진이 멋있는 옷 입고 멋있는 신발 신었을 때 "아, 간지 나는데?" 라고 말해줍니다. 저는 그런 것에 대해선 전혀 콤플렉스가 없어요. 생긴 게 다르니까요.

여자 중에도 멋지게 생긴 여자들이 있죠. 많은 여자가 김성령, 김희애의 섹시함을 부러워하면서 자기의 펑퍼짐한 몸매를 한탄합니다.

그렇지만 멋있게 생긴 사람은 멋있게 생긴 사람이고, 그렇지 않은 사람에겐 또 다른 게 있지 않을까요? 양재진하고 외모만 비교하면 저는 멋있게 생기지도 않았고 몸매도 엉망이죠. 그렇지만 다른 쪽으로 나은 점도 있지 않을까요? 예컨대 웃기는 말은 제가 한 수 위죠. 양재진 역시 말을 잘하지만, 필살의 유머는 제가 더 뛰어나다고 봐요. 뭐, 몇 사람만 동의한다 해도 괜찮아요. 자기 인생은 자신감으로 살아가는 거잖아요.

저는 그렇게 다른 것으로 행복해지면 된다고 봅니다. 왜 하나의 기준만을 가지고 그 기준에 못 미치는 걸 괴로워하나요? 자기에게 없는 것 때문에 괴로워하는 것, 그것도 교만함입니다.

질문하신 분은 평소 자기 외모가 별로라고 생각하는데, 외모도 멋지고 붙임성도 좋은 예림이 엄마와 가까워졌군요. 그런 사람하고 자기 자신을 비교하다 보니 당신이 그 사람만 못한 것 같은 자격지심이 생긴 거지요.

그런데 두 분이 친해진 데는 딸들이 친해서이기도 하지만 당신이 예림이 엄마를 괜찮은 사람이라고 여긴 것이 분명히 작용했을 거예요. 그건 예림이 엄마도 마찬가지예요. 예림이 엄마도 당신을 괜찮은 사람, 좋은 사람이라고 판단했기에 가까워진 거지요. 평소 당신을 언니라고 부르며 살갑게 대한다면서요? 당신이 뭔가 언니다운, 의젓하고 든든한 분위기를 보였기 때문에 살갑게 굴며 정답게 행동하는 겁니다. 당신, 분명히 장점 있습니다. 언니 같고, 푸근하고, 기대도 될 것 같은 그런 장점이죠.

생긴 것만 가지고 자격지심 갖지 말자고요. 우리처럼 별로 안 생긴 사람들도 분명히 매력 있습니다. 각자 그걸 개발하며 사는 겁니다. 예

림이 엄마를 굳이 멀리하지는 말고 자주 만나면서, 당신의 매력을 어
필하세요. 인생, 자기 스타일대로 살자고요.

양
재
진

모두 제 잘난 맛에 살아가는데
좀 안 생겼다고 주눅 들 것까지야

당신도 잘 알고 있어요. 지금 당신은 심각한 콤플렉스에 빠져 있다는 것을. 콤플렉스는 자기 스스로 만드는 질병이나 마찬가지예요. 다른 사람이 볼 때는 별문제가 아니거나 아무렇지도 않거나 심지어 알아차리지도 못하는데, 당신 혼자서 "나는 왜 이렇게 생겼지?", "나는 왜 이렇게 못났지?" 하며 문제를 자초하고 있습니다. 열등감, 자격지심, 콤플렉스……. 말은 조금씩 다르지만 다 자기가 만드는 거예요. 자기 시선이 왜곡된 것인 줄도 모르고 거기에 사로잡혀 사소한 부분을 큰 문젯거리로 확대합니다.

사람마다 장단점은 제각각이잖아요. 어떤 사람이 당신보다 훨씬 훌륭해 보여도, 그 사람에게는 없는 장점을 당신은 가지고 있을지도 모릅니다. 당신이 그토록 멋지게 본 예림이 엄마, 그래서 당신에게 열등감을 불러일으키는 그 사람도 당신의 장점을 좋게 보고 당신과 가까이 지내는 것이겠죠.

누가 나 좀
말려줘요

예림이 엄마처럼 늘씬하지 않아도 당신의 매력에 이끌려 당신을 따르는 것 아닐까요. 예림이 엄마가 겉모습만 멋진 것이 아니라 반듯하고 본받을 게 많은 사람이라고 했죠? 그런 사람이라면 당신을 이용하려는 의도가 아니라 당신을 정말 좋아하니까 가깝게 지내는 거예요.

그 사람이 모든 면에서 당신보다 뛰어난 사람인 것 같아도, 그것은 어디까지나 지금 당신의 생각일 뿐이에요. 예림이 엄마도 분명 단점이 있으며 콤플렉스가 있을 겁니다. 그러나 자신의 태도를 늘 밝고 상냥하게, 그리고 반듯하게 연출하니까 그런 단점이 가려지는 거예요. 예림이 엄마와 당신을 하나의 기준으로 비교·평가하려는 것은 획일적인 세상의 시선에 짓눌리고 있다는 뜻입니다.

세상에는 예림이 엄마만 있는 게 아니잖아요. 수많은 사람 하나하나 다 존중받을 만한 가치가 있습니다. 그런데 지금 당신은 자기 자신을 존중하지 않으려 해요. 당신이 가진 좋은 점을 외면하고 깎아내리면서 잘난 사람만을 부러워합니다.

당신의 장점을 떠올려보세요. 당신은 모델처럼 팔등신은 아닐지라도 인상이 좋거나, 상대방을 편하게 해주거나, 사람들이 의지할 만한 따뜻한 성품을 지녔을 겁니다. 그런데도 예림이 엄마라는 단 하나의 비교 대상과 견주며 열등감을 끌어안고 살아가야 할까요? 그런 부정적인 감정을 딸한테도 투사시킬 작정인가요? '날 닮아서 못난이'라고요?

외모가 고만고만한 수준인데도 자존감이 높은 사람이 있고 낮은 사람이 있습니다. 이것은 어렸을 때 부모의 태도에서 받은 영향이 크게 작용합니다. '우리 딸 못났다'는 생각과 '우리 딸 잘났다'는 생각이 아이의 자존감을 반대 방향으로 갈라놓는 것이죠.

　냉정히 생각해보십시오. 당신에게 문제가 되는 것은 잘난 예림이 엄마가 아니에요. 문제는 당신의 자존감입니다. 당신의 삶, 당당해도 됩니다. 그럴 자격 있습니다. '걘 예뻐! 하지만 난 다른 장점이 있어!'라는 마음가짐으로 당신의 시각을 바꿔야 합니다.

Q. 온종일 스마트폰만 들여다봐요

잠잘 때 빼고는 스마트폰을 끼고 산다.

SNS 확인으로 일과를 시작한다. 밤사이 올라온 글에 '좋아요'를 눌러주고 내 글에 달린 댓글에 답변하다 보면 두 시간은 가뿐히 지나간다. 카카오스토리부터 시작해 페이스북, 밴드, 인스타그램 순으로 훑어간다. 다음은 뉴스 검색. 포털 뉴스 중에 눈에 띄는 기사를 읽는다.

문자 수신 알람이 수시로 울려댄다. 일일이 답변하지 않으면 미안하고 불안하다. 마지막 문자는 반드시 내가 날리는 것으로 마무리해야 직성이 풀린다. 운전 중에도 알람이 울리면 문자 내용을 확인하고 싶어 못 배긴다. 일부러 이면도로로 들어가 차를 세워 메시지 확인한 적도 있다. 각종 게시판의 댓글도 마찬가지다. 내가 마침표를 찍어야 속이 후련하다. 둘째 아이 유모차 끌고 근린공원까지 산책하겠다고 나서긴 했지만, 고작 100미터 떨어진 놀이터에 멈추어 문자질에 몰두한다.

큰애가 어린이집에서 돌아올 시간. 아이 간식 만들어놓고 '찰칵', 각도 바꾸어 또 한 장. 블로그에 올릴 사진들이다. 간식을 만드는 것도 아이 건강 때문인지, 포스팅 하는 게 주목적인지 모르겠다. 지금부터 저녁때까지는 내가 운영하는 블로그 '○○맘의 육아 일기'에 공들일 시간이다.

이 정도면 나, SNS 중독 맞지?

이
경
제

스마트폰이 주는 쾌락, 분명히 있다.
다만 스스로 통제할 수 있을 때

언젠가 제 스마트폰이 고장 난 적이 있어요. 아무 일도 못 하겠더라고
요. 보통 그날그날의 약속과 장소를 스마트폰으로 보고 연락하고 정하는
데 아무 약속도 할 수 없었어요. 깜짝 놀랐습니다. 이게 우리 몸의 일부가
됐구나 하는 생각을 했습니다.

저는 스마트폰으로 다양한 업무를 봅니다. 제 일정 관리도 스마트폰으
로 해요. 제 전화는 6년째 무음으로 되어 있어요. 전화벨이 울리지 않게
해놨습니다. 전화받을 여력이 없습니다. 너무 바빠서 그래요.

스마트폰은 적당하게 쓰면 좋은 휴식이 될 수 있어요. 제가 하루에 스마
트폰을 사용하는 시간을 얼추 계산해보니, 두세 시간은 되는 것 같아요.

당신과 스마트폰의 관계를 좀 바꾸는 것도 좋을 듯합니다. 스마트폰과
거리를 둘 만한 취미를 만들어보세요. 무엇이든 좋습니다. 스마트폰을 들

여다볼 여유가 없는 그런 일을 해보세요. 운동이 그런 것 중 하나지요. 수영할 때 스마트폰 못 보잖아요.

저는 중학교, 고등학교 다니는 두 딸과 약속한 게 있어요. 스마트폰 충전만큼은 방에서 하지 말고 거실에서 하자고 말이죠. 그렇게 하면 적어도 충전하는 시간은 스마트폰과 떨어져 있는 셈이에요. 잘 때는 되도록 침대에 가지고 가지 않는 게 좋습니다.

중독은 어떤 것에서 빠져나오기가 무척 힘든 상태를 말하지만, 거기서 벗어날 수 있도록 환경과 분위기를 조성하면 점차 조절하는 것이 가능해집니다. 당신이 자신에게 해두어야 할 말은 이것입니다. "스마트폰에 지배당하지 말고 내가 스마트폰을 지배하자."

　사이버 친구가 많아도
　은둔형 외톨이나 다름없다

SNS 중독 맞습니다! 내성과 금단증상이 확실히 나타나고 일상생활에도 영향을 미칠 정도이니 중독으로 진단할 수 있습니다.

현대인들은 SNS와 문자메시지에 매달립니다. 페이스북의 '좋아요' 숫자, 댓글 개수에 열광하거나 실망하고, 문자메시지 착신음이 울리면 얼른 확인하고 싶어 못 배기죠. 왜 그러는 걸까요?

외로움 때문이겠죠. 사람들 마음 깊숙한 곳에 외로움이 도사리고 있는 것 같습니다. 속내를 나눌 상대가 없거나, 친한 사람들이 있어도 그들과 속 깊은 이야기를 나누고 싶지 않거나 그럴 상황이 아닌 겁니다. 모두 바빠 살아갑니다. 누군가를 만나 얘기하고 싶어도 여러 가지로 바빠서 시간을 내기 힘들어합니다. 아니면 갖은 핑계를 둘러대며 바쁜 척하기도 하죠. 만남 자체를 번거롭고 귀찮아하기도 사람도 있어요. 사람이 사람과 만난다는 것은 그리움과 반가움 이면의 두려움이나 불안도 유발하기 마련이니까요. 그러니 사이버 세계로 빠져드는 겁니다. 거기서는 자기가 원하는 대로 자기를 포장한 채 '썰'을 풀고, 자기에게 관심을 보이는 사람이 있으면 새로운 벗이 생긴 것처럼 신이 납니다. 당신은 그렇게 맺어진 '관계'가 당신을 지지해준다고 생각하고 있어요.

당신도 '친구'가 많겠죠? SNS 채팅방에 모이는 사이버 '친구' 말이에요. 요즘은 직접 만나지 않아도 소셜 네트워크 시스템 안에서 상대에게 반응하고 관심을 보이며 '친구'가 됩니다. '친구' 맺기가 쉬운 만큼 관계를 끊는 일도 손바닥 뒤집듯이 아주 수월합니다. 자기를 불편하게 하거나 귀찮은 '친구'는 클릭 한 번으로 삭제해버리면 그만입니다.

현실에서는 친구와 갈등이 생겨 다투고 나면 마음 졸이며 어떻게 화해하나 고민에 고민을 거듭합니다. 그 과정에서 두 사람은 갈등을 조정하려고 무엇인가를 양보하기도 하고 주장을 설득력 있게 내세우기도 하죠. 갈등과 반목을 해결해 가면서 관계는 더욱 돈독해지고 서로에 대한 이해의 폭도 깊고 넓어집니다. 그러나 SNS '친구'와는 그런 과정이 필요 없으니 속으로 끙끙 앓을 필요도 없어요. 이렇게 SNS에서 사귀는 '친구'를 진정한 친구라고 할 수 있을까요? 저는 회의적입니다.

당신이 온종일 '친구'들의 반응을 궁금해하는 것은 당신이 타인의 시선에 갇혀 있기 때문이에요. 당신은 남들이 이렇게 봐줬으면 하는 포장된 자기 모습에 매달리는 것 같습니다. 당신의 느낌과 경험보다 남들이 자기를 어떻게 볼 것인가 하는 생각에만 골몰해 있어요. 그래서 아이들 먹일 간식을 만들 때도 아이의 즐거움과 당신의 뿌듯함보다 블로그에 올릴 사진에 집착합니다. 남들의 시선만 의식하는 것이죠. "나는 이렇게 아이들에게 잘 해주는 엄마야", "나는 이렇게 센스 있는 음식을 만들 줄 아는 여자야"라고 하면서 남들이 그렇게 봐주기를 기대합니다.

　그러나 진정한 만족감은 타인이 자기를 평가하고 인정하는 데서 오지 않습니다. 자신의 행위를 스스로 즐기는 데서 옵니다. 누가 뭐라고 하건 자기 행동을 즐길 수 있을 때 만족감이 따라옵니다. 온종일 스마트폰 들여다보며 타인의 반응만 체크한다면, 누군가의 시선, 누군가의 '좋아요'에만 기대 산다면, 당신이 세상과 세세한 교감을 나눌 기회는 사라집니다. 사이버 스페이스에 틀어박힌 은둔형 외톨이 신세와 다름없어요. 하루라도 빨리 뛰쳐나오세요.

kyeongjea Lee • Jae Jin Yang

| + 팔로우 | |

인스타그램을 비교해봅시다. 남자들은 자신의 일상을 일기처럼 그대로 보여주는 용도로 인스타그램을 이용해요. 내가 무엇을 먹었고, 내가 무엇을 했는지에 대한 기록인 셈이죠. 나르시시즘이 아니라 내 삶에 대한 확인입니다. 그런 사진들에서는 표정도 밝고 긍정적인 에너지가 발산되고 있는 것 같지요.

여자들의 인스타그램을 보면 자신의 실질적인 취미나 활동이 아닌 꾸미고 만들어낸 기호를 보여주는 듯합니다. 보여주는 데 치장하는 생활을 유지하다 보면 거짓된 쇼윈도 삶이 될 수밖에 없지요. 그렇게 되면 그것은 더 이상 자신의 삶을 사는 게 아니지요. 왜 나의 취미, 생활, 의견, 행복이나 불행까지도 남의 시선, 남의 기준에 의존해야 할까요?

작년, 중년 남자 넷이 뉴욕으로 여행을 다녀왔어요. 딱 여행 생각만 하고 떠난 거지요. 혹자는 있는 자의 여유라고 생각할지도 모르지만, 저희인들 장애물이 왜 없었겠어요. 그런데 여자들은 떠나지 못하고 있어요. 직장, 아이, 남편, 경제적 여건 등등 갖은 핑계로 진지하게 꿈속으로 뛰어들 준비를 하지 못합니다. 일단 시작해보세요. 저지르고 보는 겁니다.

'앎'이 많을수록 생각은 자유로워지고 선택할 수 있는 폭도 넓어져요. 에니어그램, 사상의학, MBTI 등을 이용해 인간은 몇 가지 유형으로 분류할 수 있어요. 나와 비슷한 유형의 사람들이 시행착오를 겪으며 얻어낸 결과는 글이든 만화든 영상이든 상관없이 자신에게 큰 공감을 주고 인생을 좀 더 풍요롭게 만들지요. 다양한 학습을 해보는 것이 삶의 질을 높일 수 있다는 거지요.